高等职业教育财务会计创新实践教材

企业财务会计

林　彤　主　编

林岱玲　曾东明　副主编

电子工业出版社·

Publishing House of Electronics Industry

北京·**BEIJING**

内 容 简 介

本书以企业会计准则、会计准则解释公告、新财税法规为编写依据，共分为十三个项目，包括货币资金核算、应收及预付款项核算、存货核算、交易性金融资产核算、债权投资与长期股权投资核算、固定资产核算、无形资产与投资性房地产核算、流动负债核算、非流动负债核算、所有者权益核算，以及收入、费用与利润核算，财务报表编制、大数据在财务会计中的应用。

本书可作为高等职业院校大数据与会计、大数据与财务管理、大数据与审计、财税大数据应用、会计信息管理和财经类其他专业的教材，也适用于在职财务会计人员的业务学习和培训。

图书在版编目（CIP）数据

企业财务会计 / 林彤主编. -- 北京 ：电子工业出

版社，2025. 1. -- ISBN 978-7-121-49533-5

Ⅰ. F275.2

中国国家版本馆 CIP 数据核字第 2025BN0647 号

责任编辑：吴　琼

印　　刷：三河市鑫金马印装有限公司

装　　订：三河市鑫金马印装有限公司

出版发行：电子工业出版社

　　　　　北京市海淀区万寿路 173 信箱　　邮编 100036

开　　本：787×1 092　1/16　印张：18.75　字数：480 千字

版　　次：2025 年 1 月第 1 版

印　　次：2025 年 1 月第 1 次印刷

定　　价：55.00 元

凡所购买电子工业出版社图书有缺损问题，请向购买书店调换。若书店售缺，请与本社发行部联系，联系及邮购电话：(010) 88254888，88258888。

质量投诉请发邮件至 zlts@phei.com.cn，盗版侵权举报请发邮件至 dbqq@phei.com.cn。

本书咨询联系方式：wuqiong@phei.com.cn，(010) 88254541。

前　言

　　《企业财务会计》是财经类专业核心课程之一。党的二十大报告指出："全面贯彻党的教育方针，落实立德树人根本任务，培养德智体美劳全面发展的社会主义建设者和接班人。"本书以党的二十大精神为指引，以"育人立德"为课程思政主线，德技并修设计课程思政体系。按照"理实一体"设计理念，将理论知识、实际操作技能及职业素养教育融为一体，形成会计综合职业能力。注重岗、课、赛、证融合，凸显高等职业教育的特点，立足学生专业能力与岗位会计实务相匹配，力求通俗易懂，简明实用，可读性强。

　　本书以企业会计准则、会计准则解释公告、新财税法规为编写依据，根据高等职业教育财务会计类专业课程标准的要求，将内容与企业岗位实际工作相对接，把企业财务会计所对应的主要岗位应具备的知识、能力、素养融入本书中。全书的编写共分为十三个项目，各项目按照会计要素编排，每一个项目由若干个任务组成，介绍会计要素核算方法和账务处理，同时将会计职业道德与素养和社会主义核心价值观融入书中；专业知识拓展以二维码形式嵌入，包括财政部会计工作规范的解读、国家经济战略和热点政策的解读等。每个任务后面附有知识测试，每个项目后面附有项目训练，突出财务会计岗位能力培养。

　　本书适合高职院校大数据与会计、大数据与财务管理、大数据与审计、大数据财税应用和会计信息管理专业的学生用书，也可作为在职财务会计人员学习用书。同时立足提高学生能力，帮助学生获取初级会计专业资格考试证书。

　　本书由林彤担任主编，林岱玲、曾东明担任副主编，区长英、梁燕、陈禹光、张茂燕参与编写。编写过程中得到广东财贸职业学院数字财会学院院长钟秉盛博士的大力支持和帮助，在此表示衷心的感谢！

　　由于编者水平有限，书中难免存在不足之处，敬请广大读者批评指正。

编者

目　录

项目一
货币资金核算

知识目标

熟悉货币资金的管理要求、核算制度。

技能目标

熟练掌握库存现金、银行存款、其他货币资金的核算。

素养目标

严格遵守《现金管理暂行条例》《人民币银行结算账户管理办法》的有关规定，加强法治观念、职业道德的培养。

 知识导图

货币资金核算 ┤
├ 库存现金的核算 ┤ 库存现金的管理 / 库存现金的账务处理
├ 银行存款的核算 ┤ 银行存款的管理 / 银行存款支付结算业务的账务处理 / 银行存款清查
└ 其他货币资金的核算 ┤ 其他货币资金的核算 / 其他货币资金的账务处理

 知识准备

货币资金核算的主要会计科目包括：库存现金、银行存款、其他货币资金、待处理财产损溢。

任务一 库存现金的核算

 任务导读

货币资金是指企业生产经营过程中处于货币形态的资产，属于企业的一种金融资产。货币资金是企业进行生产、经营等一系列经济活动中最基本的要素。货币资金管理贯穿企业整个生产经营的始末，具有举足轻重的地位。货币资金包括库存现金、银行存款、其他货币资金。其中库存现金是指存放于企业财会部门、由出纳人员经管的货币，是企业中流动性最强的资产。

一、库存现金的管理

根据国务院发布的《中华人民共和国现金管理暂行条例》（以下简称《现金管理暂行条例》）的规定，企业现金管理制度主要包括以下内容。

（一）现金的使用范围

企业可用现金支付的款项有：（1）职工工资、津贴；（2）个人劳务报酬；（3）根据国家规定颁发给个人的科学技术、文化艺术、体育等各种奖金；（4）各种劳保、福利费用以及国家规定的对个人的其他支出；（5）向个人收购农副产品和其他物资的价款；（6）出差人员必须随身携带的差旅费；（7）结算起点以下的零星支出；（8）中国人民银行确定需要支付现金的其他支出。

前款结算的起点定为 1 000 元。结算起点的调整，由中国人民银行确定，报国务院备案。

除（5）和（6）项外，开户单位支付给个人的款项，超过使用现金限额的部分，应当以支票或者银行本票支付；确需全额支付现金的，经开户银行审核后，予以支付现金。

（二）库存现金限额

库存现金限额是指国家规定由开户银行给各单位核定一个保留现金的最高额度。核定单位库存限额的原则是，既要保证日常零星现金支付的合理需要，又要尽量减少现金的使用。

相关规定有：开户银行应当根据实际需要，核定开户单位 3 天至 5 天的日常零星开支所需的库存现金限额。边远地区和交通不便地区的开户单位的库存现金限额，可以多于 5 天，但不得超过 15 天的日常零星开支。经核定的库存现金限额，开户单位必须遵守。需要增加或者减少库存现金限额的，应当向开户银行提出申请，由开户银行核定。

（三）现金收支规定

开户单位现金收支应当依照下列规定办理。

（1）开户单位现金收入应当于当日送存开户银行。当日送存确有困难的，由开户银行确定送存时间。

（2）开户单位支付现金，可以从本单位库存现金限额中支付或者从开户银行提取，不得从本单位的现金收入中直接支付（即坐支）。因特殊情况需要坐支现金的，应当事先报经开户银行审查批准，由开户银行核定坐支范围和限额。坐支单位应当定期向开户银行报送坐支金额和使用情况。

（3）开户单位应根据现金使用范围的相关规定，从开户银行提取现金，应当写明用途，由本单位财会部门负责人签字盖章，经开户银行审核后，予以支付现金。

（4）因采购地点不固定，交通不便，生产或者市场急需，抢险救灾以及其他特殊情况必须使用现金的，开户单位应当向开户银行提出申请，由本单位财会部门负责人签字盖章，经开户银行审核后，予以支付现金。

库存现金管理的其他规定还包括：不准违法留存现金，即不得"公款私存"；不准保留账外公款，即不得设"小金库"；不准用不符合财务制度的凭证，即不得"白条"抵库。

　知识拓展

现金、票据和印章的保管　　　　　　　　现金管理应遵循的原则

二、库存现金的账务处理

为了反映和监督企业库存现金的收入、支出和结存，企业应设置"库存现金"科目，借方登记企业库存现金的增加，贷方登记企业库存现金的减少，期末借方余额反映企业实际持有的库存现金的金额。企业内部各部门周转使用的备用金，可以单独设置"备用金"科目进行核算。以广州凯特有限责任公司为例（以下简称凯特公司，假设该公司为一般纳税人）。

（一）库存现金收支

1. 现金收入账务处理

（1）从银行提取现金

【业务1-1】 2024年8月5日，凯特公司开出现金支票提取现金200 000元备发工资。账务处理如下：

借：库存现金　　　　　　　　　　　　　　　　200 000
　　贷：银行存款　　　　　　　　　　　　　　　　200 000

（2）收取现金

【业务1-2】 2024年8月7日，凯特公司向三洋服装厂销售不再用的一批A材料，成本2 000元。增值税专用发票注明价款3 000元，增值税额390元，收到购货方支付的现金。账务处理如下：

借：库存现金　　　　　　　　　　　　　　　　3 390
　　贷：其他业务收入　　　　　　　　　　　　　　3 000
　　　　应交税费——应交增值税（销项税额）　　　　390
借：其他业务成本　　　　　　　　　　　　　　2 000
　　贷：原材料——A材料　　　　　　　　　　　　2 000

（3）交回借支款

【业务1-3】 2024年8月10日，凯特公司办公室员工李雯出差回来报销差旅费1 950元，交回现金50元。账务处理如下：

借：管理费用——差旅费　　　　　　　　　　　1 950
　　库存现金　　　　　　　　　　　　　　　　　　50
　　贷：其他应收款——李雯　　　　　　　　　　　2 000

（4）小额收款

【业务 1-4】2024 年 8 月 15 日，凯特公司收到华夏公司交来的包装物押金 300 元现金。账务处理如下：

借：库存现金   300

  贷：其他应付款——华夏公司   300

2. 现金支出账务处理

（1）发放工资

【业务 1-5】2024 年 8 月 6 日，凯特公司根据"工资结算表"发放工资 200 000 元。账务处理如下：

借：应付职工薪酬——工资   200 000

  贷：库存现金   200 000

（2）预借差旅费

【业务 1-6】2024 年 8 月 8 日，凯特公司办公室员工李雯出差预借差旅费 2 000 元。账务处理如下：

借：其他应收款——李雯   2 000

  贷：库存现金   2 000

（3）现金送存银行

【业务 1-7】2024 年 8 月 20 日，凯特公司将 6 000 元送存银行。账务处理如下：

借：银行存款   6 000

  贷：库存现金   6 000

为了全面、连续地反映和监督现金收支及结存情况，企业应设置库存现金总账和库存现金日记账，分别进行库存现金的总分类核算和明细分类核算。库存现金日记账由出纳人员根据收付款凭证，按照业务发生的先后顺序逐笔逐日登记，是用来反映现金增减变动与结存情况的账簿。库存现金日记账格式一般为三栏式，如果单位经济业务较为复杂，为了分别反映不同项目在某一特定时期内货币资金收入的来源和去向，可以使用多栏式日记账。

（二）库存现金清查

进行现金清查，目的是加强现金管理，防止现金发生差错、丢失或被贪污、挪用，保证账款相符。库存现金清查采用实地盘点法。

企业应当按规定对库存现金进行定期和不定期的清查，对于清查结果编制"现金盘点报告单"。现金清查中发现的库存现金，实有数额大于账面所记数额，称为现金长款，即现金溢余；实有数额小于账面所记数额，称为现金短款，即现金短缺。清查发现的有待查明原因的现金溢余或短缺，通过"待处理财产损溢——待处理流动资产损溢"科目进行核算，查明原因并经批准后分别按不同情况进行处理：（1）现金溢余，属于应支付给有关人员或单位的，记入"其他应付款"科目，属于无法查明原因的，记入"营业外收入"科目；（2）现金短缺，属于应由责任方赔偿的，记入"其他应收款"科目，属于无法查明原因的，记入"管理费用"科目。

【业务 1-8】2024 年 8 月 15 日，凯特公司在现金清查中，发现库存现金实有数多于账面余额 50 元，编制"现金盘点报告单"。账务处理如下：

借：库存现金　　　　　　　　　　　　　　　　　　　　　50
　　贷：待处理财产损溢——待处理流动资产损溢　　　　　　　　　50

【业务1-9】 2024年8月16日，经核实上述现金溢余无法查明原因，经批准作为"营业外收入"处理。账务处理如下：

借：待处理财产损溢——待处理流动资产损溢　　　　　　　　50
　　贷：营业外收入——现金溢余　　　　　　　　　　　　　　　50

【业务1-10】 2024年8月28日，凯特公司在现金清查中，发现库存现金实有数小于账面余额100元，编制"现金盘点报告单"。账务处理如下：

借：待处理财产损溢——待处理流动资产损溢　　　　　　　　100
　　贷：库存现金　　　　　　　　　　　　　　　　　　　　　　100

【业务1-11】 2024年8月29日，经核实上述现金短款属于出纳员赵华工作失误造成，应由其赔偿。账务处理如下：

借：其他应收款——赵华　　　　　　　　　　　　　　　　　100
　　贷：待处理财产损溢——待处理流动资产损溢　　　　　　　　100

🌐 知识测试

一、单选题

1. 开户银行应当根据实际需要核定开户单位（　　）的日常零星开支所需的库存现金限额。

A．3～5天　　　　　B．5～10天　　　　　C．10～15天　　　　　D．15～20天

2. 现金结算起点为（　　）。

A．100元　　　　　B．500元　　　　　C．1 000元　　　　　D．5 000元

3. 下列做法正确的是（　　）。

A．企业现金收入应每月送存银行

B．为方便现金收支，可把公款存入个人账户

C．超过库存限额的现金应在当天下班前送存银行

D．企业可以在现金收入中直接支付

4. 当单位需要现金时，可按有关规定，由（　　）填写现金支票到开户银行提取现金。

A．会计人员　　　　　B．经办人员　　　　　C．会计主管　　　　　D．出纳员

5. 采购人员预借差旅费，以库存现金支付，应借记（　　）科目核算。

A．"库存现金"　　　B．"管理费用"　　　C．"其他应付款"　　　D．"其他应收款"

6. 清查发现现金溢余，且无法查明原因的，应记入（　　）科目。

A．"主营业务收入"　B．"其他业务收入"　C．"营业外收入"　　　D．"营业收入"

7. 企业支付的下列款项中，可以使用现金进行支付的是（　　）。

A．财务部门购买账簿支付的1 700元

B．销售部门宣传费2 000元

C．生产车间办公费1 800元

D．出差人员必须随身携带的出差费用3 000元

二、多选题

1. 现金管理应遵循以下原则（　　　）。
A. 实事求是原则　　　　　　　　　B. 收付合法原则
C. 钱账分管原则　　　　　　　　　C. 日清月结原则
2. 采购员报销差旅费涉及的科目有（　　　）。
A. "其他应收款"　　B. "库存现金"　　C. "其他应付款"　　D. "管理费用"
3. 关于库存现金的清查，下列说法正确的有（　　　）。
A. 库存现金应该每日清点一次
B. 库存现金应该采用实地盘点法
C. 在清查过程中可以用借条、收据充抵库存现金
D. 要根据盘点结果编制"现金清查报告单"
4. 企业进行现金清查，对于现金短缺，待报经批准后，根据不同原因分别转让（　　　）。
A. 其他应收款　　　B. 管理费用　　　C. 其他应付款　　　D. 营业外支出

三、判断题

1. 日清月结原则，是指各单位对现金的管理必须做到按日清理、按月结账。（　　　）
2. 现金日记账由会计人员进行登记。（　　　）
3. 库存现金清查一般采用实地盘点的方法。（　　　）
4. 清查发现的有待查明原因的现金短缺或溢余，通过"待处理流动资产损溢"科目进行核算。（　　　）
5. 发生经济业务需要支付现金时，可以从本单位的现金收入中直接安排支付。（　　　）

任务二　银行存款的核算

 任务导读

银行存款是指企业存放在银行或其他金融机构的货币资金，是企业除现金之外流动性最强的资产。国内支付结算种类分为两大类：第一类是票据结算方式，包括支票、银行汇票存款、银行本票存款和商业汇票等；第二类是非票据结算方式，包括汇兑、托收承付、委托收款、信用卡存款、网上支付、信用证保证金存款、存出投资款、外埠存款等。其中银行汇票存款、银行本票存款、信用卡存款、信用证保证金存款、存出投资款、外埠存款在任务三其他货币资金中进行介绍。

一、银行存款的管理

加强银行存款的管理，有利于加速企业资金周转，提高企业资金效益。企业应当根据业务需要，按照规定在其所在银行开设银行账户，进行存款、取款及各种收付款转账业务的结算。根据《人民币银行结算账户管理办法》的规定，单位银行结算账户按用途分为基

本存款账户、一般存款账户、临时存款账户和专用存款账户。

基本存款账户，是指企业办理日常结算和现金收付的账户；企业日常经营活动的资金收付及其工资、奖金和现金的支取，通过该账户办理；企业只能在一家银行的营业结构开立一个基本存款账户。

一般存款账户，是指企业因借款或其他结算需要，在基本存款账户开户银行以外的银行营业机构开立的银行结算账户；用于存款人办理借款转存、归还和其他结算的资金收付，该账户可办理现金缴存，不得办理现金支取。

临时存款账户，是指企业因临时需要并在规定期限内使用而开立的银行结算账户。因异地临时经营活动需要时，可以申请开立异地临时存款账户，用于资金的收付。

专用存款账户，是指企业按照法律、行政法规和规章，对有特定用途资金进行专项管理和使用而开立的银行结算账户。

 **知识拓展**

人民币银行结算账户管理办法

二、银行存款支付结算业务的账务处理

为了反映和监督企业库存现金的收入、支出和结存，企业应设置"银行存款"科目，借方登记企业银行存款的增加，贷方登记企业银行存款的减少，期末借方余额反映企业实际持有的银行存款的金额。

（一）支票

支票是由出票人签发的，委托办理支票存款业务的银行或其他金融机构在见票时无条件支付确定金额给收款人或持票人的票据。支票可以在全国范围内通用，不受金额起点限制。支票一律记名，提示付款期限为自出票日起 10 天内。

支票分为现金支票、转账支票和普通支票三种。现金支票，只能用于支取现金。现金支票不可背书转让。转账支票，只能用于转账，不得支取现金。普通支票，可以用于支取现金或用于转账。在普通支票左上角画两条平行线的是划线支票，只能用于转账，不得支取现金。

【业务 1-12】 2024 年 8 月 2 日，凯特公司开出一张金额为 160 000 元的转账支票，用于归还前欠利华公司的货款 160 000 元。账务处理如下：

借：应付账款——利华公司　　　　　　　　　　　　　　　160 000
　　贷：银行存款　　　　　　　　　　　　　　　　　　　　　160 000

（二）汇兑

汇兑是指汇款人委托银行将款项支付（汇款）给异地收款人的结算方式。汇兑分为信汇和电汇两种，没有金额起点的限制。

【业务 1-13】2024 年 8 月 7 日,凯特公司采用电汇方式支付前欠大鑫公司的货款 205 660

元，并支付手续费 50 元。账务处理如下：

```
借：应付账款——大鑫公司                           205 660
    财务费用——手续费                                50
    贷：银行存款                                  205 710
```

（三）托收承付

托收承付又称异地托收承付，是指根据购销合同由收款人发货后委托银行向异地付款人收取款项，由付款人向银行承认付款的结算方式。托收承付按结算款项的划回方式不同，分为邮寄和电报两种。托收承付结算每笔金额的起点为 10 000 元，新华书店系统每笔金额的起点为 1 000 元。

【业务 1-14】 2024 年 8 月 3 日，凯特公司向美亚公司销售一批甲产品，增值税专用发票注明价款为 500 000 元，增值税为 65 000 元。经双方同意签订购销合同，以托收承付的方式进行结算，并已办妥托收承付手续。8 月 10 日，收到开户银行转来的美亚公司付款通知。账务处理如下（手续费略）：

① 8 月 3 日销售：
```
借：应收账款——美亚公司                           565 000
    贷：主营业务收入——甲产品                      500 000
        应交税费——应交增值税（销项税额）           65 000
```
② 8 月 10 日收款：
```
借：银行存款                                     565 000
    贷：应收账款——美亚公司                        565 000
```

（四）委托收款

委托收款是指收款人委托银行向付款人收取款项的结算方式。按结算款项的划回方式不同，委托收款分为邮寄和电报两种，收款人可自主选择。委托收款可用于同城和异地结算，具有使用范围广、方式灵活、手续简便的特点。委托收款不受金额起点的限制。

【业务 1-15】 2024 年 9 月 10 日，凯特公司向天籁公司销售一批甲产品，增值税专用发票上注明的价款为 100 000 元，增值税为 13 000 元。经双方同意签订购销合同，以委托收款的方式进行结算，并已办妥委托收款手续。账务处理如下：

```
借：应收账款——天籁公司                           113 000
    贷：主营业务收入——甲产品                      100 000
        应交税费——应交增值税（销项税额）           13 000
```

（五）商业汇票

商业汇票是指出票人签发的，委托付款人在指定日期无条件支付确定的金额给收款人或持票人的票据。按承兑人不同，商业汇票分为商业承兑汇票和银行承兑汇票。商业承兑汇票由银行以外的付款人承兑，银行承兑汇票由银行承兑。商业汇票的付款期限最长不得超过 6 个月，应在汇票到期日起 10 日内提示付款。可用于同城和异地结算。

【业务 1-16】 2024 年 9 月 12 日，凯特公司向利华公司销售一批甲产品，增值税专用发票注明价款为 40 000 元，增值税为 5 200 元。收到利华公司当日签发、期限为 3 个月的不带息商业承兑汇票一张。12 月 12 日票据到期，并收到利华公司票款。账务处理如下：

① 9 月 12 日销售：

借：应收票据——商业承兑汇票　　　　　　　　　　　　　　　45 200

　　贷：主营业务收入——甲产品　　　　　　　　　　　　　　40 000

　　　　应交税费——应交增值税（销项税额）　　　　　　　　 5 200

② 12 月 12 日收到票款：

借：银行存款　　　　　　　　　　　　　　　　　　　　　　　45 200

　　贷：应收票据——商业承兑汇票　　　　　　　　　　　　　45 200

（六）网上支付

网上支付是电子支付的一种形式，是指电子交易的当事人，包括消费者、商户、银行或支付机构，使用电子支付手段通过信息网络进行的货币支付或资金流转。主要方式包括网上银行和第三方支付两种。

1. 网上银行

网上银行又称网络银行（网银）、在线银行或电子银行，是银行在互联网中设立的虚拟银行柜台。银行利用网络技术，通过互联网向客户提供开户、销户、查询、对账、行内转账、跨行转账、信贷、网上证券、投资理财等服务项目。网上银行具有以下主要功能。

（1）账户查询功能。企业通过网上银行可以对企业账户余额、明细账、贷款账户、支付交易、网银日志等进行查询。

（2）转账结算功能。通过网上银行可以进行日常转账、支付、缴纳税费、代发代扣工资等支付，实现不同银行账户之间的转账汇款，提高了企业结算效率，节约了一定的人力成本。

（3）票据查询与管理功能。企业可以通过网上银行对票据进行查询和管理。

2. 第三方支付

第三方支付是指具备一定实力和信誉保障的独立机构，采用与各大银行签约的方式，通过与银行支付结算系统接口对接而促成交易双方进行交易的网络支付模式。中国国内目前的第三方支付产品主要有支付宝、微信支付、百度钱包、京东支付、中汇支付、拉卡拉、易宝支付、中汇宝、快钱、国付宝、物流宝、网易宝、网银在线等。与网上银行相比，第三方支付具有以下特点。

（1）安全性相对高。用户的账户信息或信用卡信息只需要告知支付中介，无需告知每一个消费对象的收款人，大大降低了信息失密的风险。

（2）支付成本较低。作为第三方的支付中介，集中了大量的电子小额交易，形成规模效应，因而支付成本较低。

（3）使用方便。用户方只需要进入第三方的支付界面，不必考虑背后复杂的操作程序。

企业应设置银行存款总账和银行存款日记账，分别进行库存现金的总分类核算和序时、明细分类核算。可按开户银行和其他金融机构、存款种类等设置银行存款日记账，根据收付凭证，按照业务的发生顺序逐笔登记，每日终了，应结出余额。

三、银行存款清查

银行存款清查，是指将开户银行定期送来的对账单与本单位的银行存款日记账逐笔进行核对，以查明银行存款收付及余额是否正确相符。企业银行存款账面余额与银行对账单余额之间如有差额，应编制"银行存款余额调节表"予以调节。

（一）"银行对账单"与"银行存款日记账"不符的原因

银行对账单上的余额，常与企业银行存款日记账余额不一致。导致这种情况主要有两种原因。

1. 记账错误

企业或银行记账错误。如企业在几家银行同时开户，记账时可能发生银行之间串户错误，同样银行也可能把各种存款企业账目相互混淆。

2. 未达账项

未达账项是指企业与银行双方均无记账错误，由于双方记账时间不同而发生的一方已入账，另一方尚未入账的事项。未达账项具体有以下四种情况。

（1）企业已收款记账，银行未收款、未记账的款项。

（2）企业已付款记账，银行未付款、未记账的款项。

（3）银行已收款记账，企业未收款、未记账的款项。

（4）银行已付款记账，企业未付款、未记账的款项。

（二）清查步骤

（1）将本单位银行存款日记账与银行对账单，以结算凭证的种类、号码和金额为依据，逐日逐笔核对。凡双方都有记录的，用铅笔在金额旁打上记号"√"。

（2）找出未达账项，即银行存款日记账和银行对账单中没有打"√"的款项。

（3）将银行存款日记账和银行对账单的月末余额，以及找出的未达账项填入"银行存款余额调节表"，并计算出调整后的余额。

（4）将调整平衡的"银行存款余额调节表"，经会计主管签章后，呈报开户银行调整时，应以双方的账面余额为基础，各自加上对方已收自己未收的款额，减去对方已付自己未付的款额。余额调整公式为：

企业银行存款日记账余额 + 银行已收企业未收 − 银行已付企业未付

= 银行对账单余额 + 企业已收银行未收 − 企业已付银行未付

【业务 1-17】 2024 年 9 月 30 日，凯特公司的银行存款日记账为 128 860 元，银行对账单的存款余额为 141 680 元，经逐笔核对，发现存在以下未达账项。

（1）公司因购买设备开出一张转账支票，金额为 11 700 元，公司已入账，但持票人尚未到银行办理转账手续。

（2）公司因销售商品收到购货方开来的一张转账支票，金额为 9 360 元，将支票送存银行后公司做收入入账，但是银行尚未办理入账手续。

（3）公司委托银行代收外地销货款 14 040 元，银行已收款入账，但公司尚未收到收款通知。

（4）计算借款利息 3 560 元，银行已支付，但是公司尚未收到付款通知。

要求：根据上述资料，编制银行存款余额调节表，如表 1-1 所示。

表 1-1 银行存款余额调节表

单位名称：凯特公司　　　　　　　　　2024 年 9 月 30 日　　　　　　　　　单位：元

项　目	金　额	项　目	金　额
银行存款日记账余额	128 860	银行对账单余额	141 680
加：银行已收、企业未收	14 040	加：企业已收、银行未收	9 360
减：银行已付、企业未付	3 560	减：企业已付、银行未付	11 700
调节后余额	139 340	调节后余额	139 340

🌐 知识测试

一、单选题

1．企业办理借款转存、归还业务应通过（　　）进行。

A．临时存款账户　　　　　　　　　　B．一般结算账户

C．专用存款账户　　　　　　　　　　D．基本存款账户

2．在记账无误的情况下，银行对账单与银行存款日记账账面余额不一致的原因是（　　）。

A．暂收和暂付款　　　B．应收账款　　　C．应付账款　　　D．未达账项

3．办理日常转账和现金收付的银行存款账户是（　　）。

A．临时存款账户　　　　　　　　　　B．一般结算账户

C．专用存款账户　　　　　　　　　　D．基本存款账户

4．支票的提示付款期限为自出票日起（　　）内。

A．5 天　　　　　　　B．10 天　　　　　　C．15 天　　　　　　D．20 天

5．托收承付结算每笔的金额起点为（　　）。

A．1 000 元　　　　　B．5 000 元　　　　C．10 000 元　　　D．50 000 元

二、多选题

1．未达账项具体有以下情况（　　）。

A．银行已付，企业未付　　　　　　　B．企业已收，银行未收

C．企业已付，银行未付　　　　　　　D．银行已收，企业未收

2．网上银行具有以下主要功能（　　）。

A．账户查询功能　　　　　　　　　　B．转账结算功能

C．票据查询功能　　　　　　　　　　D．票据管理功能

3．下列结算方式中，可用于异地结算的是（　　）。

A．支票　　　　　　　B．汇兑　　　　　　C．委托收款　　　D．托收承付

4．下列结算方式中，可用于同城结算的是（　　）。

A．支票　　　　　　　B．银行本票　　　　C．委托收款　　　D．托收承付

三、判断题

1．银行存款账实不符肯定是因为存在未达账项。　　　　　　　　　　　　（　　）

2．银行存款余额调节表可以作为调整银行存款账面余额的记账依据。 （　　）

3．银行存款是指企业存放在银行的货币资金。 （　　）

4．一家企业只能选择一家营业银行机构开立一个基本存款账户，不得在多家银行机构开立基本存款账户。 （　　）

5．一般存款账户只能办理转账，不得办理现金缴存、现金支取。 （　　）

任务三　其他货币资金核算

 任务导读

除库存现金、银行存款以外的其他各种货币资金，在企业的运营中同样扮演着重要的角色，是企业资金流动的重要组成部分，有助于企业开展正常的经营活动。有效地管理其他货币资金可以帮助企业提高资金的使用效率，降低资金成本，从而增强企业的竞争力。

一、其他货币资金的管理

其他货币资金的存放地点分散，用途多样，存放使用的手续制度要求各有不同，受经营业务活动性质影响，其安全管理难度大。要求企业会计部门和经营业务经办部门相互配合，明确经办责任，严格履行申请、审批、经办等手续制度，防止债权债务纠纷发生而给企业造成损失等不利影响。其他货币资金主要包括银行汇票存款、银行本票存款、信用卡存款、信用证保证金存款、存出投资款、外埠存款等。

二、其他货币资金的账务处理

（一）银行汇票存款

1．银行汇票的概述

银行汇票是指由出票银行签发的，由其在见票时按照实际结算金额无条件支付确定金额给收款人或持票人的票据。银行汇票具有适用范围广、使用灵活、票随人走、信用度高等特点，适用于同城和异地结算。银行汇票可以用于转账，填明"现金"字样的银行汇票也可以用于支取现金。银行汇票的提示付款期限为自出票之日起1个月。

（1）银行汇票的申请

① 企业申请使用银行汇票，申请单位只能向由中国人民银行和商业银行参加"全国联行往来"的银行机构申请办理。

② 申请人应填写"银行汇票申请书"。申请人或收款人为单位的，不得在"银行汇票申请书"上填明"现金"字样。

（2）银行汇票的背书

① 提示付款背书。持票人向银行提示付款时，应在汇票背面"持票人向银行提示付款签章"处加盖预留银行印鉴，并将银行汇票、解讫通知、进账单送交开户银行办理转账。

② 转让背书。收款人可以将银行汇票背书转让给被背书人，背书转让以不超过票面金

额的实际结算金额为准；未填写实际结算金额或实际结算金额超过出票金额的银行汇票不得背书转让；填明"现金"字样的银行汇票不得背书转让。

（3）银行汇票的挂失

① 填明"现金"字样和代理付款人的银行汇票丧失时，失票人可通知付款人或代理付款人挂失止付。

② 失票人可以凭人民法院出具的其享有票据权利的证明，向出票银行请求付款或退款。

（4）银行汇票一律记名

所谓记名是指在汇票中指定某一特定人为收款人，其他任何人都无权领款。但是指定收款人以背书方式将领款权转让给其指定的收款人，则其指定的收款人有领款权。

（5）银行汇票结算的业务流程

银行汇票结算的业务流程如图 1-1 所示

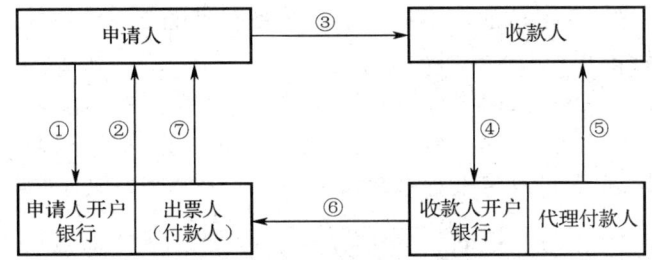

注：①申请签发汇票；②出票；③办理结算；④提示票据；⑤代理付款入账；⑥银行之间清算资金；⑦退回多余款项。

图 1-1　银行汇票结算业务流程

2. 银行汇票存款的账务处理

银行汇票核算设置"其他货币资金——银行汇票存款"科目。

【业务 1-18】 2024 年 5 月 26 日，凯特公司根据业务结算需要，从银行申请签发一张金额为 90 000 元的银行汇票，支付手续费 50 元。6 月 1 日，从乐佳公司采购一批 A 材料，增值税专用发票注明价款为 77 000 元，增值税为 10 010 元，材料已验收入库。6 月 3 日，收到银行退回的银行汇票（多余款收账通知）。账务处理如下：

① 5 月 26 日申请签发银行汇票，并支付手续费：

借：其他货币资金——银行汇票存款　　　　　　　　　　90 000

　　财务费用——手续费　　　　　　　　　　　　　　　　　50

　　贷：银行存款　　　　　　　　　　　　　　　　　　　　90 050

② 6 月 1 日采购材料：

借：原材料——A 材料　　　　　　　　　　　　　　　　77 000

　　应交税费——应交增值税（进项税额）　　　　　　　10 010

　　贷：其他货币资金——银行汇票存款　　　　　　　　　87 010

③ 6 月 3 日收到银行退回的银行汇票：

借：银行存款　　　　　　　　　　　　　　　　　　　　2 990

　　贷：其他货币资金——银行汇票存款　　　　　　　　　　2 990

（二）银行本票存款

1. 银行本票存款的概述

银行本票是由银行签发的，承诺自己在见票时无条件支付确定的金额给收款人或持票人的票据。银行本票具有使用方便、灵活，信誉高、支付能力强的特点，适用于同一票据交换区域内的商品交易和劳务供应等需要支付的各种款项。银行本票分为定期本票和不定期本票两种，定期本票面额为 1 000 元、5 000 元、10 000 元和 50 000 元。

银行本票可以用于转账，注明"现金"字样的银行本票可以用于支取现金。银行本票的提示付款期为自出票之日起 2 个月。持票人超过提示付款期限提示付款的，代理付款银行不予受理。

（1）银行本票的申请

① 企业申请使用银行本票时，应向银行填写"银行本票申请书"。

② 申请人或收款人为单位的，不得申请签发带有"现金"字样的银行本票。

（2）银行本票的背书

① 提示付款背书。持票人向银行提示付款时，应在银行本票背面"持票人向银行提示付款签章"处加盖预留银行印鉴，并将银行本票、进账单送交开户银行办理转账。

② 转让背书。收款人可以将银行本票背书转让，但填明"现金"字样的银行本票不得背书转让。

（3）银行本票的挂失

① 填明"现金"字样的银行本票丧失时，失票人可通知付款人或代理付款人挂失止付。

② 失票人可凭人民法院出具的其享有票据权利的证明，向出票银行请求付款或退款。

（4）银行本票一律记名

银行本票必须记载确定的金额、收款人名称、出票日期、出票人签章，以及标明"本票"的字样。

（5）银行本票结算的业务流程

银行本票结算的业务流程如图 1-2 所示。

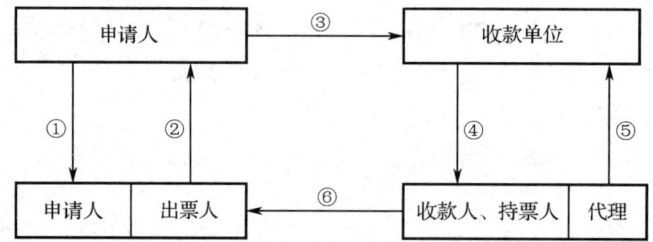

注：①申请签发银行本票；②银行签发银行本票（出票）；③使用银行本票办理结算；④提示出票；⑤代理付款入账；⑥银行之间清算资金。

图 1-2　银行本票结算业务流程

2. 银行本票存款的账务处理

银行本票核算设置"其他货币资金——银行本票存款"科目。

【业务 1-19】 2024 年 5 月 27 日，凯特公司从银行申请签发一张金额为 11 300 元的银行本票用于购买办公用品，支付手续费 10 元。5 月 30 日持银行本票购买办公用品，增值税专用发票注明价款为 10 000 元，增值税为 1 300 元。账务处理如下：

① 5 月 27 日申请签发银行本票并支付手续费：

借：其他货币资金——银行本票存款   11 300

      财务费用——手续费   10

    贷：银行存款   11 310

② 5 月 30 日购买办公用品：

借：管理费用——办公费   10 000

      应交税费——应交增值税（进项税额）   1 300

    贷：其他货币资金——银行本票存款   11 300

（三）信用卡存款

1. 信用卡存款的概述

信用卡是指商业银行向个人和单位发行的，凭以向特约单位购物、消费和向银行存取现金，且具有消费信用的特制载体卡片。信用卡是以非现金交易付款的方式提供信贷服务的，是银行卡的一种。持卡人可持信用卡在同城、异地特约单位购物消费，但单位卡不得用于 10 万元以上的商品交易，劳务款项的结算，不得支取现金。单位卡的资金一律从基本存款账户转入，不得缴存现金，不得将销货收入的款项存入信用卡账户。信用卡在规定的限额和期限内允许善意透支。

（1）信用卡的申领

信用卡申领的对象分为单位和个人。单位应为在我国境内具有独立法人资格的机构、企事业单位及个体工商户，并在中国境内金融机构开立了基本存款账户；个人必须具有相对固定的职业和稳定的收入来源。申领人须填写信用卡申请表，连同有关资料一并送交发卡银行。

（2）单位卡结算的业务流程

① 按规定填制申请表，连同有关资料一并送交发卡银行。

② 发卡银行经审核符合条件后，申请单位缴纳一定金额的备用金，发卡银行为申请单位开立信用卡存款账户，并发放信用卡。

③ 单位出纳人员经领导批准后开出支票从基本账户转入资金。

④ 持卡人持卡在特约单位消费，将取得的有效原始凭证交由单位财务人员进行账务处理。

2. 信用卡存款的账务处理

信用卡核算设置"其他货币资金——信用卡存款"科目。

【业务 1-20】2024 年 6 月 5 日，凯特公司向银行申领信用卡，并缴存 20 000 元；6 月 9 日用信用卡支付购买办公用品 15 000 元，增值税 1 950 元。账务处理如下：

① 6 月 5 日申领信用卡：

借：其他货币资金——信用卡存款   20 000

    贷：银行存款   20 000

② 6 月 9 日购买办公用品：

借：管理费用——办公费   15 000

      应交税费——应交增值税（进项税额）   1 950

    贷：其他货币资金——信用卡存款   16 950

（四）信用证保证金存款

1. 信用证保证金的概述

信用证是指银行依照申请人的申请开立的、对相符单位予以付款的承诺。信用证有国际信用证、国内信用证之分，以下介绍的是国内信用证。

信用证的开立和转让应当具有真实的贸易背景，适用于银行为国内企事业单位之间货物和服务贸易提供的信用证服务。信用证只限于转账结算，不得支取现金。

信用证保证金存款是指采用信用证结算方式的企业为开具信用证而存入银行信用证保证金专户的款项。企业向银行申请开立信用证，填写信用证申请书，将信用证保证金缴存银行，并提交信用证申请人承诺书和购销合同。

2. 信用证保证金存款的账务处理

信用证保证金存款核算设置"其他货币资金——信用证保证金存款"科目。

【业务 1-21】 2024 年 6 月 10 日，凯特公司向银行提交开证申请书、信用证申请人承诺书和购销合同，申请开立信用证，并将信用证保证金 300 000 元缴存银行。账务处理如下：

借：其他货币资金——信用证保证金存款 300 000

　　贷：银行存款 300 000

（五）存出投资款

1. 存出投资款的概述

存出投资款是指企业已存入证券公司但尚未进行短期投资的专项存款。

2. 存出投资款的账务处理

存出投资款核算设置"其他货币资金——存出投资款"科目。

【业务 1-22】 2024 年 6 月 15 日，凯特公司向君安证券公司划出资金 1 000 000 元，账务处理如下：

借：其他货币资金——存出投资款 1 000 000

　　贷：银行存款 1 000 000

（六）外埠存款

1. 外埠存款的概述

外埠存款是指企业为了到外地进行临时或零星采购，而汇往采购地银行开立采购专户的款项。企业将款项汇往外地时，应填写汇款委托书，委托开户银行办理汇款。汇入地银行以汇款单位名义开立临时采购账户，该账户的存款不计利息，只付不收，付完清户。除采购人员可从中提取少量现金外，一律采用转账结算。

2. 外埠存款的账务处理

外埠存款核算设置"其他货币资金——外埠存款"科目。

【业务 1-23】 2024 年 6 月 18 日，凯特公司为临时采购需要在深圳工商银行开设外埠存款账户，并委托开户银行将 350 000 元汇往采购地。6 月 26 日，向深圳光明企业购买 B 材料，增值税专用发票注明价款为 300 000 元，增值税为 39 000 元，材料已验收入库。6 月 27 日收到银行转来收款通知，余款 11 000 元收妥入账。账务处理如下：

① 6 月 18 日汇款：

借：其他货币资金——外埠存款　　　　　　　　　　350 000

　　贷：银行存款　　　　　　　　　　　　　　　　　　350 000

② 6 月 26 日采购：

借：原材料——B 材料　　　　　　　　　　　　　　300 000

　　应交税费——应交增值税（进项税额）　　　　　　39 000

　　贷：其他货币资金——外埠存款　　　　　　　　　339 000

③ 6 月 27 日收回余款：

借：银行存款　　　　　　　　　　　　　　　　　　11 000

　　贷：其他货币资金——外埠存款　　　　　　　　　11 000

知识测试

一、单选题

1. 下列选项中不属于货币资金项目的是（　　）。

A．库存现金　　　　　　　　　　　　　　B．银行存款

C．其他应收款　　　　　　　　　　　　　D．其他货币资金

2.（　　）是指企业为购买股票、债券、基金等根据有关规定存入在证券公司指定银行开立的投资款专户的款项。

A．银行汇票存款　　　B．银行本票存款　　　C．其他货币资金　　　D．存出投资款

3. 下列不会引起其他货币资金发生变动的是（　　）。

A．企业销售商品收到商业汇票

B．企业用银行本票购买办公用品

C．企业将款项汇往外地开立采购专业账户

D．企业为购买基金将资金存入在证券公司指定银行开立账户

4. 企业销售一批产品，收到购货方银行汇票一张，已缴存银行，下列表述正确的是（　　）。

A．企业收到银行汇票，应借记"其他货币资金"

B．企业收到银行汇票，应贷记"其他货币资金"

C．企业收到银行汇票，应借记"银行存款"

D．企业收到银行汇票，应贷记"银行存款"

5. 企业用信用卡支付有关费用，收到开户银行转来的付款回单，应贷记的会计科目是（　　）。

A．"短期借款"　　　　B．"其他应收款"　　　C．"其他货币资金"　　D．"银行存款"

二、多选题

1. 下列各项中，通过"其他货币资金"科目核算的有（　　）。

A．用银行汇票采购办公用品的款项　　　　B．汇往异地银行开立采购专户的款项

C．存入证券公司指定账户的款项　　　　　D．存入银行信用卡专户的款项

2. 银行本票分为定期本票和不定期本票两种，定期本票的面额为（　　　）。

A. 1 000 元　　　　　　B. 5 000 元　　　　　C. 10 000 元　　　　　D. 50 000 元

3. 下列各项中，不通过"其他货币资金"科目核算的是（　　　）。

A. 购进原材料签发的银行承兑汇票　　　　B. 销售商品收到的商业承兑汇票

C. 销售商品收到的银行汇票　　　　　　　D. 为购买原材料签发的银行本票

4. 企业收到退回的银行汇票多余款项时，应编制的会计分录为（　　　）。

A. 借记"银行存款"科目　　　　　　　　B. 贷记"其他货币资金"科目

C. 借记"其他货币资金"科目　　　　　　D. 贷记"银行存款"科目

三、判断题

1. 企业采购商品或接受劳务采用银行汇票结算时，应通过"应付票据"科目核算。

（　　　）

2. 外埠存款是企业为了到外地进行临时或零星采购，而汇往采购地银行开立采购专户的款项。一律采用转账结算，不得提取现金。　　　　　　　　　（　　　）

3. 信用证只限于转账结算，不得支取现金。　　　　　　　　　　　　（　　　）

4. 银行汇票可以用于转账，填明"现金"字样的银行汇票也可以用于支取现金。

（　　　）

5. 银行本票的提示付款期为自出票之日起 1 个月。　　　　　　　　　（　　　）

 **素养天地**

重罚财务造假

　　2024 年 6 月 28 日，第十四届全国人民代表大会常务委员会第十次会议表决通过关于修改《中华人民共和国会计法》（以下简称《会计法》）的决定，自 2024 年 7 月 1 日起施行。

　　《会计法》修改后的第四十一条：伪造、变造会计凭证、会计账簿，编制虚假财务会计报告，隐匿或者故意销毁依法应当保存的会计凭证、会计账簿、财务会计报告的，由县级以上人民政府财政部门责令限期改正，给予警告、通报批评，没收违法所得，违法所得二十万元以上的，对单位可以并处违法所得一倍以上十倍以下的罚款，没有违法所得或者违法所得不足二十万元的，可以并处二十万元以上二百万元以下的罚款；对其直接负责的主管人员和其他直接责任人员可以处十万元以上五十万元以下的罚款，情节严重的，可以处五十万元以上二百万元以下的罚款；属于公职人员的，还应当依法给予处分；其中的会计人员，五年内不得从事会计工作；构成犯罪的，依法追究刑事责任。

　　重罚财务造假，最高罚 10 倍，大幅提高了财务造假的法律责任追究力度，为遏制财务造假等违法会计行为提供了更加有力的法治保障。

项目训练

一、粤海公司为一般纳税人，2024 年 10 月发生以下经济业务。

1. 3 日，从开户银行提取库存现金 5 000 元备用。

2．5 日，向迪澳公司出借一批包装物，收取押金 600 元，租方以现金支付。

3．6 日，向光大企业销售一批甲商品，增值税专用发票注明价款 120 000 元，增值税 15 600 元。收到购货方交来的一张"银行本票"，已送存银行。

4．7 日，填写并向银行递交"银行汇票申请书"，申请签发一张金额为 50 000 元的银行汇票，支付手续费 30 元。

5．8 日，因采购需要，委托开户银行将 260 000 元汇往采购地上海开立的采购专户。

6．10 日，管理部门职工张洁出差预借差旅费 3 000 元，以现金付讫。

7．11 日，缴存信用卡存款 90 000 元。

8．12 日，库存现金清查中，发现库存现金较账面余额多出 16 元。

9．13 日，经反复核查，上述库存现金账款出现原因不明，经批准转入有关账户。

10．15 日，职工张洁出差回来报销差旅费 2 800 元，交回剩余现金 200 元。

11．24 日，库存现金清查中，发现库存现金较账面余额短缺 130 元。

12．26 日，经查，上述库存现金短缺属于出纳员李莉的责任，应由该出纳员赔偿。

13．28 日，收到上述出纳员李莉赔款 130 元。

14．30 日，收到利华公司交来一张转账支票，用于归还前欠货款 127 000 元，并送存银行。

15．31 日，收到岭南公司交来的违约金现金 700 元。

要求：根据上述资料编写相关的会计分录。

二、2024 年 10 月 31 日，华夏公司的银行存款日记账余额为 365 000 元，银行对账单余额为 363 000 元。经逐笔核对，发现未达账项如下。

1．10 月 23 日，银行计算企业存款利息 51 000 元，已记入企业存款账户，企业尚未收到通知。

2．10 月 25 日，企业开出金额为 3 000 元的现金支票购买办公用品，持票人尚未到银行取款。

3．10 月 27 日，企业经济纠纷案败诉，银行代扣违约罚金 6 000 元，企业尚未收到银行付款通知。

4．10 月 31 日，企业销售产品收到购货单位一张金额为 50 000 元的转账支票，已送存银行，但银行尚未入账。

要求：根据上述未达账项编制"银行存款余额调节"表。

三、华夏公司 2024 年 11 月初银行存款日记账余额为 365 000 元。

1．11 月发生的银行存款业务如下。

（1）11 月 3 日，购买商品签发转账支票（1231#）支付货款 24 570 元。

（2）11 月 4 日，签发现金支票（4075#）提取现金备用。

（3）11 月 6 日，收到银行转来的信汇收款通知（3785#），销货款 70 200 元已收妥。

（4）11 月 6 日，以信汇方式汇出（6342#）50 000 元，到深圳开设临时采购账户。

（5）11 月 10 日，收到银行转来的托收凭证收款通知（5043#），销货款 25 300 元已收妥。

（6）11 月 13 日，签发金额为 68 000 元的现金支票（4076#），购买办公设备。

（7）11 月 18 日，销售商品，价税合计 73 710 元，收到一张转账支票（4728#），办妥进账手续。

（8）11 月 20 日，收到银行转来的委托收款付款通知（2308#），支付到期商业承兑汇票款 12 000 元。

（9）11 月 21 日，收到银行转来的托收承付付款通知（6071#），承付兴星公司货款 15 210 元。

（10）11 月 25 日，购买一辆货车，价款 56 000 元，开出转账支票（1232#）支付。

（11）11 月 26 日，收到支付扣款凭证（3418#），支付所得税 12 400 元。

（12）11 月 27 日，收到新谊公司一张转账支票（2146#），预付货款 77 500 元，办妥进账手续。

（13）11 月 28 日，开出转账支票（1233#）支付前欠光华公司货款 32 000 元。

（14）11 月 30 日，收到支付扣款凭证（3826#），支付本月电费 1 780 元。

2．华夏公司 11 月银行对账单如表 1-2 所示。

表 1-2　华夏公司银行对账单

单位名称：华夏公司　　　　　　　　　　　2024 年 11 月　　　　　　　　　　　单位：元

| 2024 年 | | 摘　　要 | 借　方 | 贷　方 | 借或贷 | 余　　额 |
月	日					
11	1	期初余额				363 000
	4	现支（4075#）提取现金	1 000			362 000
	4	转支（1231#）支付货款	24 570			337 430
	5	信汇（3785#）收到销货款		70 200		407 630
	6	信汇汇出款项（6342#）	50 000			357 630
	7	托收承付（5043#）收到销货款		25 300		382 930
	15	现支（4076#）购买办公设备	68 000			314 930
	17	委托收款付款（2308#）	12 000			302 930
	18	转支（4728#）收到货款		73 710		376 640
	20	托收承付（6071#）承付货款	15 210			361 430
	24	信汇收账通知（7053#）收货款		46 000		407 430
	25	扣款凭证（3418#）上缴税金	12 400			395 030
	26	委托收款（4760#），支付票款	2 500			392 530
	26	转支（1232#）支付货款	56 000			336 530
	29	扣款凭证（3826#）支付电费	1 780			334 750

要求：根据上述资料编制华夏公司的"银行存款余额调节表"。

项目二

应收及预付款项核算

知识目标

    掌握应收票据及贴现的相关知识;

    掌握应收账款、预付账款及其他应收款的相关知识;

    掌握应收账款减值的相关知识。

技能目标

    掌握应收票据、应收账款、预付账款及其他应收款业务的账务处理;

    正确计算应收票据的贴现金额及期末应计提坏账准备的金额。

素养目标

    树立诚实守信、廉洁自律和客观公正的职业价值观,养成爱岗敬业、遵循准则的职业素养。

 知识导图

应收及预付款项核算
- 应收票据的核算
  - 应收票据概述
  - 应收票据的账务处理
- 应收账款的核算
  - 应收账款概述
  - 应收账款的账务处理
- 预付账款及其他应收款的核算
  - 预付账款的核算
  - 其他应收款的核算
- 应收款项减值的核算
  - 应收款项减值概述
  - 备抵法下应计提坏账准备的核算

 知识准备

    应收及预付款项核算的主要会计科目包括:应收票据、应收账款、预付账款、其他应收款、坏账准备、信用减值损失。

任务一　应收票据的核算

任务导读

企业持有的应收票据是一项短期债权。应收票据核算的票据是商业汇票，是指企业在采用商业汇票结算方式时，因销售商品或提供劳务而收到的尚未到期兑现的商业票据。商业汇票由出票人签发，委托付款人在指定日期无条件支付确定的金额给收款人或持票人，期限最长不得超过 6 个月。未到期的应收票据可以背书转让，用于采购物资商品，也可以向银行申请贴现，取得融资款。

一、应收票据概述

（一）应收票据的种类

应收票据的种类

商业汇票按是否载明利率，分为带息票据和不带息票据；按其承兑人不同，分为商业承兑汇票和银行承兑汇票；按其是否带有追索权，分为带追索权商业汇票和不带追索权商业汇票。

（二）应收票据的计量

企业收到的商业汇票，无论是否带息，均按票面价值入账。对于不带息的应收票据一般按其面值计量，到期值为票面价值；对于带息应收票据，应在期末按票据的面值和确定的利率计算利息，记入应收票据的账面价值，即：带息票据到期值 = 票据面值 + 利息

（三）应收票据的科目设置

为核算企业因销售商品、提供劳务等而收到的商业汇票，企业应设置"应收票据"科目。借方登记应收票据的取得金额，贷方登记到期收回或到期前向银行贴现的金额，期末余额在借方。该账户属于资产类科目，可按承兑汇票的种类和付款单位进行明细核算。同时，应设置"应收票据"备查簿登记每张应收票据的相关信息。

二、应收票据的账务处理

（一）取得应收票据和收回到期票款

1. 不带息应收票据

取得不带息商业汇票时，借记"应收票据"科目，贷记"主营业务收入""应交税费——应交增值税（销项税额）"等科目。到期收回票款时，借记"银行存款"科目，贷记"应收票据"科目。

【业务 2-1】 2024 年 6 月 1 日，北方公司向南方公司销售一批甲产品，增值税专用发票注明价款为 300 000 元，增值税为 39 000 元。南方公司开出期限为 3 个月、面值 339 000 元的不带息商业承兑汇票 1 张。2024 年 9 月 1 日，北方公司如期收回票款。账务处理如下：

① 6月1日，收到商业汇票：

借：应收票据——商业承兑汇票　　　　　　　　　　339 000

　　贷：主营业务收入——甲产品　　　　　　　　　　　　　300 000

　　　　应交税费——应交增值税（销项税额）　　　　　　　　39 000

② 9月1日，到期收回票款：

借：银行存款　　　　　　　　　　　　　　　　　　339 000

　　贷：应收票据——商业承兑汇票　　　　　　　　　　　　 339 000

2. 带息应收票据

取得带息商业汇票时，借记"应收票据"科目，贷记"主营业务收入""应交税费——应交增值税（销项税额）"等科目。计算利息时，借记"应收票据"科目，贷记"财务费用"科目。到期收回票款时，借记"银行存款"科目，贷记"应收票据""财务费用"科目。

对于带息的商业汇票，应当计算票据利息。企业应于期末和年度终了，按规定计算票据利息，并增加应收票据的票面价值，同时冲减财务费用。应收票据利息的计算如下：

$$应收票据利息 = 票据面值 × 票面利率 × 票面期限$$

【业务2-2】　沿用【业务2-1】资料，假设北方公司收到的是一张带息商业承兑汇票，票面年利率为5%。账务处理如下：

① 6月1日，收到商业汇票：

借：应收票据——商业承兑汇票（面值）　　　　　　339 000

　　贷：主营业务收入——甲产品　　　　　　　　　　　　　300 000

　　　　应交税费——应交增值税（销项税额）　　　　　　　　39 000

② 6月30日，计提当月票据利息：

当月应收利息 = 339 000 × 5% ÷ 12 = 1 412.5（元）

借：应收票据——商业承兑汇票（利息）　　　　　　1 412.5

　　贷：财务费用——利息　　　　　　　　　　　　　　　　 1 412.5

③ 7月31日，计提票据利息，与6月相同。

④ 2024年8月31日，票据到期，收到票据面值及利息共计343 237.5元：

借：银行存款　　　　　　　　　　　　　　　　　343 237.5

　　贷：应收票据——商业承兑汇票（面值）　　　　　　　　 339 000

　　　　　　　　——商业承兑汇票（利息）　　　　　　　　　 2 825

　　　　财务费用——利息　　　　　　　　　　　　　　　　 1 412.5

（二）转让应收票据（不带息）

1. 背书转让应收票据

应收票据的背书转让指的是在应收票据到期前，持票人将票据作为支付手段，通过在票据背面或粘单上签署并注明相关事项，将票据权利转让给他人的过程。这种转让方式通常用于购买商品、偿还债务或其他交易。在会计处理上，这通常被视为冲减应收票据。背书转让是票据流通转让的主要方式之一，它使得票据上的权利得以转移。背书转让应收票据时，借记"原材料""应交税费——应交增值税（进项税额）"等科目，贷记"应收票据""银行存款"等科目。

【业务2-3】 沿用【业务2-1】资料，2024年6月14日，北方公司将上述不带息应收票据背书转让（面值339 000元），用于采购生产经营所需的B材料，增值税专用发票注明价款为360 000元，增值税为46 800元，差额以银行存款支付。账务处理如下：

借：原材料——B材料 360 000
　　应交税费——应交增值税（进项税额） 46 800
　贷：应收票据——商业承兑汇票（面值） 339 000
　　　银行存款 67 800

2. 应收票据办理贴现

贴现是企业将未到期的票据转让给银行，由银行按票据到期值扣除贴现日至票据到期日的利息后，将余额付给企业的融资行为。企业持有的应收票据在到期前，如果出现资金短缺，可以持未到期的商业汇票向银行贴现，票据贴现实际上是银行对贴现申请人发放的利息预扣的一种短期贷款行为。

应收票据贴现金额的计算如下：

贴现天数：贴现天数是指贴现日至票据到期日的天数，如图2-1所示。

贴现利息：贴现利息 = 票据到期值 × 贴现率 ÷ 360 × 贴现天数

贴现金额：贴现金额 = 票据到期值 − 贴现利息

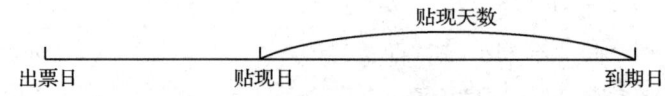

图2-1 票据贴现天数标示图

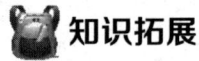 **知识拓展**

应收票据的期限和利率计算

应收票据的追索权是指企业转让票据后，持票人在应收票据遭到拒付时，向应收票据的转让方索取票款的权利。一般来说，银行承兑汇票贴现后不带追索权，商业承兑汇票贴现后带有追索权。

（1）不带追索权票据的贴现

办理不带追索权票据的贴现时，借记"银行存款""财务费用"科目，贷记"应收票据"科目。

【业务2-4】 2024年9月9日，北方公司将收到的一张2024年8月10日签发的面值为600 000元、期限为3个月的不带息的银行承兑汇票向银行贴现，贴现率为6%。账务处理如下：

贴现天数 = 21 + 31 + 10 = 62（天）

贴现利息 = 600 000 × 6% ÷ 360 × 62 = 6 200（元）

贴现金额 = 600 000 − 6 200 = 593 800（元）

借：银行存款   593 800

  财务费用——利息   6 200

   贷：应收票据——银行承兑汇票   600 000

（2）带追索权票据的贴现

办理带追索权票据的贴现时，借记"银行存款""财务费用"科目，贷记"短期借款"科目。

【业务 2-5】 沿用【业务 2-4】资料，假设其他条件相同，北方公司收到的是一张不带息的商业承兑汇票，并向开户行办理贴现。账务处理如下：

① 办理贴现：

借：银行存款   593 800

  财务费用——利息   6 200

   贷：短期借款——工行中山路支行   600 000

② 假设票据到期，承兑人承兑票款：

借：短期借款——工行中山路支行   600 000

   贷：应收票据——商业承兑汇票   600 000

假设票据到期，承兑人不能承兑票款：

借：短期借款——工行中山路支行   600 000

   贷：银行存款   600 000

（三）到期无法收回应收票据票款

票据到期无法收回时，借记"应收账款"科目，贷记"应收票据"科目。

【业务 2-6】 沿用【业务 2-1】资料，若商业承兑汇票到期，承兑人违约拒付或无力偿还票款，收款企业应将到期票据的票面金额转入"应收账款"科目。账务处理如下：

借：应收账款——南方公司   339 000

   贷：应收票据——商业承兑汇票   339 000

🖥 知识测试

一、单选题

1. 某企业 2024 年 9 月 1 日收到一张带息应收票据，期限 6 个月，面值 10 万元，票面利率 6%，到期后，应收票据的账面价值是（ ）。

A．10 万元   B．10.1 万元   C．10.6 万元   D．10.3 万元

2. 应收票据在取得时的入账价值应为（ ）。

A．票据到期值   B．票据面值

C．票据贴现金额   D．票据面值加利息

二、多选题

1. 在我国会计实务中，作为应收票据核算的票据包括（ ）。

A．银行汇票   B．银行承兑汇票

C．银行本票   D．商业承兑汇票

2. 下列有关应收票据会计处理的表述中，正确的有（　　）。

A. 应收票据按票面价值入账

B. 到期不能收回的应收票据应转入应收账款

C. 带息应收票据计提的利息应冲减财务费用

D. 带息应收票据计提的利息应增加应收票据的账面余额

3. 影响票据贴现金额的因素有（　　）。

A. 票据面值　　　　　B. 票据期限　　　　　C. 贴现利率　　　　　D. 贴现天数

三、判断题

1. 企业将持有的商业汇票贴现，按实际收到的金额与票面金额的差额，借记或贷记"管理费用"科目。　　　　　　　　　　　　　　　　　　　　　　　　　　　　　　（　　）

2. 贴现是企业将已到期的票据转让给银行，由银行按票据到期值扣除贴现日至票据到期日的利息后，将余额付给企业的融资行为。　　　　　　　　　　　　　　　　　（　　）

任务二　应收账款的核算

 任务导读

应收账款是企业因销售商品、提供劳务等经营活动所形成的债权，属于商业信用性质，列为流动资产。应收账款是企业经营活动所形成的债权，对非赊销而发生的其他各种应收暂付款项，如存出保证金、押金、应收利息等，不应包括在企业的应收账款中，也不包括按购货合同预付给供应商的部分货款或购货定金。

一、应收账款概述

（一）应收账款的确认

应收账款是指企业因销售商品、提供劳务等经营活动，应向购货或接受劳务的单位或个人收取的款项，包含价款、增值税，以及代购货方垫付的包装费、运杂费等。应收账款必须是因商品交易、劳务供应等经营活动所形成的债权。应收账款的确认一般应与收入实现的确认同步进行。

（二）应收账款的入账价值

应收账款通常应按实际发生额计价入账，其入账价值包括销售货物或提供劳务的价款、应收增值税，以及代购货方垫付的包装费、运杂费等。计价时还需要考虑商业折扣和现金折扣等因素。核算应收账款时，必须确定其入账价值，及时反映应收账款的形成、收回情况，合理地确认、计量坏账损失情况。

（三）科目设置

为了核算应收账款的增减变动及其结存情况，企业应设置"应收账款"科目，借方登记应收账款的增加，贷方登记应收账款的收回及确认的坏账损失，期末一般在借方，反映企业尚未收回的应收账款，如果期末余额在贷方，一般为企业预收的账款。本科目属于资产类账户，按债务人设置明细账户进行明细核算。

因为"应收账款"和"预收账款"这两个科目核算的内容都是在购销环节产生的债权债务，预收账款不多的企业，可以不设"预收账款"科目，将发生的预收账款业务记入"应收账款"科目。

二、应收账款的账务处理

销售商品、提供劳务发生应收账款时，借记"应收账款"科目，贷记"主营业务收入""应交税费——应交增值税（销项税额）""银行存款"等科目。收回款项时，借记"银行存款"等科目，贷记"应收账款"科目。

【业务 2-7】 2024 年 7 月 3 日，北方公司向南方公司销售一批甲产品，增值税专用发票注明价款为 120 000 元，增值税为 15 600 元。该批甲产品成本为 80 000 元，北方公司尚未收到货款。账务处理如下：

① 确认收入：

借：应收账款——南方公司　　　　　　　　　　　　　135 600
　　贷：主营业务收入——甲产品　　　　　　　　　　　120 000
　　　　应交税费——应交增值税（销项税额）　　　　　　15 600

② 结转已销商品成本：

借：主营业务成本——甲产品　　　　　　　　　　　　　80 000
　　贷：库存商品——甲产品　　　　　　　　　　　　　　80 000

【业务 2-8】 2024 年 7 月 8 日，北方公司向南方公司销售一批乙产品，增值税专用发票注明价款为 500 000 元，增值税 65 000 元，货款未收。另北方公司用银行存款代垫运费 2 180 元。账务处理如下：

借：应收账款——南方公司　　　　　　　　　　　　　567 180
　　贷：主营业务收入——乙产品　　　　　　　　　　　500 000
　　　　应交税费——增值税（销项税额）　　　　　　　　65 000
　　　　银行存款　　　　　　　　　　　　　　　　　　　2 180

【业务 2-9】 沿用【业务 2-8】资料，2024 年 7 月 25 日，北方公司收到货款及运费。账务处理如下：

借：银行存款　　　　　　　　　　　　　　　　　　　567 180
　　贷：应收账款——南方公司　　　　　　　　　　　　567 180

如果应收账款改用应收票据结算，在收到承兑商业汇票时，按照票面金额，借记"应收票据"科目，贷记"应收账款"科目。

【业务 2-10】 沿用【业务 2-7】资料，2024 年 7 月 28 日，北方公司收到南方公司交来的一张商业承兑汇票，面值 135 600 元，用以偿还其前欠甲产品的价款。账务处理如下：

借：应收票据——南方公司　　　　　　　　　　　　　135 600
　　贷：应收账款——南方公司　　　　　　　　　　　　135 600

知识测试

一、单选题

1. 如果企业预收款业务不多，可以将预收的款项直接记入（　　）科目的贷方。
A. "应收账款"　　　　B. "应付账款"　　　　C. "预付账款"　　　　D. "其他应收款"

2. 甲公司采用托收承付的结算方式向乙公司销售一批商品，价款为 500 000 元，增值税为 65 000 元，以银行存款代垫包装费、运费共计 5 000 元（不考虑增值税），已办妥托收手续。甲公司的应收款项为（　　）元。
A. 560 000　　　　B. 570 000　　　　C. 565 000　　　　D. 505 000

3. 下列各项中，应通过"应收账款"科目核算的是（　　）。
A. 应收保险公司的赔款
B. 应向职工收取的各种垫付款项
C. 应向购货方收取的代垫运杂费
D. 应收出租包装物租金

二、多选题

1. 企业因销售商品发生的应收账款，其入账价值包括的内容有（　　）。
A. 销售商品的价款
B. 增值税销项税额
C. 代购方垫付的包装费
D. 代购方垫付的运杂费

2. 下列各项中，会引起应收账款账面价值发生变化的有（　　）。
A. 计提坏账准备
B. 核销坏账损失
C. 冲销多提的坏账准备
D. 收回已核销的坏账

三、判断题

1. 预付账款与应收账款既可以分别设置科目进行核算，也可以全部通过"应收账款"科目核算。　　　　　　　　　　　　　　　　　　　　　　　　（　　）

2. 企业代购货单位垫付的包装费、运杂费，应通过"应收账款"科目核算。（　　）

3. 企业为职工垫付的水电费、医疗费等，应通过"应收账款"科目核算。（　　）

任务三　预付账款及其他应收款的核算

任务导读

预付账款是指企业按照合同的规定，预先支付给供货方的款项。预付账款属于企业的短期债权，是由于企业购货或接受劳务引起的，预付给供货方或劳务方的款项。预付账款的核算要按照规定的程序和方法进行，以购销双方签订的购货合同作为条件。

其他应收款是指除应收票据、应收账款、预付账款、应收股利、应收利息、长期应收款以外的其他各种应收及暂付款项。本任务主要介绍备用金的核算，有的企业对经常发生零星采购和零星开支的内部单位，为简化核算手续，实行定额备用金制度；有的企业为满足临时用款需要而预付给内部用款单位一定款项的，实行非定额备用金制度。

一、预付账款的核算

（一）预付账款的概述

1. 预付账款的内容

预付账款是由于企业购货或接受劳务引起的，预先支付给供货方或劳务方的款项。一般购销双方均签订购货合同，交易正常进行时，预付款项可以抵做货款，多退少补。

2. 科目设置

为了核算预付账款的增减变动及其结存情况，企业应设置"预付账款"科目。"预付账款"科目核算企业按照购货合同规定预付给供应单位的款项，借方登记预付的款项和补付的款项，贷方登记收到所购物资后按价款结算的金额及收回多付款项的金额，如果期末余额在借方，反映企业实际预付的款项，如果期末余额在贷方，反映尚未补付的金额。该科目属于资产类，按供应单位进行明细核算。

预付款项情况不多的企业，可以不设置"预付款项"科目，发生预付款项时，在"应付账款"科目核算即可。

（二）预付账款的账务处理

因购货预付款项时，借记"预付账款"科目，贷记"银行存款"等科目。收到材料及发票账单时，借记"原材料""应交税费——应交增值税（进项税额）"等科目，贷记"预付账款"科目。补付货款时，借记"预付账款"科目，贷记"银行存款"等科目。退回多余预付款时，借记"银行存款"科目，贷记"预付账款"科目。

【业务 2-11】 2024 年 10 月 3 日，北方公司根据合同预付给供货方华东公司 A 材料款 20 000 元。10 月 20 日，收到材料及专用发票，货物已验收入库，增值税专用发票注明价款为 40 000 元，增值税为 5 200 元。10 月 21 日，补付货款 25 200 元。账务处理如下：

① 10 月 3 日，预付价款时：

借：预付账款——华东公司　　　　　　　　　　　　　　　20 000
　　贷：银行存款　　　　　　　　　　　　　　　　　　　　　　20 000

② 10 月 20 日，收到材料及发票账单：

借：原材料——A 材料　　　　　　　　　　　　　　　　　　40 000
　　应交税费——应交增值税（进项税额）　　　　　　　　　5 200
　　贷：预付账款——华东公司　　　　　　　　　　　　　　　　45 200

③ 10 月 21 日，补付货款：

借：预付账款——华东公司　　　　　　　　　　　　　　　25 200
　　贷：银行存款　　　　　　　　　　　　　　　　　　　　　25 200

假设 10 月 20 日北方公司在收到材料的同时补付货款，则账务处理如下：

借：原材料——A 材料　　　　　　　　　　　　　　　　　　40 000
　　应交税费——应交增值税（进项税额）　　　　　　　　　5 200
　　贷：预付账款——华东公司　　　　　　　　　　　　　　　　20 000
　　　　银行存款　　　　　　　　　　　　　　　　　　　　　25 200

二、其他应收款的核算

（一）其他应收款概述

1. 其他应收款内容

其他应收款是指企业除应收票据、应收账款、预付账款、应收股利、应收利息等以外的其他各种应收及暂付款项。内容包括各种应收的赔款、罚款，出租的包装物租金，应向职工收取的各种垫付款项，以及备用金、存出保证金等。

2. 科目设置

企业应设置"其他应收款"科目，核算其他各种应收及暂付款项的增减变动及其结存情况。该科目属于资产类账户，按债务人进行明细核算，期末借方余额反映企业尚未收回的其他应收款项。

（二）其他应收款的账务处理

企业发生其他各种应收款时，借记"其他应收款"科目，贷记"库存现金""银行存款"等科目。收回各种其他应收款时，借记"库存现金""银行存款"等科目，贷记"其他应收款"科目。

1. 备用金业务

备用金是指为了满足企业内部各部门和职工个人生产经营活动的需要，而暂付给有关部门或人员使用的备用款项。备用金的核算分为非定额备用金和定额备用金两种制度。企业可以选择一种或同时采用这两种备用金管理制度。

（1）非定额备用金的核算

非定额备用金，又称一次性备用金，是指为满足临时需要暂付给企业内部有关用款单位或个人，不按定额持有的备用金，这种备用金制度使用后实报实销，适合不经常出差、用款的单位或个人。

【业务2-12】2024年8月6日，北方公司行政部门职工张辉临时出差，预借差旅费6 000元，出纳员以现金支付。8月11日张辉出差回来报账，发生差旅费共计5 650元，交回现金350元。账务处理如下：

① 8月6日，支付张辉差旅费：

借：其他应收款——张辉　　　　　　　　　　　　　　　　　6 000
　　贷：库存现金　　　　　　　　　　　　　　　　　　　　　　　6 000

② 8月11日，张辉报销差旅费：

借：管理费用——差旅费　　　　　　　　　　　　　　　　　5 650
　　库存现金　　　　　　　　　　　　　　　　　　　　　　　350
　　贷：其他应收款——张辉　　　　　　　　　　　　　　　　　6 000

如果张辉回来报账，实际发生差旅费共计6 300元，则账务处理如下：

借：管理费用——差旅费　　　　　　　　　　　　　　　　　6 300
　　贷：其他应收款——张辉　　　　　　　　　　　　　　　　　6 000
　　　　库存现金　　　　　　　　　　　　　　　　　　　　　　300

（2）定额备用金的核算

定额备用金是指根据使用部门和人员工作的实际需要，按核定的定额持有的备用金。适合经常出差、经常用款的部门或人员采用定额备用金管理办法。其基本做法是，年初按定额拨付备用金，平时报账以现金补足定额，年末收回定额备用金。

【业务 2-13】粤海公司对内部实行定额备用金制度。2024 年有关业务如下：1 月 3 日，拨付销售部定额备用金 6 000 元，以现金支付；1 月 31 日，销售部报销差旅费 5 600 元，2 月 28 日，销售部报销差旅费 6 200 元；12 月 31 日，销售部交回定额备用金。账务处理如下：

① 1 月 3 日，付销售部定额备用金：

借：其他应收款——销售部 6 000
　　贷：库存现金 6 000

② 1 月 31 日，销售部报销差旅费：

借：销售费用——差旅费 5 600
　　贷：库存现金 5 600

③ 2 月 28 日，销售部报销差旅费：

借：销售费用——差旅费 6 200
　　贷：库存现金 6 200

④ 12 月 31 日，收回销售部定额备用金：

借：库存现金 6 000
　　贷：其他应收款——销售部 6 000

2. 为职工垫付的各种款项

企业在日常经营活动中为职工垫付水电费、应由职工负担的医药费、房租等，产生应向职工收取的各种垫付款项。

【业务 2-14】2024 年 4 月 8 日，北方公司以银行存款替职工赵龙垫付应由其个人负担的医疗费 900 元，月底，拟从其工资中扣回。账务处理如下：

① 4 月 8 日，垫付医疗费：

借：其他应收款——赵龙 900
　　贷：银行存款 900

② 月底，从其工资扣回：

借：应付职工薪酬 900
　　贷：其他应收款——赵龙 900

3. 存出保证金

存出保证金是企业支付的并预期将会收回的款项，比如租入包装物支付的押金。

【业务 2-15】2024 年 4 月 13 日，北方公司租入一批包装物，以银行存款向出租方支付押金 5 000 元。2024 年 10 月 13 日，租入包装物如数退回，收到出租方退还的押金 5 000元，已存入银行。账务处理如下：

① 4 月 13 日，支付押金：

借：其他应收款——存出保证金 5 000
　　贷：银行存款 5 000

② 10 月 13 日，收回押金：

借：银行存款   5 000

     贷：其他应收款——存出保证金   5 000

🌐 知识测试

一、单选题

1. 企业支付包装物押金时，应借记（　　）科目。

A. "应收账款"   B. "应收票据"

C. "其他应收款"   D. "预付账款"

2. 下列应收、暂付款项中，不通过"其他应收款"科目核算的是（　　）。

A. 存出保证金   B. 应向职工收取的各种垫付款项

C. 应向购货方收取的代垫运杂费   D. 应收保险公司的赔款

3. 预付账款不多的企业，可以将预付的货款直接记入（　　）科目的借方，而不单独设置"预付账款"科目。

A. "应收账款"   B. "其他应收款"   C. "应付账款"   D. "应收票据"

二、多选题

1. 下列应通过"其他应收款"科目核算的有（　　）。

A. 预借差旅费   B. 存出保证金

C. 应向购货单位收取的代垫运费   D. 应收保险公司的赔款

2. 下列各项不应通过"其他应收款"科目核算的有（　　）。

A. 应收的罚款   B. 收取的押金

C. 支付的押金   D. 补足定额备用金

三、判断题

1. 备用金是指为了满足企业内部各部门和职工个人生产经营活动的需要，而暂付给有关部门或人员使用的备用款项。（　　）

2. 预付账款属于企业的资产，核算的是企业销售货物预先收到的款项。（　　）

3. 企业支付的包装物押金和收取的包装物押金均应通过"其他应收款"科目核算。（　　）

任务四　应收款项减值的核算

📁 任务导读

企业无法收回或收回的可能性极小的应收款项被称为坏账，由于坏账而产生的损失称为坏账损失。企业应遵循财务报告的目标和会计核算的基本原则，具体分析各应收款项的特性、金额的大小、信用期限、债务人的信誉及经营情况等因素，进行坏账确认。应收款项发生减值的，应及时确认减值损失。应收款项减值有两种核算方法，即直接转销法和备抵法。我国企业会计准则规定，应收款项减值的核算采用备抵法。

一、应收款项减值概述

（一）应收款项减值损失的确认

企业应在资产负债表日对应收款项账面价值进行检查，有客观证据表明应收款项发生减值的，应确认减值损失，计提坏账准备。应收账款发生减值的客观证据主要包括如下情况。

（1）债务人发生严重财务困难。

（2）债务人违反了合同条款，如违约或逾期等。

（3）债权人出于经济或法律等方面因素的考虑，对发生财务困难的债务人做出让步。

（4）债务人很可能倒闭或进行其他财务重组。

（5）有其他客观证据表明应收账款发生减值的。

（二）应收款项减值的估计方法

应收款项减值的估计方法一般有以下三种。

（1）应收款项余额百分比法。即根据期末应收款项余额和估计的坏账率，估计坏账损失的方法。

（2）账龄分析法。即根据应收款项账龄的长短及当前的具体情况，估计坏账损失的方法。应收款项的账龄越长，收不回来的可能性就越大，确定的坏账率就越高。

（3）个别认定法。即根据每一笔应收款项的情况来估计坏账损失的方法。

坏账损失的估计方法（坏账准备的计提方法）不得随意变更。如有变更，须在财务报表中加以披露。

（三）应收款项减值的核算方法

1. 直接转销法

直接转销法是指在实际发生坏账时确认坏账损失并记入当期损益的方法。采用直接转销法时，日常核算中应收款项可能发生的坏账损失不进行会计处理，只有在实际发生坏账时，才作为坏账损失记入当期损益。

2. 备抵法

备抵法是指按期估计坏账损失，计提坏账准备，当某一应收款项全部或部分被确认为坏账时，则用计提的坏账准备予以核销的方法。

二、备抵法下应计提坏账准备的核算

（一）应收款项的范围

按照企业会计准则的规定，所有的应收款项，包括应收票据、应收账款、预付账款、其他应收款、长期应收款等，只要有可能收不回来，都可以计提坏账准备。但是"预付账款"和"应收票据"不能直接计提坏账准备。如有证据表明不能收回，应分别转入"其他应收款"科目和"应收账款"科目，再计提坏账准备。

（二）科目设置

1. 坏账准备

企业采用备抵法核算时，应当设置"坏账准备"科目。该科目是应收款项的备抵调整科目，借方登记核销的应收账款和冲销多提的坏账准备，贷方登记计提的坏账准备及收回已核销的应收款项。按应收款项的类别设置明细科目。

2. 信用减值损失

该科目属于损益类科目，核算企业计提的各项金融工具减值所形成的预期信用损失。借方登记计提的坏账准备，贷方登记冲销的坏账准备及期末转入本年利润的金额。本科目应按计提损失的金融资产种类设置。

（三）应收款项减值的账务处理（应收款项余额百分比法）

计提坏账准备时，借记"信用减值损失——计提坏账准备"科目，贷记"坏账准备"科目。冲销坏账准备时，借记"坏账准备"科目，贷记"信用减值损失——计提坏账准备"科目。转销坏账时，借记"坏账准备"科目，贷记"应收账款"科目。收回已转销坏账时，借记"应收账款"科目，贷记"坏账准备"科目；同时借记"银行存款"科目，贷记"应收账款"科目。

1. 计提坏账准备

备抵法下采用应收款项余额百分比法核算坏账，企业应每年按照应收账款余额估计坏账损失，按一定比例计提坏账准备。当期按照应收款项计算的坏账准备金额和当期应计提的坏账准备的计算公式如下：

当期按照应收款项计算的坏账准备金额 = 期末应收账款余额 × 估计的坏账率

当期应计提的坏账准备余额 = 当期按照应收款项计算的坏账准备金额 −（或 +）"坏账准备"贷方（或借方）余额

【业务 2-16】 2023 年 12 月 31 日，北方公司年末应收账款余额为 500 000 元，坏账准备提取比例为 5%。计提坏账准备前，"坏账准备"科目贷方余额为 0。账务处理如下：

当期计算的坏账准备金额 = 500 000 × 5% = 25 000（元）

当期应计提坏账准备金额 = 500 000 × 5% − 0 = 25 000（元）

借：信用减值损失——计提坏账准备　　　　　　　　　　　25 000

　　贷：坏账准备——应收账款　　　　　　　　　　　　　　　25 000

【业务 2-17】 沿用【业务 2-16】资料，假设计提坏账准备前，"坏账准备"科目贷方余额为 30 000 元。则账务处理如下：

当期计算的坏账准备金额 = 500 000 × 5% = 25 000（元）

当期应计提坏账准备金额 = 500 000 × 5% − 30 000 = − 5 000（元）

借：坏账准备——应收账款　　　　　　　　　　　　　　　5 000

　　贷：信用减值损失——计提坏账准备　　　　　　　　　　　5 000

2. 转销坏账

对于确实无法收回的应收款项，按管理权限报经批准后作为坏账，转销应收款项。

【业务 2-18】 2024 年 4 月 20 日，北方公司有证据表明，应收南方公司的货款 85 000

元无法收回。账务处理如下：

  借：坏账准备——应收账款　　　　　　　　　　　　　　85 000
    贷：应收账款——南方公司　　　　　　　　　　　　　　　85 000

3. 收回已转销坏账并转销应收款项

  已确认并转销的应收款项，后来又收回的，应当按照实际收到的金额增加坏账准备的账面余额。

  【业务 2-19】 沿用【业务 2-18】资料，2024 年 11 月 15 日，上述已确认为坏账的南方公司货款收回。账务处理如下：

  借：应收账款——南方公司　　　　　　　　　　　　　　85 000
    贷：坏账准备——应收账款　　　　　　　　　　　　　　　85 000

  同时：

  借：银行存款　　　　　　　　　　　　　　　　　　　　85 000
    贷：应收账款——南方公司　　　　　　　　　　　　　　　85 000

4. 综合例题

  【业务 2-20】 2022 年 12 月 31 日，北方公司的应收账款余额为 1 800 000 元，该公司按应收账款余额的 5% 计提坏账准备。计提坏账准备前，"坏账准备"科目为借方余额 5 000 元。2023 年发生了坏账损失 60 000 元，年末应收账款余额为 1 500 000 元。2024 年收回上年已转销的坏账 8 000 元，年末应收账款余额为 1 200 000 元。账务处理如下：

  ① 2022 年末按应收账款余额计提坏账准备：

  应计提坏账准备金额 = 1 800 000 × 5% + 5 000 = 95 000（元）

  借：信用减值损失——计提坏账准备　　　　　　　　　　95 000
    贷：坏账准备——应收账款　　　　　　　　　　　　　　　95 000

  ② 2023 年确认坏账 60 000 元：

  借：坏账准备——应收账款　　　　　　　　　　　　　　60 000
    贷：应收账款　　　　　　　　　　　　　　　　　　　　60 000

  ③ 2023 年末按应收账款余额计提坏账准备：

  应计提坏账准备金额 = 1 500 000 × 5% − 90 000 + 60 000 = 45 000（元）

  借：信用减值损失——计提坏账准备　　　　　　　　　　45 000
    贷：坏账准备——应收账款　　　　　　　　　　　　　　　45 000

  ④ 2024 年收回上年已核销的坏账 8 000 元：

  借：应收账款　　　　　　　　　　　　　　　　　　　　8 000
    贷：坏账准备——应收账款　　　　　　　　　　　　　　　8 000

  同时：

  借：银行存款　　　　　　　　　　　　　　　　　　　　8 000
    贷：应收账款——南方公司　　　　　　　　　　　　　　　8 000

  ⑤ 2024 年末按应收账款余额计提的坏账准备：

  应计提坏账准备金额 = 1 200 000 × 5% − 75 000 − 8 000 = −23 000（元）

  借：坏账准备——应收账款　　　　　　　　　　　　　　23 000
    贷：信用减值损失——计提坏账准备　　　　　　　　　　　23 000

知识测试

一、单选题

1. 转销无法收回的应收账款时，正确的会计处理是（   ）
A. 借记"坏账准备"科目，贷记"应收账款"科目
B. 借记"信用减值损失"科目，贷记"坏账准备"科目
C. 借记"坏账准备"科目，贷记"信用减值损失"科目
D. 借记"信用减值损失"科目，贷记"应收账款"科目

2. 年末应收账款余额为 100 000 元，按 5% 计提坏账准备，当前坏账准备科目有贷方余额 1 000 元，应计提坏账准备（   ）元。
A. 5 000   B. 1 000   C. 4 000   D. 6 000

二、多选题

1. 下列各项中，应在"坏账准备"科目借方登记的有（   ）
A. 收回前期已核销的应收账款   B. 冲减多计提的坏账准备
C. 计提坏账准备   D. 实际发生坏账损失

2. 下列各项中，应计提坏账准备的有（   ）
A. 应收账款   B. 应收票据   C. 预付账款   D. 其他应收款

3. "坏账准备"科目贷方登记（   ）。
A. 实际发生坏账损失   B. 冲减的坏账准备
C. 计提的坏账准备   D. 收回前期已核销的应收账款

4. 应收账款减值的估计方法有（   ）。
A. 应收账款余额百分比法   B. 账龄分析法
C. 营业收入比例法   D. 个别认定法

5. 应收账款减值的核算方法有（   ）。
A. 直接转销法   B. 备抵法   C. 预提法   D. 实际列支法

三、判断题

1. 已确认并转销的应收账款以后又收回时，可以按照实际收回的金额，借记"银行存款"科目，贷记"坏账准备"科目。   （   ）

2. 企业确实无法收回的应收账款经批准作为坏账损失时，一方面冲减应收账款，另一方面确认坏账准备。   （   ）

 **素养天地**

通过玩弄"应收账款"方式来虚增利润，风华高科遭证监会处罚

2019 年 8 月，上市公司风华高科收到广东监管局下发的《行政处罚事先告知书》，公司信息披露存在虚假记载，以及存在未及时披露董事会监事会决议两项违法事实。公司在开展贸易业务时，形成约 6319 万元的应收账款，且对应债权并没有抵押物等担保，几次向债务人催款未果。为了解决应收账款账目挂账问题、延长应收账款计提坏账准备

时间，风华高科通过两种方式来处置应收账款：一是通过和粤盛企业资产及宁夏顺亿公司资产配合操作，二是通过和深圳全聚能公司配合操作，风华高科分别与宁夏顺亿、深圳全聚能签署债权转让合同。通过两次辗转操作，钱又回到了风华高科，而风华高科账面上原有的应收账款分别减少了大约 5 470 万元和 850 万元。经核实，本案所涉应收账款对应债权并未实质发生转让，其转让时已预计难以按时收回。风华高科本该计提坏账准备，但却通过这种违法的方式来延期计提坏账，变相地虚增了当年利润。通过上述手法，风华高科隐蔽地减少应收账款，逃避坏账计提，虚增利润超过 6 000 万。对此，证监会对风华高科处以 40 万元罚款，并对涉案的三任高管等 26 名公司人员全部加以处罚。

风华高科利用应收账款虚增利润，构成欺诈，公司三任高管和其他涉案财会人员均被罚款。公司及财务人员应从中吸取教训，诚信是中华民族的美德，人无诚信不立，事无诚信不成，国无诚信不威。

（来源：新浪财经）

 项目训练

一、北方公司为一般纳税人，2024 年 8 月发生以下应收票据业务。

1. 5 日，销售给 A 公司一批产品，增值税专用发票注明价款为 500 000 元，增值税为 65 000 元，收到 A 公司签发的面值为 565 000 元、期限为 3 个月的一张不带息商业承兑汇票。

2. 10 日，应收 B 公司面值为 226 000 元的不带息商业承兑汇票到期，票款通过银行如期收回。

3. 12 日，收到 C 公司交来的期限为 2 个月的一张商业承兑汇票，面值为 168 000 元，用以抵付上月所欠货款。

4. 15 日，北方公司持有 D 公司的一张面值为 180 000 元的不带息商业承兑汇票到期，票款未能收回。

5. 18 日，销售给 E 公司一批产品，增值税专用发票注明价款为 600 000 元，增值税为 78 000 元。收到 E 公司签发的期限为 2 个月、年利率为 4% 的一张带息商业承兑汇票，票面金额为 678 000 元。假设 2024 年 10 月 18 日，票据到期，如期收到票款。

6. 19 日，将未到期的不带息应收票据背书转让，该票据面值为 500 000 元，用于采购生产经营所需的甲材料，增值税专用发票注明材料价款为 480 000 元，增值税为 62 400 元，差额以银行存款支付。

7. 20 日，将 A 公司的面值为 565 000 元的商业承兑汇票（见第 1 笔业务）向银行贴现，贴现率为 5%。

8. 26 日，将 F 公司签发的银行承兑汇票向银行贴现，该票据的面值为 348 000 元，出票日为 6 月 10 日，期限为 120 天，贴现率为 6%。

要求：根据上述资料编写相关的会计分录（第 7、第 8 题写出贴现的计算过程）。

二、北方公司为一般纳税人，2024 年 10 月发生以下应收账款与预付账款业务。

1. 2 日，销售给 A 公司一批甲产品，增值税专用发票注明价款为 200 000 元，增值税 26 000 元，货物及发票均已发出，货款暂未收到。

2. 5 日，收到 A 公司购买上述甲产品的货款。

3．15 日，销售给 C 公司一批甲产品，增值税专用发票注明价款为 600 000 元，增值税为 78 000 元。发货时以网银支付方式代垫运费 1 000 元。采用托收承付结算方式，现已办妥托收货款及代垫运费的手续。

4．18 日，收到 C 公司的货款及代垫运费。

5．20 日，向新丰公司预付货款 30 000 元。

6．23 日，收到新丰公司销售的一批原材料，增值税专用发票注明价款为 100 000 元，增值税 13 000 元。

7．24 日，向新丰公司补付货款 83 000 元。

要求：根据上述资料分别编写相关的会计分录。

三、北方公司为一般纳税人，2024 年发生以下其他应收款业务。

1．1 月 3 日，向销售部拨付定额备用金 8 000 元，签发一张现金支票。

2．1 月 10 日，行政部人员李萌临时出差，向财务部预借差旅费 6 000 元，以现金支付。

3．1 月 28 日，李萌报销差旅费 5 680 元，余款交回现金。

4．1 月 30 日，销售部报销差旅费 4 900 元，业务招待费 2 600 元，办公费 1 200 元，以现金支付。

5．2 月 28 日，销售部报销差旅费 2 500 元，业务招待费 3 200 元，以现金支付。

6．4 月 8 日，以银行存款替职工马宏垫付应由其个人负担的房租 2 000 元，拟从其工资中扣回。

7．5 月 13 日，租入一批包装物，以银行存款向出租方支付押金 4 000 元。

8．12 月 31 日，收回年初向销售部拨付的定额备用金现金。

要求：根据上述资料分别编写相关的会计分录。

四、北方公司按应收账款余额的 8% 计提坏账准备，2022 年末计提坏账准备前，"坏账准备"科目为贷方余额 50 000 元，2022 年末的应收账款余额为 1 000 000 元。2023 年 2 月确认发生坏账损失 20 000 元，2023 年末的应收账款余额为 900 000 元。2024 年 12 月收回已转销的坏账 15 000 元，款项已存入银行，2024 年末的应收账款余额为 980 000 元。

要求：根据上述资料，分别计算每年应计提的坏账准备。

五、利华公司 2022 年末的应收账款余额为 300 万元，该公司按应收账款余额的 5% 计提坏账准备；2022 年末计提坏账准备前，"坏账准备"科目无余额。2023 年发生了坏账损失 20 万元，年末应收账款余额为 340 万元。2024 年 12 月收回已转销的坏账 5 万元，年末应收账款余额为 200 万元。

要求：根据上述资料，分别计算每年应计提的坏账准备并编写相关的会计分录。

项目三

存货核算

知识目标

熟悉企业存货的概念、特征、确认条件。

技能目标

熟练掌握存货的原材料、周转材料、委托加工物资、库存商品、存货与期末计价的核算。

素养目标

树立遵守法律法规意识，培养严谨、认真的职业素养，以及坚定社会主义核心价值观。

 知识导图

存货核算 {
　存货的认知 {
　　存货的概念与特征
　　存货的确认条件
　　存货的分类
　　存货成本的确认和计量
　　存货的计价方法
　}
　原材料 {
　　实际成本法下原材料的核算
　　计划成本法下原材料的核算
　}
　周转材料 {
　　周转材料概述
　　周转材料核算
　}
　委托加工物资 {
　　委托加工物资的概述
　　委托加工物资业务的核算
　}
　库存商品 {
　　库存商品概述
　　工业企业库存商品业务的核算
　}
　存货清查与期末计价 {
　　存货清查
　　期末存货的计量
　}
}

 知识准备

存货核算的主要会计科目包括：原材料、在途物资、库存商品、材料采购、材料成本差异、委托加工物资、周转材料、低值易耗品、资产减值损失、存货跌价准备。

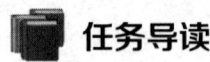
任务一　存货的认知

任务导读

　　企业的存货种类多、涉及的各类业务频繁，日常经营要对存货进行确认及分类，明确存货成本的确认和计量，可以根据公司的实际情况选择个别计价法、先进先出法、月末一次加权平均法、移动加权平均法来确定发出材料的实际成本。

一、存货的概念与特征

（一）存货的概念

　　存货，是指企业在日常活动中持有以备出售的产成品或商品、处在生产过程中的在产品，以及在生产过程或提供劳务过程中耗用的材料和物资等。

（二）存货的特征

　　存货属于流动资产，与其他资产相比具有如下特点。

　　（1）存货是有形资产。这一点有别于无形资产。

　　（2）存货具有较强的流动性。在企业中，存货经常处于不断销售、耗用、购买或重置中，具有较快的变现能力和明显的流动性。

　　（3）企业持有存货的目的是销售。不论是可供直接销售的，如企业的产成品、商品等；还是需经过进一步加工后才能出售的，如原材料等。企业在判断一个资产是否属于存货时，必须考虑取得资产的目的，这也是存货区别于固定资产等非流动资产最基本的特征。

二、存货的确认条件

　　根据《企业会计准则第1号——存货》规定，存货只有在符合存货定义，并同时满足以下两个条件时，才能加以确认。

　　（1）与该存货有关的经济利益很可能流入企业。

　　（2）该存货的成本能够可靠地计量。

三、存货的分类

　　不同行业的企业，存货的内容和分类各有不同。为了加强存货的管理，提供有用的会计信息，应当对存货进行适当的分类。

　　按企业的性质、经营范围及用途分类，分为制造业存货、商品流通企业存货、其他行业存货。在商品流通企业中，存货主要包括各种商品；在工业、制造业企业中，则包括各种原材料、包装物、低值易耗品、在产品、自制半成品和产成品等。

　　按存货地点分类，分为在途存货、在库存货、在制存货、在售存货。

　　按取得方式分类，分为外购存货、自制存货、委托加工存货、投资者投入的存货、以非货币性资产交换取得的存货、通过债务重组取得的存货、通过企业合并取得的存货、盘盈的存货。

四、存货成本的确认和计量

取得存货的计量，是指确定企业取得的各项存货的价值。存货以成本进行初始计量，存货成本包括采购成本、加工成本、其他成本等。

（一）存货的采购成本

存货的采购成本包括买价、相关税费、运杂费（如运输费、装卸费、包装费、保险费等）、运输途中的合理损耗、入库前挑选整理费及其他归属存货采购成本的费用。支付差旅费、押金、汇票手续费均不得记入存货采购成本。

存货的相关税费是指企业购买存货发生的进口关税、消费税、资源税和不能抵扣的增值税进项税额，以及相应的教育费附加等应记入存货采购成本的税费。

其他可归属存货采购成本的费用是指采购成本中除上述各项外的可归属存货采购成本的费用，如在存货采购过程中发生的仓储费、包装费、运输途中的合理损耗、入库前的挑选整理费用等。运输途中的合理损耗，是指商品在运输过程中，因商品性质、自然条件及技术设备等因素，所发生的自然的或不可避免的损耗。例如，酒精在运输的过程中自然挥发等，这些易挥发产品在运输过程中的自然挥发，都属于合理损耗。

 知识拓展

运输途中的"合理"损耗：计入外购存货成本，"合理"损耗指运输中因商品性质、自然条件、技术设备等因素，所发生的"自然或不可避免"的损耗；运输途中的"不合理"损耗：人为因素或自然灾害等原因导致，不得计入外购存货成本，扣除责任赔偿后的净损失计入当期损益（营业外支出）。

（二）存货的加工成本

存货的加工成本是指在存货的加工过程中发生的追加费用，包括直接人工成本及按照一定方法分配的制造费用。

（三）存货的其他成本

存货的其他成本是指除采购成本、加工成本以外的，使存货达到目前场所和状态所发生的其他支出。

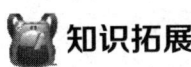 **知识拓展**

存货成本的确认和计量应注意的事项

五、存货的计价方法

企业发出的存货可以按实际成本核算，也可以按计划成本核算。如采用计划成本核算，会计期末应调整为实际成本。

企业应根据各类存货的实物流转方式、企业管理的要求、存货的性质等实际情况合理地确定发出存货成本的计算方法，以及当期发出存货的实际成本。对于性质和用途相同的存货，应当采用相同的成本计算方法确定发出存货的成本。在实际成本核算方式下企业可以采用的发出存货成本的计价方法，包括个别计价法、先进先出法、月末一次加权平均法和移动加权平均法等。计价方法一经选定，不得随意变更。

（一）个别计价法

个别计价法，又称个别认定法、具体辨认法、分批实际法，这一方法是假设存货具体项目的实物流转与成本流转相一致，按照各种存货逐一辨认各批发出存货和期末存货所属的购进批别或生产批别，分别按其购入或生产时所确定的单位成本计算各批发出存货和期末存货成本的方法。

在这种方法下，把每一种存货的实际成本作为计算发出存货成本和期末存货成本的基础。个别计价法的优点是计算发出存货的成本和期末存货的成本比较合理、准确；其缺点是工作量繁重，困难较大。适用于容易识别、存货品种数量不多、单位成本较高的存货计价，如艺术品等。个别计价法的计算公式如下：

发出存货的实际成本 = 各批（次）存货发出数量 × 该批次存货实际进货单价

【业务 3-1】 2024 年 12 月，夏普机械制造厂生产过程中领用 A 材料 2 000 千克，经确认其中 800 千克属第一批入库，单位成本为 25 元；其中 600 千克属第二批入库，单位成本为 26 元；其中 600 千克属第三批入库，单位成本为 27 元。则本月发出 A 材料的成本计算如下：

发出材料实际成本 = 800 × 25 + 600 × 26 + 600 × 27 = 51 800（元）

（二）先进先出法

先进先出法是指假设先购入的存货应先发出（即用于销售或耗用），对发出存货进行计价的一种方法。采用这种方法，先购入的存货成本在后购入存货成本之前转出，据此确定发出存货和期末存货的成本。具体操作是：收入存货时、逐笔登记收入存货的数量、单价和金额；发出存货时，按照先进先出的原则逐笔登记存货的发出成本和结存金额。

适用先进先出法的存货类型包括腐烂性质较强、贮藏周期较短、生产周期较长的存货等。在使用先进先出法时，需要注意财务记录的准确性，避免因账务记录不规范而导致库存的错乱。同时，在使用先进先出法计算存货余额时，也需要考虑存货的实际情况，如产品在生产过程中会产生废品，应将其发出成本计算在期末存货中等。

先进先出法可以随时结转存货发出成本，但较繁琐。如果存货收发业务较多，且存货单价不稳定时，其工作量较大。在物价持续上升时，期末存货成本接近市价，而发出成本偏低、会高估企业当期利润和库存存货价值；反之，则会低估企业存货价值和当期利润。

【业务 3-2】 假设东风机械制造厂采用先进先出法进行成本计价，2024 年 12 月甲产品的销售明细账如表 3-1 所示。

表 3-1 甲产品的销售明细账（先进先出法）

单位名称：东风机械制造厂　　　　　　　　2024 年 12 月　　　　　　　　单位：元

日 期		摘 要	收 入			发 出			结 存		
月	日		数量	单价	金额	数量	单价	金额	数量	单价	金额
12	1	期初余额							200	100	20 000
	8	购入	300	110	33 000				200	100	20 000
									300	110	33 000
	12	销售				200	100	20 000			
						100	110	11 000	200	110	22 000
	15	购入	100	120	12 000				200	110	22 000
									100	120	12 000
	20	销售				200	110	22 000			
						50	120	6 000	50	120	6 000
	24	购入	400	100	40 000				50	120	6 000
									400	100	40 000
	28	销售				50	120	6 000			
						200	100	20 000	200	100	20 000
	31	本期合计	800	—	85 000	800	—	85 000	200	100	20 000

由上表可知：本期发出存货成本 = 20 000 + 11 000 + 22 000 + 6 000 + 6 000 + 20 000 = 85 000（元）

期末结存存货成本 = 200 × 100 = 20 000（元）

（三）月末一次加权平均法

月末一次加权平均法是指以本月全部进货数量加上月初存货数量作为权数，去除本月全部进货成本加上月初存货成本，计算出存货的加权平均单位成本，以此为基础计算本月发出存货的成本和期末存货成本的一种方法。月末一次加权平均法是一种存货计价方法，旨在计算存货平均单位成本和发出存货成本。该方法是根据期初结存数量和本月收入数量为权数来计算的。

具体操作为，先将月初存货的实际成本加上当月各批进货的实际单位成本乘以当月各批进货的数量之和，然后再将其除以月初库存存货数量加上当月各批进货数量之和，最后得到每个存货单位的成本。计算公式如下：

存货单位成本 = 〔月初库存存货成本 + ∑（本月各批进货的实际单位成本 × 各批进货数）〕 ÷（月初库存存货数量 + 本月各批进货数量之和）

本月发出存货的成本 = 本月发出存货的数量 × 存货单位成本

本月月末库存存货成本 = 月末库存存货的数量 × 存货单位成本

或者采用如下公式：

本月月末库存存货成本 = 月初库存存货的实际成本 + 本月收入存货的实际成本 − 本月发出存货的实际成本

采用月末一次加权平均法只在月末一次计算加权平均单价，有利于简化成本计算工作，但由于平时无法从账上提供发出和结存存货的单价及金额，不利于存货成本的日常管理与控制。

【业务 3-3】 沿用【业务 3-2】资料，假设东风机械制造厂采用月末一次加权平均法进行成本计价，2024 年 12 月甲产品的销售明细账如表 3-2 所示。

表 3-2　甲产品的销售明细账（月末一次加权平均法）

单位名称：东风机械制造厂　　　　　　　　2024 年 12 月　　　　　　　　　　单位：元

日期		摘　要	收　入			发　出			结　存		
月	日		数量	单价	金额	数量	单价	金额	数量	单价	金额
12	1	期初余额							200	100	20 000
	8	购入	300	110	33 000				500	—	—
	12	销售				300	—		200	—	—
	15	购入	100	120	12 000				300	—	—
	20	销售				250	—		50	—	—
	24	购入	400	100	40 000				450	—	—
	28	销售				250	—		200	—	—
	31	本期合计	800	—	85 000	800	105	84 000	200	105	21 000

12 月甲产品发出存货的成本、月末库存存货成本计算如下：

12 月甲产品的平均单位成本

$= (200 \times 100 + 300 \times 110 + 100 \times 120 + 400 \times 100) \div (200 + 300 + 100 + 400) = 105$（元）

本月发出甲产品存货的成本 $= 800 \times 105 = 84\ 000$（元）

本月甲产品月末库存存货成本 $= 200 \times 105 = 21\ 000$（元）

（四）移动加权平均法

移动加权平均法是指以每次进货的成本加上原有库存存货成本的合计金额除以每次进货数量加上原有库存存货数量的合计数，据以计算加权平均单位成本，作为在下次进货前计算各次发出存货成本依据的一种方法。计算公式如下：

存货单位成本 =（原有库存存货的实际成本 + 本次进货的实际成本）÷（原有库存存货数量 + 本次进货数量）

本次发出存货的成本 = 本次发出存货数量 × 本次发货前存货的单位成本

本月月末库存存货成本 = 月末库存存货的数量 × 本月月末存货单位成本

采用移动加权平均法能够使企业管理层及时了解存货的结存情况、计算的平均单位成本、发出和结存的存货成本，且比较客观。但由于每次收货都要计算一次平均单位成本，计算工作量较大，对收发货较频繁的企业不适用。

【业务 3-4】 沿用【业务 3-2】资料，假设东风机械制造厂采用移动加权平均法进行成本计价，如表 3-3 所示，12 月甲产品各平均成本计算如下：

12 月 8 日购进存货甲产品后平均单位成本 =（200 × 100 + 300 × 110）÷（200 + 300）= 106（元）

12 月 15 日购进存货甲产品后平均单位成本 =（200 × 106 + 100 × 120）÷（200 + 100）= 110.67（元）

12 月 24 日购进存货甲产品后平均单位成本 =（50 × 110.67 + 400 × 100）÷（50 + 400）= 101.19（元）

表 3-3　甲产品的销售明细账（移动加权平均法）

单位名称：东风机械制造厂　　　　　　　　　2024 年 12 月　　　　　　　　　　单位：元

日 期		摘 要	收 入			发 出			结 存		
月	日		数量	单价	金额	数量	单价	金额	数量	单价	金额
12	1	期初余额							200	100	20 000
	8	购入	300	110	33 000				500	106	53 000
	12	销售				300	106	31 800	200	106	21 200
	15	购入	100	120	12 000				300	110.67	33 201
	20	销售				250	110.67	27 667.5	50	110.67	5 533.5
	24	购入	400	100	40 000				450	101.19	45 535.5
	28	销售				250	101.19	25 297.5	200	101.19	20 238
	31	本期合计	800	—	85 000	800	—	84 765	200	101.19	20 238

由上表可知：本期发出存货成本 = 31 800 + 27 667.5 + 25 297.5 = 84 765（元）

期末结存存货成本 = 200 × 101.19 = 20 238（元）

 知识拓展

存货计价方法的选择　　　　取消后进先出法　　　存货计价方法对企业会计核算的影响

知识测试

一、单选题

1．下列不属于企业存货的特征是（　　）。

A．有形资产　　　　　　　　　　　　　B．有较强的流动性

C．持有目的是销售　　　　　　　　　　D．持有目的是生产

2．下列不属于企业存货的成本是（　　）。

A．采购成本　　　　B．加工成本　　　　C．不合理损耗　　　　D．合理损耗

3．下列各项支出中，一般纳税企业不记入存货成本的是（　　）。

A．增值税进项税额费　　　　　　　　　B．入库前的挑选整理

C．购进存货时支付的进口关税运输费用　　D．购进存货时发生的

4．工业企业购进存货发生的下列相关损失项目中，不应记入当期损益的是（　　）。

A．责任事故造成的存货净损失　　　　　B．自然灾害造成的存货净损失

C．收发过程中计量差错引起的存货盘亏　　D．购入存货运输途中发生的合理损耗

5．甲材料月初结存存货 3 000 元，本月增加存货 4 000 元；月初数量 1 500 件，本月增加 2 500 件，那么，甲材料本月的加权平均单位成本为（　　）。

A．2 元/件　　　　B．1.75 元/件　　　　C．1.6 元/件　　　　D．2.5 元/件

二、多选题

1. 按照企业会计准则的规定，下列资产中应在资产负债表"存货"项目中反映的有（　　　）。

A. 生产成本　　　　　　　　　　　B. 库存商品

C. 分期收款发出商品　　　　　　　D. 委托代销商品

2. 下列各项，构成工业企业外购材料存货入账价值的有（　　　）。

A. 买价　　　　　　　　　　　　　B. 运杂费

C. 运输途中合理损耗　　　　　　　D. 入库前的挑选整理费用

3. 下列项目中，应记入企业存货成本的有（　　　）。

A. 进口原材料支付的关税　　　　　B. 生产过程中发生的制造费用

C. 原材料入库前的挑选整理费用　　D. 自然灾害造成的原材料净损失

4. 企业存货的计价方法有（　　　）。

A. 个别计价法　　　　　　　　　　B. 先进先出法

C. 月末一次加权平均法　　　　　　D. 移动加权平均法

5. 下列属于存货的是（　　　）。

A. 原材料　　　　　B. 包装物　　　　　C. 低值易耗品　　　　　D. 在产品

三、判断题

1. 购入材料在运输途中发生的合理损耗应记入管理费用。　　　　　　　　（　　）

2. 企业确认存货时，应以存货是否具有法定所有权和是否存放在企业为依据。

（　　）

3. 投资者投入的存货成本，一律按投资合同或协议约定的价值确定。　　（　　）

4. 在物价持续下跌的情况下，企业采用先进先出法计量发出存货的成本，当月发出存货单位成本小于月末结存货的单位成本。　　　　　　　　　　　　（　　）

5. 在物价上涨的情况下，采用先进先出法计算的发出存货的成本将高于采用加权平均法计算的发出存货成本。　　　　　　　　　　　　　　　　　　（　　）

任务二　原材料

任务导读

原材料是企业用于制造产品并构成产品实体所购入的物料，以及购入的用于产品生产但不构成产品实体的辅助性物资，一般包括原料及主要材料、辅助材料、外购半成品、修理用备件、包装材料和燃料等。

企业原材料进行日常收发及结存可以采用实际成本核算，也可以采用计划成本核算。

一、实际成本法下原材料的核算

（一）科目设置

在实际成本法下，材料的收发及结存均按照实际成本计价，设置"原材料""在途物资"科目。

"原材料"科目属于资产类科目，用以核算企业库存的各种材料，包括原料及主要材料、辅助材料、外购半成品（如外购件）、修理用备件（如备品备件）、包装材料、燃料等的计划成本或实际成本。企业收到来料加工装配业务的原料、零件等，应当设置备查簿进行登记。该科目借方登记已验收入库材料的成本，贷方登记发出材料的成本。期末余额在借方，反映企业库存材料的计划成本或实际成本。该科目可按材料的保管地点（如仓库）、材料的类别、品种和规格等进行明细核算。

"在途物资"科目属于资产类科目，用以核算企业采用实际成本（或进价）进行材料、商品等物资的日常核算、货款已付尚未验收入库的在途物资的采购成本。该科目借方登记购入材料、商品等物资的买价和采购费用（采购实际成本），贷方登记已验收入库材料、商品等物资应结转的实际采购成本。期末余额在借方，反映企业期末在途材料、商品等物资的采购成本。该科目可按供应单位和物资品种进行明细核算。

（二）取得原材料的账务处理

1. 外购原材料

一般纳税人根据原材料的入库时间与开出发票、付款时间不同，账务处理不同。

（1）收到发票，材料已验收入库（票到料到）

借记"原材料""应交税费——应交增值税（进项税额）"科目，贷记"银行存款""其他货币资金""应付票据""应收票据""应付账款""预付账款"科目。

【业务 3-5】2024 年 10 月 6 日，东风机械制造厂与南方物料公司签订合同，以先预付、后结算方式购买 B 材料，材料价款总计 1 000 000 元，当日以汇兑方式支付 70%；2024 年 10 月 28 日，收到南方物料公司发来材料并入库，增值税专用发票注明价款为 1 000 000 元，增值税为 130 000 元，另对方代垫包装费 10 000 元，所欠货款以银行存款支付。账务处理如下：

① 2024 年 10 月 6 日，支付预付款：

借：预付账款——南方物料公司　　　　　　　　　　　700 000
　　贷：银行存款　　　　　　　　　　　　　　　　　　　700 000

② 2024 年 10 月 28 日，其他款项：

借：原材料——B 材料　　　　　　　　　　　　　　　1 010 000
　　应交税费——应交增值税（进项税额）　　　　　　　130 000
　　贷：预付账款——南方物料公司　　　　　　　　　　　1 140 000
借：预付账款——南方物料公司　　　　　　　　　　　440 000
　　贷：银行存款　　　　　　　　　　　　　　　　　　　440 000

（2）已收到发票，材料运输中（票到料未到）

借记"在途物资""应交税费——应交增值税（进项税额）"科目，贷记"银行存款"

"其他货币资金""应付票据""应收票据""应付账款""预付账款"科目。

【业务 3-6】 2024 年 10 月 12 日，东风机械制造厂与南山物料公司采购一批 C 材料，增值税专用发票注明价款为 100 000 元，增值税为 13 000 元，全部款项用银行存款支付，材料尚未入库。账务处理如下：

① 材料在途中：

借：在途物资——C 材料 100 000
　　应交税费——应交增值税（进项税额） 13 000
　　贷：银行存款 113 000

② 待材料验收入库后：

借：原材料——C 材料 100 000
　　贷：在途物资——C 材料 100 000

（3）特别情况，月末材料已验收入库，发票未达（料到票未到）

分为三个步骤。

第一步，本月末暂估入账，借记"原材料"科目，贷记"应付账款——暂估应付账款"科目。

第二步，下月初冲回，借记"应付账款——暂估应付账款"科目，贷记"原材料"科目。

第三步，发票到达时，借记"原材料""应交税费——应交增值税（进项税额）"科目，贷记"银行存款"科目。

【业务 3-7】 2024 年 10 月 29 日，东风机械制造厂向北海物料公司采购一批 D 材料，材料已验收入库，月末发票账单尚未收到，无法确定其实际成本，暂估价为 80 000 元。2024 年 11 月 3 日，收到增值税专用发票，注明价款为 100 000 元，增值税为 13 000 元，全部款项用银行存款支付。账务处理如下：

① 本月末暂估入账：

借：原材料——D 材料 80 000
　　贷：应付账款——暂估应付账款 （北海物料公司） 80 000

② 下月初冲回：

借：应付账款——暂估应付账款 （北海物料公司） 80 000
　　贷：原材料——D 材料 80 000

③ 发票到达时：

借：原材料——D 材料 100 000
　　应交税费——应交增值税（进项税额） 13 000
　　贷：银行存款 113 000

2. 接受投资

在实际成本法下，企业接受投资者投入原材料，借记"原材料""在途物资""应交税费——应交增值税（进项税额）"科目，贷记"实收资本""资本公积——资本溢价"科目。

【业务 3-8】 2024 年 12 月 18 日，东风机械制造厂接受岭南公司投入一批 E 材料，双方合同约定材料入账价值为 300 000 元，增值税专用发票注明价款为 300 000 元，增值税为 39 000 元，材料已入库。（下述情况均为单独考虑）账务处理如下：

① 假定无溢价：

借：原材料——E 材料　　　　　　　　　　　　　　　300 000
　　应交税费——应交增值税（进项税额）　　　　　　39 000
　　　贷：实收资本　　　　　　　　　　　　　　　　　　　　339 000

② 假定双方约定，东风机械制造厂将其中 280 000 元作为注册资本份额：

借：原材料——E 材料　　　　　　　　　　　　　　　300 000
　　应交税费——应交增值税（进项税额）　　　　　　39 000
　　　贷：实收资本——岭南公司　　　　　　　　　　　　　　280 000
　　　　　资本公积——资本溢价　　　　　　　　　　　　　　 59 000

（三）发出原材料的账务处理

1. 用于生产经营

用于生产经营的原材料，借记"生产成本（直接材料）""制造费用""销售费用""管理费用""在建工程""研发支出""委托加工物资"科目，贷记"原材料"科目。

【业务 3-9】　2024 年 12 月，东风机械制造厂汇总发料如表 3-4 所示。

表 3-4　发料凭证汇总表

单位名称：东风机械制造厂　　　　　　　　　　2024 年 12 月　　　　　　　　　　　单位：元

材料用途	材料种类				合　计
	B 材料	C 材料	D 材料	E 材料	
甲产品	150 000	100 000	175 000	230 000	655 000
生产车间		20 000			20 000
管理部门			5 000		5 000
合计	150 000	120 000	180 000	230 000	680 000

账务处理如下：

借：生产成本——基本生产成本——乙产品（直接材料）　　655 000
　　制造费用——材料费　　　　　　　　　　　　　　　　 20 000
　　管理费用——材料费　　　　　　　　　　　　　　　　　5 000
　　　贷：原材料——B 材料　　　　　　　　　　　　　　　　　　150 000
　　　　　　　　——C 材料　　　　　　　　　　　　　　　　　　120 000
　　　　　　　　——D 材料　　　　　　　　　　　　　　　　　　180 000
　　　　　　　　——E 材料　　　　　　　　　　　　　　　　　　230 000

2. 用于出售

用于出售的原材料视同销售商品，属于企业"其他业务"范畴，应通过"其他业务收入"和"其他业务成本"科目核算。

二、计划成本法下原材料的核算

（一）科目设置

在计划成本法下，材料的收发及结存均按照计划成本计价，设置"原材料""材料采购""材料成本差异"等科目。

"材料采购"科目属于资产类科目，用以核算企业采用计划成本进行材料日常核算而购入材料的采购成本。该科目借方登记企业采用计划成本进行核算时，采购材料的实际成本，以及材料入库时结转的节约差异，贷方登记入库材料的计划成本，以及材料入库时结转的超支差异。期末余额在借方，反映企业在途材料的采购成本。

"材料成本差异"科目，属于资产类科目，用以核算企业采用计划成本进行日常核算的材料计划成本与实际成本的差额。该科目借方登记入库材料形成的超支差异，以及转出的发出材料应负担的节约差异，贷方登记入库材料形成的节约差异，以及转出的发出材料应负担的超支差异。期末余额在借方，反映企业库存材料等的实际成本大于计划成本的差异；期末余额在贷方，反映企业库存材料等的实际成本小于计划成本的差异。

（二）取得原材料的账务处理

1. 外购材料

（1）材料验收入库，货款已付或未付

分两个步骤。

第一步，根据增值税专用发票等原始凭证，借记"材料采购""应交税费——应交增值税（进项税额）"科目，贷记"银行存款""应付票据"科目。

计划成本法下，无论材料是否入库，均先通过"材料采购"核算，以反映企业所购材料的实际成本，从而与"原材料"科目相比较，计算确定材料差异成本。

第二步，入库时，根据入库单，按计划成本借记"原材料"科目，贷记"材料采购"科目；超支差异时，借记"材料成本差异"科目，贷记"材料采购"科目，节约差异时，借记"材料采购"科目，贷记"材料成本差异"科目。

【业务 3-10】 2024 年 12 月 5 日，华北机械制造厂购入一批材料 F，增值税专用发票注明价款为 500 000 元，增值税为 65 000 元；对方代垫保险费 30 000 元，签发银行承兑汇票一张支付上述款项。该材料以计划成本 550 000 元验收入库。账务处理如下：

① 根据增值税专用发票等原始凭证：

借：材料采购——F 材料　　　　　　　　　　　　　　530 000

　　应交税费——应交增值税（进项税额）　　　　　　 65 000

　　　贷：应付票据——银行承兑汇票　　　　　　　　　　 595 000

② 根据入库单：

借：原材料——F 材料　　　　　　　　　　　　　　　550 000

　　　贷：材料采购——F 材料　　　　　　　　　　　　　530 000

　　　　　材料成本差异——F 材料　　　　　　　　　　　 20 000

（2）特殊情况

货款已经支付，但材料尚未验收入库，根据增值税专用发票等原始凭证。账务处理样例如下：

借：材料采购

　　应交税费——应交增值税（进项税额）

　　　贷：银行存款等

2. 接受投资

在计划成本法下，企业接受投资者投入原材料，借记"材料采购""应交税费——应交增值税（进项税额）"科目。按注资份额，贷记"实收资本"科目；按差额，借记或贷记"资本公积——资本溢价"科目。材料验收入库，按计划成本，借记"原材料"科目，按实际成本，贷记"材料采购"科目；按差额，借记或贷记"材料成本差异"科目。

【业务 3-11】2024 年 12 月 27 日，华北机械制造厂接受达瑞公司投入一批 H 材料，双方合同约定该批 H 材料的入账价值为 200 000 元，当日取得增值税专用发票，增值税为 26 000 元。其中 200 000 元作为注册资本份额。材料以计划成本 198 000 元验收入库。账务处理如下：

① 根据增值税专用发票等原始凭证：

借：材料采购——H 材料　　　　　　　　　　　　　　　　200 000

　　应交税费——应交增值税（进项税额）　　　　　　　　　26 000

　　　贷：实收资金——达瑞公司　　　　　　　　　　　　　　　200 000

　　　　　资本公积——资本溢价　　　　　　　　　　　　　　　 26 000

② 根据入库单：

借：原材料——H 材料　　　　　　　　　　　　　　　　　198 000

　　材料成本差异——H 材料　　　　　　　　　　　　　　　2 000

　　　贷：材料采购——H 材料　　　　　　　　　　　　　　　 200 000

（三）发出原材料的账务处理

1. 计算成本差异

成本差异是指一定时期生产一定数量的产品所发生的实际成本与标准成本的差额。通过实际发生额与标准成本相比较，找出差异和发生差异的原因，作为考核降低成本的基础和改善企业今后经营活动的基础。当实际成本大于标准成本，其超支数额为不利差异，一般用正数表示；当实际成本小于标准成本，其节约数额为有利差异，一般用负数表示。计算公式如下：

本期材料成本差异率 =（期初结存材料的成本差异 + 本期验收入库材料的成本差异）÷（期初结存材料的计划成本 + 本期验收入库材料的计划成本）× 100%

发出材料应负担的成本差异 = 发出材料的计划成本 × 本期材料成本差异率

期末结存材料的实际成本 = 期末材料的计划成本 ×（1+ 材料成本差异率）

【业务 3-12】2024 年 12 月 31 日，长江机械制造厂"原材料"账户余额为 500 000 元，期初原材料节约 10 000 元；本月购入材料实际成本为 2 020 000 元，以计划成本 2 000 000 元验收入库；本月发出材料计划成本为 1 500 000 元。计算如下：

① 材料成本差异率 =（-10 000 + 20 000）÷（500 000 + 2 000 000）= 0.4%

② 发出材料承担成本差异 = 1 500 000 × 0.4% = 6 000（元）

③ 发出材料实际成本 = 1 500 000 + 6 000 = 1 506 000（元）

④ 结存材料实际成本 =（500 000 - 10 000）+ 2 020 000 - 1 506 000 = 1 004 000（元）

2. 账务处理

发出材料，借记"生产成本""制造费用""管理费用"科目，贷记"原材料"科目。结转"材料成本差异"，超支差时，借记"生产成本"科目，贷记"材料成本差异"科目；节约差时，借记"材料成本差异"科目，贷记"生产成本"科目。

发出材料应由计划成本调整为实际成本，发出材料应负担的成本差异应按期（月）分摊，不得在季末或年末一次计算。

【业务3-13】 华北机械制造厂以计划成本核算原材料，2024年12月发出材料汇总如下：

F材料360 000元（全部为生产丙产品耗用）；H材料210 000元，其中生产丙产品耗用200 000元，车间一般耗用10 000元（材料成本差异率1%）。

账务处理如下：

① 计划发出：

借：生产成本——基本生产成本——丙产品（直接材料）　　560 000
　　制造费用——材料费　　　　　　　　　　　　　　　　10 000
　　　贷：原材料——F材料　　　　　　　　　　　　　　　　　　360 000
　　　　　　　——H材料　　　　　　　　　　　　　　　　　　　210 000

② 结转差异（超支）：

借：生产成本——基本生产成本——丙产品（直接材料）　　5 600
　　制造费用——材料费　　　　　　　　　　　　　　　　100
　　　贷：材料成本差异——原材料　　　　　　　　　　　　　　　5 700

 **知识拓展**

原材料核算采用计划成本法与实际成本法区别

 **职业素养**

仓库管理人员职业素养

仓库管理人员，顾名思义就是通过对仓库物品的管理发挥好仓库功能的人员。岗位职责包括：按规定做好物资设备进出库的验收、记账和发放工作，做到账账相符，其所需要具备的职业素养如下：

1. 熟悉仓库管理流程和操作规范；

2. 具备良好的沟通能力和团队协作精神；

3. 具备一定的仓库货物分类和整理能力；

4. 具备一定的货物装卸和搬运技能；

5. 具备仓库安全管理和应急处理能力。

知识测试

一、单选题

1. 下列关于"在途物资"科目的表述正确的有（　　　）。

A. 该科目用以核算企业采用实际成本（或进价）进行材料、商品等物资的日常核算、

货款已付尚未验收入库的在途物资的采购成本

B. 该科目贷方登记购入材料、商品等物资的买价和采购费用（采购实际成本）

C. 该科目借方登记已验收入库材料、商品等物资应结转的实际采购成本

D. 期末余额在借方，反映企业期末在途材料、商品等物资的采购成本

2. 月初，A 企业甲材料的计划成本为 10 000 元，"材料成本差异"科目借方余额为 500 元，本月购进一批甲材料，实际成本为 16 180 元，计划成本为 19 000 元，本月生产车间领用甲材料的计划成本为 8 000 元，管理部门领用甲材料的计划成本为 4 000 元，该企业期末甲材料的实际成本是（　　）元。

A. 14 680　　　　　B. 15 640　　　　　C. 15 680　　　　　D. 16 640

3. 材料采购的实际成本大于入库材料的计划成本超额差异，应从（　　）。

A. "材料采购"科目的借方转入"材料成本差异"科目的借方

B. "材料采购"科目的借方转入"材料成本差异"科目的贷方

C. "材料采购"科目的贷方转入"材料成本差异"科目的借方

D. "材料采购"科目的贷方转入"材料成本差异"科目的贷方

4. 某企业为一般纳税人，购入一批材料，增值税专用发票上标明的价款为 25 万元，增值税为 3.25 万元，另支付材料的保险费 2 万元、包装物押金 2 万元。该批材料的采购成本为（　　）万元。

A. 27　　　　　B. 29　　　　　C. 29.25　　　　　D. 31.25

5. 某企业月初结存"原材料"科目借方余额 24 000 元，本月收入原材料的计划成本为 176 000 元，本月发出原材料的计划成本为 150 000 元，"材料成本差异"科目月初贷方余额为 300 元，本月收入材料的超额差 4 300 元，那么本月发出材料应负担的材料成本差异为（　　）元。

A. −3 000　　　　　B. 3 000　　　　　C. −3 450　　　　　D. 3 450

二、多选题

1. 原材料采用实际成本法核算涉及的会计科目有（　　）。

A. "材料成本差异"　　B. "在途物资"　　　C. "应付账款"　　　D. "材料采购"

2. 原材料采用计划成本法核算涉及的会计科目有（　　）。

A. "材料成本差异"　　B. "在途物资"　　　C. "应付账款"　　　D. "材料采购"

3. 在我国的会计实务中，下列项目中构成企业存货实际成本的有（　　）。

A. 收购未税矿产品代扣代缴的资源税

B. 入库后的挑选整理费

C. 运输途中的合理损耗

D. 小规模纳税人购货时的增值税进项税额

4. 下列属于"原材料"科目核算的内容有（　　）。

A. 原料及主要材料　　　　　　　　　B. 辅助材料

C. 外购半成品（外购件）　　　　　　D. 修理用备件（备品备件）

5. 关于"在途物资"科目正确的有（　　）。

A. 贷方登记购入材料、商品等物资的买价和采购费用

B. 借方登记已验收入库材料、商品等物资应结转的实际采购成本

C. 期末余额在借方，反映企业期末在途材料、商品等物资的采购成本

D. 该科目可按供应单位和物资品种进行明细核算

三、判断题

1. 企业采用计划成本核算原材料，平时收到原材料时应按实际成本借记"原材料"科目，领用或发出原材料时应按计划成本贷记"原材料"科目，期末再将发出材料和期末材料调整为实际成本。　　　　　　　　　　　　　　　　　　　　　　　　（　　）

2. 企业采用计划成本进行材料日常核算时，月末分摊材料成本差异时，超支差异记入"材料成本差异"科目的借方，节约差异记入"材料成本差异"科目的贷方。　　　（　　）

3. 企业采用计划成本法核算原材料，除单位成本发生较大变动外，为了保持计划成本的相对稳定，年度内一般不作调整。　　　　　　　　　　　　　　　　　　　（　　）

4. 在实际成本法下，企业接受投资者投入原材料，若发生资本溢价，登记在"资本公积——资本溢价"科目。　　　　　　　　　　　　　　　　　　　　　　　　　（　　）

5. 无论企业对存货采用实际成本核算，还是采用计划成本核算，在编制资产负债表时，资产负债表上的存货项目反映的都是存货的实际成本。　　　　　　　　　　　（　　）

任务三　周转材料

任务导读

周转材料是企业多次使用的存货，包括低值易耗品、包装物等，企业对生产经营周转中因磨损而减少的周转材料进行摊销。

一、周转材料概述

周转材料是指企业能够多次使用，逐渐转移其价值但仍保持原有形态，不确认为固定资产的材料。周转材料主要包括低值易耗品、包装物，以及企业（建造承包商）的钢模板、木模板、脚手架等。

二、周转材料核算

（一）低值易耗品的核算

1. 科目设置

低值易耗品，是指不能作为固定资产的各种用具物品，一般划分为一般工具、专用工具、替换设备、管理用具、劳动保护用品和其他用具等。

为了反映和监督低值易耗品的增减变动结存等情况，企业应当设置"周转材料——低值易耗品"科目进行核算。"周转材料——低值易耗品"科目属于资产类科目，核算低值易耗品的实际成本或计划成本。该科目可按低值易耗品的类别、品种进行明细核算。

2. 低值易耗品的账务处理

（1）外购低值易耗品

低值易耗品的购入、自制或委托加工的处理与原材料相同。

【业务3-14】2024年12月7日，东风机械制造厂向南方物料公司购入一批专用工具，取得增值税专用发票，价款为100 000元，增值税为13 000万元，以银行存款支付。账务处理如下：

① 假设货款支付，低值易耗品验收入库：

借：周转材料——低值易耗品（专用工具）　　　　　　　100 000

应交税费——应交增值税（进项税额）　　　　　13 000

贷：银行存款　　　　　　　　　　　　　　　　　113 000

② 假设付款在前，收货在后：

付款时：

借：在途物资——南方物料公司　　　　　　　　　　　100 000

应交税费——应交增值税（进项税额）　　　　　13 000

贷：银行存款　　　　　　　　　　　　　　　　　113 000

入库时：

借：周转材料——低值易耗品（专用工具）　　　　　　　100 000

贷：在途物资——南方物料公司　　　　　　　　　100 000

（2）摊销低值易耗品

低值易耗品的摊销通常采用两种方法：一次转销法和五五摊销法。《企业会计准则第1号——存货》第二十条规定：企业应当采用一次转销法或者五五摊销法对低值易耗品和包装物进行摊销，计入相关资产的成本或者当期损益。

低值易耗品等企业的周转材料符合存货定义和条件的，按照使用次数分次计入成本费用。一次转销法是将其价值一次全部记入有关成本或当期损益的方法，适用价值较低或极易损坏的低值易耗品的摊销。金额较小的，可在领用时一次计入成本费用，以简化核算，但为加强实物管理，应当在备查簿中进行登记。在采用一次转销法的情况下，借方按使用的部门进行摊销，贷方按摊销的具体对象进行明细科目登记。

【业务3-15】2024年12月8日，东风机械制造厂生产车间领用一批劳保用品，实际成本为6 000元，采用"一次摊销法"摊销。账务处理如下：

借：制造费用——低值易耗品摊销　　　　　　　　　　6 000

贷：周转材料——低值易耗品（劳保用品）　　　　6 000

五五摊销法是指在领用时摊销其账面价值的一半，在报废时再摊销其价值的另一半并注销其总成本的一种摊销方法，适用于可反复使用的低值易耗品的摊销。在采用五五摊销法的情况下，需要单独设置"周转材料——低值易耗品（在用）""周转材料——低值易耗品（在库）"和"周转材料——低值易耗品（摊销）"明细科目。

【业务3-16】2024年12月10日，东风机械制造厂基本生产车间领用一批专用工具，实际成本为10 000元，不符合固定资产定义，采用五五摊销法进行摊销。该专用工具的估计使用次数为两次。账务处理如下：

① 领用专用工具时：

借：周转材料——低值易耗品（在用）   10 000

    贷：周转材料——低值易耗品（在库）   10 000

② 第一次领用时摊销其价值的一半：

借：制造费用——物料费   5 000

    贷：周转材料——低值易耗品（摊销）   5 000

③ 第二次领用摊销其价值的一半：

借：制造费用——物料费   5 000

    贷：周转材料——低值易耗品（摊销）   5 000

同时：

借：周转材料——低值易耗品（摊销）   10 000

    贷：周转材料——低值易耗品（在用）   10 000

（二）包装物的核算

包装物是指为了包装本企业的产品而储备的各种包装容器，如桶、箱、瓶、坛、袋等。包装物的核算包括四个方面：第一，生产过程中用于包装产品并作为产品组成部分的包装物；第二，随同产品出售而不单独计价的包装物；第三，随同产品出售，需要单独计价的包装物；第四，出租、出借给购货单位使用的包装物。

1. 科目设置

为了反映和监督包装物的增减变动结存等情况，企业应当设置"周转材料——包装物"科目进行核算。"周转材料——包装物"科目属于资产类科目，核算库存各种包装物的实际成本或计划成本。

2. 包装物的账务处理

（1）外购包装物

企业购入、自制、委托加工取得的包装物的核算与原材料、低值易耗品相同。

【业务 3-17】 2024 年 12 月 7 日，东风机械制造厂购进一批包装物包装袋，增值税专用发票注明价款为 5 000 元，增值税为 650 元，以银行存款支付，按实际成本进行核算。账务处理如下：

借：周转材料——包装物（包装袋）   5 000

    应交税费——应交增值税（进项税额）   650

    贷：银行存款   5 650

（2）生产过程领用包装物

生产领用作为产品组成部分的包装物，记入产品成本。借记"生产成本"科目，贷记"周转材料——包装物"科目。

【业务 3-18】 2024 年 12 月 9 日，东风机械制造厂生产领用一批塑料包装袋，用于包装甲产品，实际成本 500 元。账务处理如下：

借：生产成本——基本生产成本——甲产品（直接材料）   500

    贷：周转材料——包装物（塑料包装袋）   500

（3）随同产品出售

随同产品出售不单独计价的包装物，记入销售费用。

【业务 3-19】 2024 年 12 月 13 日，东风机械制造厂为销售乙产品，领用一批包装箱，不单独计价的，实际成本 300 元。账务处理如下：

借：销售费用——包装费　　　　　　　　　　　　　　　300
　　贷：周转材料——包装物（纸箱）　　　　　　　　　　　　　　300

随同产品出售单独计价包装物成本，记入其他业务成本。

【业务 3-20】 2024 年 12 月 20 日，东风机械制造厂为销售丙产品，领用一批包装箱，单独计价，实际成本 1 500 元。增值税专用发票注明价款为 2 000 元，增值税为 260 元。款项已收到。账务处理如下：

借：银行存款　　　　　　　　　　　　　　　　　　　2 260
　　贷：其他业务收入——包装物销售　　　　　　　　　　　　2 000
　　　　应交税费——应交增值税（销项税额）　　　　　　　　260
借：其他业务成本——销售包装物　　　　　　　　　　　　1 500
　　贷：周转材料——包装物（包装箱）　　　　　　　　　　　1 500

（4）出租或出借给购货单位使用的包装物

收取租金，借记"银行存款"科目，贷记"其他业务收入""应交税费——应交增值税（销项税额）"科目。

收取押金，借记"银行存款"科目，贷记"其他应付款"科目。

出库结转，借记"周转材料——包装物（出租）或（出借）"科目，贷记"周转材料——包装物（在库）"科目。

分摊包装物成本，出租包装物，借记"其他业务成本"科目，贷记"周转材料——包装物"科目；出借包装物，借记"销售费用"科目，贷记"周转材料——包装物"科目。

分期摊销法是指在低值易耗品领用时，按预计的使用时间，分次将平均价值摊入费用的摊销方法。这种摊销方法费用负担比较均衡，适用于单位价值较高，使用期限较长的物品。其账务处理可参考五五摊销法。

【业务 3-21】 2024 年 12 月 26 日，东风机械制造厂向光明公司出借一批包装箱，包装箱实际成本 800 元，收取押金 1 000 元；出租一批铁桶，增值税专用发票注明价款为 3 000 元，增值税为 390 元，铁桶实际成本 10 000 元，收取押金 12 000 元。款项已收到。包装物价值摊销采用分期摊销法，计划分 5 期在 1 年内平均摊销。账务处理如下：

① 收取押金、租金：

借：银行存款　　　　　　　　　　　　　　　　　　16 390
　　贷：其他业务收入——出租包装物　　　　　　　　　　　3 000
　　　　应交税费——应交增值税（销项税额）　　　　　　　390
　　　　其他应付款——存入保证金（光明公司）　　　　　13 000
② 领用包装物时：

借：周转材料——包装物——在用（出借）　　　　　　　　800
　　　　　　　　　　　　——在用（出租）　　　　　　　10 000
　　贷：周转材料——包装物（在库）　　　　　　　　　　10 800

③ 分期摊销时：

借：销售费用——出借包装物摊销   160

  其他业务成本——出借包装物摊销   2 000

   贷：周转材料——包装物——在用（出借） 160

         ——在用（出租） 2 000

 **知识拓展**

周转材料一次转销法和五五摊销法的区别

素养天地

施工企业周转材料内部控制薄弱环节及措施

  周转材料是指在工程施工过程中，为了满足施工需要而购置的材料，如水泥、沙子、砖头等。这些材料是施工企业正常运营的基础，对其进行有效的内部控制是确保企业正常运营的重要环节。但是，由于各种原因，施工企业周转材料的内部控制可能存在一些薄弱环节，主要体现在采购、领用及使用、资金管理和监督检查等环节。对于这些薄弱环节，企业可以采取相应的措施，如建立规范的管理制度和流程、加强人员培训和监督、优化资金管理和加强监督检查等，以提高施工企业周转材料管理的效率和水平。只有通过加强内部控制，才能确保施工企业周转材料的正常运营和健康发展。

知识测试

一、单选题

1. 随同产品出售而不单独计价的包装物，应于发出时按其实际成本记入（ ）。

 A．其他业务成本   B．管理费用

 C．销售费用   D．主营业务成本

2. 随同产品出售单独计价的包装物，应于发出时按其实际成本记入（ ）。

 A．其他业务成本   B．管理费用

 C．销售费用   D．主营业务成本

3. 企业销售产品领用不单独计价的一批包装物，其计划成本为 8 000 元，材料成本差异率为 1%，此项业务企业应记入销售费用的金额为（ ）元。

 A．8 000   B．7 920   C．8 080   D．0

4. 下列不属于周转材料的是（ ）。

 A．低值易耗品   B．包装物   C．脚手架   D．原材料

5. （　　）是指不能作为固定资产的各种用具物品，一般划分为一般工具、专用工具、替换设备、管理用具、劳动保护用品和其他用具等。

A．原材料　　　　　B．包装物　　　　　C．库存商品　　　　D．低值易耗品

二、多选题

1. 下列各项中，应记入"其他业务成本"的有（　　）。

A．出借包装物成本的摊销

B．出租包装物成本的摊销

C．随同产品出售单独计价的包装物成本

D．随同产品出售不单独计价的包装物成本

2. 下列各项存货中，属于周转材料的是（　　）。

A．委托加工物资　　　　　　　　B．包装物

C．低值易耗品　　　　　　　　　D．委托代销商品

3. 下列各项中，应记入销售费用的有（　　）。

A．随同商品出售不单独计价的包装物成本

B．随同商品出售单独计价的包装物成本

C．领用的用于出借的新包装物成本

D．对外销售的原材料成本

4. 在采用五五摊销法的情况下，需要单独设置（　　）明细科目。

A．"周转材料——低值易耗品——在用"

B．"周转材料——低值易耗品——在库"

C．"周转材料——低值易耗品——摊销"

D．"周转材料——低值易耗品——没用"

5. 下列说法正确的是（　　）。

A．低值易耗品的摊销通常采用两种方法：一次转销法和五五摊销法

B．低值易耗品的一次摊销法比五五摊销法更适合企业使用

C．"周转材料——包装物"科目是核算库存各种包装物的实际成本或计划成本

D．低值易耗品的五五摊销法比一次摊销法更适合企业使用

三、判断题

1. 企业应当采用一次转销法或五五摊销法对低易耗品和包装物进行摊销，记入相关资产的成本或当期损益。　　　　　　　　　　　　　　　　　　　　　　　（　　）

2. 随同商品出售不单独计价的包装物，记入销售费用。　　　　　　　　（　　）

3. 各种包装物如纸、绳、铁丝等，应在"原材料"科目核算。　　　　　（　　）

4. 周转材料是指企业能够多次使用，逐渐转移其价值但仍保持原有形态，不确认为固定资产的材料。　　　　　　　　　　　　　　　　　　　　　　　　　　　（　　）

5. 低值易耗品一般划分为一般工具、专用工具、替换设备、管理用具、劳动保护用品和其他用具等。　　　　　　　　　　　　　　　　　　　　　　　　　　　（　　）

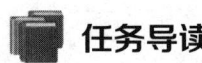

任务四　委托加工物资

任务导读

企业在生产过程中有时会委托外单位进行生产加工。对于委托加工的物资应税消费品要分收回后作为材料连续加工还是收回后直接销售，这涉及的账务处理方式不一样。

一、委托加工物资的概述

委托加工物资是指企业委托外单位加工成新的材料或包装物、低值易耗品等的物资。企业委托外单位加工物资的成本包括加工中实际耗用物资的成本、支付的加工费用及应负担的运杂费、支付的税费等。委托加工物资的成本应当包括加工中实际耗用物资的成本、支付的加工费用及应负担的运杂费、支付的税金等。

二、委托加工物资业务的核算

（一）科目设置

为了反映和监督委托加工物资增减变动及其结存情况，企业应当设置"委托加工物资"科目。"委托加工物资"科目属于资产类科目，借方登记委托加工物资的实际成本，贷方登记加工完成验收入库物资的实际成本和剩余物资的实际成本，期末余额在借方，反映企业尚未完工的委托加工物资的实际成本等。委托加工物资也可以采用计划成本或售价进行核算，其方法与库存商品相似。

（二）委托加工物资的账务处理

发出物资，借记"委托加工物资"科目，贷记"原材料""库存商品"等科目。支付加工费、运输费等，借记"委托加工物资""应交税费——应交增值税（进项税额）"科目，贷记"银行存款"科目等。加工完成验收入库，借记"原材料""库存商品"等科目，贷记"委托加工物资"科目。

如发出加工物资，采用计划成本核算的，应同时结转材料成本差异。

需要缴纳消费税的委托加工物资，由受托方代收代缴的消费税，加工收回后用于直接销售的，按规定计税时不准予扣除，记入加工物资的成本，借记"委托加工物资"科目；收回后用于继续加工的，按规定不属于直接出售的，在计税时准予扣除，借记"应交税费——应交消费税"科目。具体在项目八中进行介绍。

【业务3-22】2024年12月18日，东风机械制造厂发出一批F材料，委托西城公司加工，发出F材料100千克、每千克实际成本1 000元，以银行转账方式支付运杂费545元，其中增值税45元。12月23日，东风机械制造厂收到加工完毕的300件甲成品，验收入库，每件加工费50元，合计加工费15 000元、加工费的增值税1 950元、运杂费600元、运杂费的增值税54元，甲成品收回后直接对外销售。账务处理如下：

① 12 月 18 日，发出材料：

借：委托加工物资——F 材料　　　　　　　　　　　　100 000

　　贷：原材料——F 材料　　　　　　　　　　　　　　100 000

② 12 月 18 日，支付运杂费：

借：委托加工物资——F 材料　　　　　　　　　　　　500

　　应交税费——应交增值税（进项税额）　　　　　　45

　　贷：银行存款　　　　　　　　　　　　　　　　　　545

③ 12 月 23 日，加工完毕支付加工费、运杂费：

借：委托加工物资——F 材料　　　　　　　　　　　　15 600

　　应交税费——应交增值税（进项税额）　　　　　　2 004

　　贷：银行存款　　　　　　　　　　　　　　　　　　17 604

④ 加工完毕验收入库：

借：库存商品——甲成品　　　　　　　　　　　　　　116 100

　　货：委托加工物资——F 材料　　　　　　　　　　　116 100

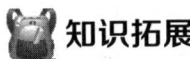 **知识拓展**

委托加工物资税费核算的确认条件

 **素养天地**

委托生产加工"黄金合金"案件启示

知识测试

一、单选题

1. 下列各项中，不应记入存货实际成本中的是（　　　）。

A．用于继续加工的委托加工应税消费品收回时支付的消费税

B．小规模纳税企业委托加工物资收回时所支付的增值税

C．发出用于委托加工的物资在运输途中发生的合理损耗

D．商品流通企业外购商品时所发生的合理损耗

2. 甲企业为一般纳税人，委托乙企业代为加工一批应交消费税的商品，发出材料实际成本为 300 万元，加工费 10 万元，取得的增值税专用发票上注明的增值税税额为 1.3 万元，由乙企业代收代缴的消费税为 25 万元。企业收回后直接对外销售。该批委托加工物资的入账价值为（　　　）万元。

A. 300   B. 311.3   C. 310   D. 335

3. 甲、乙公司均为一般纳税人，甲公司委托乙公司加工一批应交消费税的半成品，收回后用于连续生产应税消费品。甲公司发出原材料实际成本为 210 万元，支付加工费 6 万元、增值税 1.02 万元、消费税 24 万元。假定不考虑其他相关税费，甲公司收回该半成品的入账价值为（   ）万元。

A. 216   B. 217.02   C. 240   D. 241.02

4. （   ）是指企业委托外单位加工成新的材料或包装物、低值易耗品等物资。

A. 委托加工物资   B. 原材料   C. 低值易耗品   D. 包装物

5. 关于"委托加工物资"科目说法正确的是（   ）。

A. 贷方登记委托加工物资的实际成本

B. 借方登记加工完成验收入库物资的实际成本和剩余物资的实际成本

C. 期末余额在借方，反映企业尚未完工的委托加工物资的实际成本

D. 期末余额在贷方，反映企业尚未完工的委托加工物资的实际成本

二、多选题

1. 企业委托其他单位加工的物资，收回后直接用于在建工程，其实际成本包括（   ）。

A. 支付的加工费   B. 加工中耗用物资的实际成本

C. 支付的往返运杂费   D. 支付的消费税

2. 下列各项中，增值税一般纳税企业应记入收回委托加工物资成本的有（   ）。

A. 支付的加工费

B. 随同加工费支付的增值税

C. 支付的收回后继续加工应税消费品的委托加工物资的消费税

D. 支付的收回后直接销售的委托加工物资

3. 下列各项中，应记入加工收回后直接出售的委托方加工物资成本的有（   ）。

A. 由受托方代收代缴的消费税   B. 支付委托加工的往返运输费

C. 实际耗用的原材料费用   D. 支付的加工费

4. 一般纳税企业委托其他单位加工材料收回后直接对外销售的，发生的下列支出中，应记入委托加工物资成本的有（   ）。

A. 加工费   B. 增值税

C. 发出材料的实际成本   D. 受托方代收代缴的消费税

5. 某企业为一般纳税人，委托其他单位加工应税消费品，该产品收回后继续加工。下列各项中，应记入委托加工物资成本的有（   ）。

A. 发出材料的实际资本   B. 支付给受托方的加工费

C. 支付给受托方的增值税   D. 受托方代收代缴的消费税

三、判断题

1. 委托加工的物资收回后用于连续生产的，应将受托方代收代缴的消费税记入委托加工物资的成本。   （   ）

2. 由受托方代收代缴的委托加工继续用于生产应纳消费税的商品负担的消费税，不应记入存货成本。   （   ）

3. 属于加工物资用于应交增值税项目并取得了增值税专用发票的一般纳税企业，其加工物资所应负担的增值税可作为进项税，不记入加工物资成本。　　　　　　（　　）

4. 为了反映和监督委托加工物资增减变动及其结存情况，企业应当设置"委托加工物资"科目。　　　　　　　　　　　　　　　　　　　　　　　　　　　　（　　）

5. 如果以计划成本核算，在发出委托加工物资时，应同时结转发出材料应负担的材料成本差异。收回委托加工物资时，应视同材料购入结转采购形成的材料成本差异。　　（　　）

任务五　库存商品

 任务导读

不管是工业企业还是商品流通企业，都会涉及到库存商品业务的核算，就工业企业而言，库存商品完工入库要根据入库结转单，履行产品入库手续，进行相关的账务处理；而库存商品出库时也应根据销售出库凭证，履行产品出库销售手续，并进行相关的账务处理。

一、库存商品概述

库存商品是指企业已完成全部生产过程并已验收入库，合乎标准规格和技术条件，可以按照合同规定的条件送交订货单位，或者可以作为商品对外销售的产品，以及外购或委托加工完成验收入库用于销售的各种商品。库存商品包括库存产成品、外购商品、存放在门市部准备出售的商品、发出展览的商品、寄存在外的商品、接受来料加工制造的代制品和为外单位加工修理的代修品等。

二、工业企业库存商品业务的核算

（一）科目设置

为进行库存商品的核算应设置"库存商品"科目，"库存商品"科目属于资产类科目。工业企业的库存商品主要是指产成品，产成品是指企业已完成全部生产过程并已验收入库可供销售的产品的实际成本。借方登记已经完工验收入库和各种产品的实际成本，贷方登记已经出售的各种产品的实际生产成本。月末，借方余额表示库存产成品的成本。为了具体反映库存产成品的结构和增减变动情况，应按产成品的品种、规格或类别设置明细分类科目。

工业企业的产成品既可以按实际成本进行核算，也可以按计划成本进行核算。

（二）库存商品的账务处理

1. 完工验收入库

月末终了，计算生产完工验收入库产成品的实际成本，借记"库存商品"科目，贷记"生产成本"科目。

【业务3-23】2024年12月31日，东风机械制造厂验收入库乙产品100件，单位成本800元，丙产品200件，单位成本1000元。东风机械制造厂采用实际成本核算法核算库存商品成本。根据入库结转单，账务处理如下：

借：库存商品——乙产品   80 000

    ——丙产品   200 000

  贷：生产成本——基本生产成本（乙产品） 80 000

      ——基本生产成本（丙产品） 200 000

2. 发出商品

工业企业销售库存商品的业务，借记"主营业务成本"科目，贷记"库存商品"科目。

【业务 3-24】 2024 年 12 月 31 日，东风机械制造厂结转已销售的产品成本，其中乙产品 50 件，单位成本 800 元，丙产品 100 件，单位成本 1 000 元。东风机械制造厂采用实际成本核算法核算库存商品成本。根据销售出库凭证单，账务处理如下：

借：主营业务成本——乙产品   40 000

      ——丙产品   100 000

  贷：库存商品——乙产品   40 000

      ——丙产品   100 000

对发出和销售的产成品，可以采用先进先出法、加权平均法、移动加权平均法或个别计价法等方法确定其实际成本。

核算方法一经确定，不得随意变更。如需变更，应在会计报表附注中予以说明。

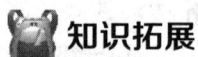

知识拓展

商品流通企业的库存商品采用毛利率核算法   商品流通企业的库存商品采用售价金额核算法

素养天地

广州浪奇存货不翼而飞

2020 年广州浪奇"5.72 亿元存货不翼而飞"，是继獐子岛"扇贝出逃"，雏鹰农牧"猪被饿死"，康美药业"300 亿元货币资金一夜蒸发"后，上市公司挑战公众想象力的又一奇葩操作，这暴露了我国部分上市公司内部治理方面存在的诸多问题。广州浪奇存货管理内部控制可能存在以下原因导致其存货丢失的问题：存货管理模式有缺陷；存货具有特殊化学属性，难以盘点；公司与外部仓库相距甚远，导致存货管控失效。由此对广州浪奇及有类似问题的企业提出如下建议：合理调整人员的职责和权限，实现内部的制约和监督；根据存货盘点的难易程度选择不同信赖程度的仓库供应商进行合作；派遣自有员工到外部仓库参与相应存货的管理工作。只有强化企业内部控制，让企业诚实经营，才会有更好的发展。

来源：会计之友

知识测试

一、单选题

1.（　　）是指企业已完成全部生产过程并已验收入库，合乎标准规格和技术条件，可以按照合同规定的条件送交订货单位，或者可以作为商品对外销售的产品及外购或委托加工完成验收入库用于销售的各种商品。

A．原材料　　　　　B．低值易耗品　　　　C．库存商品　　　　D．周转材料

2．工业企业销售库存商品的业务，一般的账务处理正确的是（　　）。

A．借：主营业务成本　　　　　　　　B．借：其他业务成本
　　　贷：库存商品　　　　　　　　　　　贷：库存商品

C．借：其他业务成本　　　　　　　　D．借：主营业务成本
　　　贷：原材料　　　　　　　　　　　　贷：原材料

3．对发出和销售的产成品可以不能采用（　　）方法确定其实际成本。

A．先进先出法　　　B．加权平均法　　　C．移动加权平均法　　D．后进先出法

4．下列关于库存商品明细账说法不正确的有（　　）。

A．库存商品明细账是为了掌握各种商品的购、销、存情况，在库存商品总账下，按商品类别、品种、规格分别开设明细账户，反映各种商品增减变动情况的一种账簿

B．根据企业组织机构设置情况和对商品核算的管理要求，应分别设置不同的明细账

C．商品明细账，可以按商品编号、品名、规格开设账户，双重控制，既反映金额，又反映数量

D．库存商品明细账，只能设在财会部门，不能在其他部门

5．以下关于"库存商品"科目陈述不正确的有（　　）。

A．借方登记已经完工验收入库和各种产品的实际成本

B．贷方登记已经出售的各种产品的实际生产成本

C．月末，借方余额表示库存产成品的成本

D．月末，贷方余额表示库存产成品的成本

二、多择题

1．下列资产中应在资产负债表"存货"项目中反映的有（　　）。

A．生产成本　　　　　　　　　　　B．库存商品

C．分期收款发出商品　　　　　　　D．委托代销商品

2．下列关于库存商品说法正确的是（　　）。

A．库存商品明细账应按企业库存商品的种类、品种和规格设置明细账

B．如有存放在企业所属门市部准备出售的商品、送交展览会展出的商品，以及已发出尚未办理托收手续的商品，都应单独设置明细账进行核算

C．库存商品明细账一般采用数量金额式

D．未完工产品也可以作为库存商品

3．下列各项中，企业应通过"库存商品"科目核算的有（　　）。

A．存放在门市部准备出售的商品

B．已完成销售手续但采购方在月末尚未提取的产品

C．发出展览的商品

D．接受来料加工制造的代制品

4．委托代销发票在存货核算生成凭证，有可能的凭证分录为（　　）。

A．借：发出商品　　　　　　　　　　B．借：主营业务成本

　　　贷：库存商品　　　　　　　　　　　　贷：发出商品

C．借：主营业务成本　　　　　　　　D．借：应收账款

　　　贷：库存商品　　　　　　　　　　　　贷：库存商品

5．下列各项中，属于企业库存商品的有（　　）。

A．存放在门市部准备出售的商品

B．接受来料加工制造的代制品

C．发出展览的商品

D．已完成销售手续但购买单位在月末未提取的产品

三、判断题

1．工业企业购入材料和商业企业购入商品所发生的运杂费、保险费等均应记入存货成本。　　　　　　　　　　　　　　　　　　　　　　　　　　（　　）

2．为了具体反映库存产成品的结构和增减变动情况，应按产成品的品种、规格或类别设置明细分类科目。　　　　　　　　　　　　　　　　　　　　　（　　）

3．企业应设置库存商品科目，核算库存商品的增减变化及其结存情况。　（　　）

4．商品验收入库时，应由生产成本科目转入库存商品科目；对外销售库存商品时，根据不同的销售方式进行相应的账务处理；在建工程等领用库存商品时，应按其成本转账。

　　　　　　　　　　　　　　　　　　　　　　　　　　　　　　　（　　）

5．工业企业的产成品既可以按实际成本进行核算，也可以按计划成本进行核算。

　　　　　　　　　　　　　　　　　　　　　　　　　　　　　　　（　　）

任务六　存货清查与期末计价

任务导读

企业由于存货的种类繁多，收发频繁，日常收发过程中可能发生计量错误、计算错误、自然损耗，还可能发生损坏变质及贪污、盗窃等情况，造成账实不符，形成存货的盘盈、盘亏和毁损。企业应该查明账实不符的原因，及时进行账务处理，以保证账实相符。同时，为了在资产负债表中更可靠地反映期末存货的价值，使存货符合资产的定义，企业应当选择适当的计价方法对期末存货进行再计量。

一、存货清查

（一）存货清查概述

存货清查是指通过对存货的实地盘点，确定存货的实有数量，并与账面结存数核对，

从而确定存货实存数与账面结存数是否相符的一种专门方法。存货清查的方法采用实地盘点法。存货清查按照清查的对象和范围不同，分为全面清查和局部清查。按清查时间，分为定期清查与不定期清查。

（二）存货清查业务的核算

1. 科目设置

为进行存货清查业务的核算应设置"待处理财产损溢"科目。"待处理财产损溢"科目属于资产类科目，也是过渡性科目，一般期末是没有余额的，其余额都进入当期损益类科目。进入损益类科目，借贷规则正好反过来，贷方是收入增加（或成本费用减少），借方是费用增加，如流动资产盘盈是冲减管理费用。本科目核算企业在清查财产过程中已经查明的各种财产物资的盘盈、盘亏和毁损。"待处理财产损溢"科目经常设置两个明细科目，即"待处理固定资产损溢"和"待处理流动资产损溢"。

2. 存货清查的账务处理

（1）存货盘盈

企业发生存货盘盈时，借记"原材料""库存商品"科目，贷记"待处理财产损溢"科目；在按照管理权限报经批准后，借记"待处理财产损溢"科目，贷记"管理费用"科目。

【业务 3-25】 2024 年 12 月 31 日，东风机械制造厂在财产清查中盘盈一批 G 材料，实际成本为 10 000 元，经查属于材料收发计量方面的错误。根据盘点表，履行盘点手续，账务处理如下：

① 报经批准前：

借：原材料——G 材料　　　　　　　　　　　　　　　　10 000

　　贷：待处理财产损溢——待处理流动资产损溢　　　　　　　　10 000

② 报经批准后：

借：待处理财产损溢——待处理流动资产损溢　　　　　　10 000

　　贷：管理费用——存货盘盈　　　　　　　　　　　　　　　　10 000

（2）货盘亏及毁损

企业发生存货盘亏及毁损时，借记"待处理财产损溢"科目，贷记"原材料""库存商品"等科目。在按照管理权限报经批准后，应作如下账务处理：对于入库的残料价值，记入"原材料"等科目；对于应由保险公司和过失人的赔款，记入"其他应收款"科目；扣除残料价值和应由保险公司、过失人赔偿后的净损失，属于一般经营损失的部分，记入"管理费用"科目，属于非常损失的部分，记入"营业外支出"科目。

如果存货盘亏是由于非正常损失导致的，根据增值税相关法规，取得货物时的进项税额不得抵扣，需要转出。非正常损失通常指的是因管理不善造成被盗、丢失、霉烂变质或人为造成的损失等。如果存货盘亏是由于自然灾害等不可抗拒的原因造成的，那么进项税额不需要转出。

【业务 3-26】 2024 年 12 月 30 日，东风机械制造厂的"存货盘点报告表"显示，H 材料、G 材料发生盘亏。H 材料实际成本 20 000 元，G 材料实际成本 500 元。12 月 31 日，原因查明报批后进行处理：H 材料属于自然灾害造成的毁损，根据保险合同的规定，由安泰保险公司赔偿 5 000 元；G 材料属于被盗，由负责人赵妍赔偿 300 元。账务处理如下：

① 发生盘亏，批准处理前：

借：待处理财产损溢——待处理流动资产损溢　　　　　20 500

　　贷：原材料——H 材料　　　　　　　　　　　　　　　　20 000

　　　　　——G 材料　　　　　　　　　　　　　　　　　　　500

② 报经批准后

借：其他应收款——安泰保险公司　　　　　　　　　　　5 000

　　　　　　　　——赵妍　　　　　　　　　　　　　　　　300

　　营业外支出——非常损失　　　　　　　　　　　　　15 000

　　管理费用——存货盘亏　　　　　　　　　　　　　　　265

　　贷：待处理财产损溢——待处理流动资产损溢　　　　20 500

　　　　应交税费——应交增值税（进项税额转出）　　　　　65

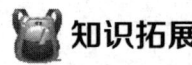 **知识拓展**

　　根据增值税法规定，非正常损失的购进货物的进项税额和非正常损失的在产品、产成品所耗用的购进货物或应税劳务的进项税额不准予从销项税额中抵扣。在批准处理前尚未查明盘亏、毁损存货的取得方式及损失原因，无法正确计算应转出的进项税额，应在批准处理后作进项税额转出处理。

二、期末存货的计量

　　企业存货的价值通常是以历史成本来确定的，但是，由于存货市价下跌等原因，导致存货的价值减少，此时历史成本法不能真实地反映存货的价值，因此，《企业会计准则第 1 号——存货》规定：资产负债表日，存货应当按照成本与可变现净值孰低计量。

（一）成本与可变现净值孰低法

1. 成本与可变现净值孰低法的概述

　　成本与可变现净值孰低法是一种用于期末存货计价的方法。这种方法要求对存货按照成本与可变现净值两者中较低的值进行计价。具体来说：当存货的成本低于其可变现净值时，期末存货按成本计价；存货的可变现净值低于其成本时，期末存货则按可变现净值计价。

　　这种方法的理论基础在于使对外报告的存货符合资产的定义。当存货的可变现净值下跌至成本以下时，表明该存货给企业带来的未来经济利益低于其账面价值。因此，应将这部分损失从资产价值中扣除，记入当期损益。否则，当存货的可变现净值低于其成本时，如果仍然以其历史成本计量，就会出现虚夸资产的现象。

　　"成本"在这里指的是存货的历史成本，即按历史成本为基础的存货计价方法（如先进先出法等）计算得出的期货存货价值。

　　"可变现净值"则是指企业在正常生产经营过程中，以存货的估计售价减去至完工估计将要发生的成本、估计销售费用和相关税金后的金额。

　　当存货成本低于其可变现净值时，期末存货以账面价值（成本）列示，无需作账务处理；当存货成本高于其可变现净值时，期末存货则以可变现净值列示，此时应计提存货跌价准备。

以前减记存货价值的影响因素已经消失的，减记的金额应当恢复，并在原已计提的存货跌价准备金额内转回。即当存货可变现净值上升时，以前计提的存货跌价准备可以恢复（转回）。

2. 可变现净值的确定

企业可以根据存货估计的售价、估计的销售费用、相关税费，以及至完工时估计将发生的成本对存货的可变净值进行确定，具体计算如下：

可变现净值 = 估计售价 − 估计的销售费用和相关税费 − 至完工时估计将发生的成本

（二）存货跌价准备核算

1. 科目设置

企业期末存货进行计量时发生存货减值，应设置"存货跌价准备""资产减值损失"等科目。"存货跌价准备"科目属于资产类科目，企业存货发生减值时计提的存货跌价准备。与"坏账准备"科目类似，该科目应按存货大类设置明细科目，如"存货跌价准备——原材料"科目、"存货跌价准备——库存商品"科目。"资产减值损失"科目属于损益类科目，核算企业计提各项资产减值准备所形成的损失。如果计提金融资产减值准备，改为"信用减值损失"科目。

2. 存货跌价准备的计提

企业应当按照单个存货项目计提存货跌价准备，但是对于数量繁多、单价又较低的存货，可以按照存货类别计提跌价准备。

3. 存货跌价准备的转回

如果以前计提减值准备的存货升值，则应将原已计提的减值准备部分或全部转回，转回的金额不能超过已计提的减值准备。

计提减值准备时，借记"资产减值损失——计提存货跌价准备"科目，贷记"存货跌价准备"科目。

存货减值准备转回时，作相反的分录或用红字作计提的分录。

【业务 3-27】　2024 年 6 月 30 日，东风机械制造厂 Z 存货的账面成本为 300 000 元，由于 Z 存货的市价持续下跌，资产负债表日 Z 存货可变现净为 295 000 元，"存货跌价准备"账户无余额。2024 年 12 月 31 日，Z 存货可变现净值为 296 000 元。账务处理如下：

① 2024 年 6 月 30 日，应提存货跌价准备 = 300 000 − 295 000 = 5 000（元）。

借：资产减值损失——计提存货跌价准备　　　　　　　　5 000
　　贷：存货跌价准备——Z 库存商品　　　　　　　　　　　　5 000

② 2024 年 12 月 31 日，Z 存货可变现净值为 296 000 元，应提跌价准备计算如下：

应提跌价准备 = 300 000 − 296 000 = 4 000（元）

由于该货已提跌价准备 5 000 元，应转回 1 000 元。

借：存货跌价准备——Z 库存商品　　　　　　　　　　　1 000
　　贷：资产减值损失——计提存货跌价准备　　　　　　　　　1 000

4. 存货跌价准备的结转

计提了存货跌价准备，如果其中有部分或全部销售，则在结转销售成本时，应同时结转对其已计提的存货跌价准备。

【业务3-28】2024年12月6日，东风机械制造厂库存10台丁商品全部出售，单位成本5 000元，已计提跌价准备7 000元。每台售价8 000元，增值税率为13%。账务处理如下：

① 确认收入：

借：银行存款　　　　　　　　　　　　　　　　　　90 400

　　贷：主营业务收入——丁商品　　　　　　　　　　80 000

　　　　应交税费——应交增值税（销项税额）　　　　10 400

② 结转成本：

借：主营业务成本——丁商品　　　　　　　　　　　50 000

　　贷：库存商品——丁商品　　　　　　　　　　　　50 000

③ 结转存货跌价准备：

借：存货跌价准备——丁商品　　　　　　　　　　　7 000

　　贷：主营业务成本——丁商品　　　　　　　　　　7 000

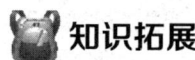 **知识拓展**

成本与可变现净值孰低原则

知识测试

一、单选题

1. 下列原材料相关损失项目中，应记入营业外支出的是（　　　）。

A．计量差错引起的原材料盘亏　　　　　B．自然灾害造成的原材料损失

C．原材料运输途中的合理损耗　　　　　D．人为责任造成的原材料损失

2. 企业清查存货，发现存货盘亏，无法查明原因，则应当记入（　　　）。

A．财务费用　　　　B．管理费用　　　　C．其他业务成本　　　　D．营业外支出

3. 在资产负债表中，存货跌价准备科目的贷方余额应（　　　）。

A．在流动负债类项目下单列项目反映　　　B．在存货的抵减项目并单独列示

C．在存货项目反映　　　　　　　　　　　D．记入货币资金项目

4. 2024年12月31日，阳光企业持有的库存甲材料账面价值（成本）为360万元，市场购买价格为345万元，假设不发生其他购买费用，用甲材料生产的乙产品可变现净值为580万元，乙产品的成本为570万元。则2024年12月31日甲材料的账面价值为（　　　）。

A．360万元　　　　B．345万元　　　　C．580万元　　　　D．570万元

5. 下列会计处理，不正确的是（　　　）。

A．由于管理不善造成的存货净损失记入管理费用

B．非正常原因造成的存货净损失记入营业外支出

C．以存货抵偿债务结转的相关存货跌价准备冲减资产减值损失

D．为特定客户设计产品发生的可直接确定的设计费用记入相关产品成本

二、多选题

1．下列存货盘亏或毁损损失，报经批准后，应转作"管理费用"的有（ ）。

A．保管中产生的定额内自然损耗 　　　　B．管理不善造成的毁损净损失

C．自然灾害造成的毁损净损失 　　　　　D．收发差错造成的毁损净损失

2．期末通过比较发现存货的成本低于可变现净值，则可能（ ）。

A．按差额首次计提存货跌价准备 　　　　B．按差额补提存货跌价准备

C．冲减存货跌价准备 　　　　　　　　　D．不进行账务处理

3．下列情况中，按规定应提取存货跌价损失准备的有（ ）。

A．市价持续下跌，并且在可预见的未来无回升的希望

B．企业使用该项原材料生产的产品的成本大于产品的销售价格

C．存货陈旧过时

D．已过期且无转让价值的存货

4．下列说法中正确的是（ ）。

A．成本与可变现净值孰低法中的"成本"是指存货的历史成本

B．"可变现净值"是指企业在正常生产经营过程中，以存货的估计售价减去至完工估计将要发生的成本、估计销售费用及相关税后的金额

C．"资产减值损失"科目核算企业计提各项资产减值准备所形成的损失

D．资产负债表日，存货应当按照成本与可变现净值孰低计量

5．下列有关存货会计处理的表述中，正确的有（ ）。

A．管理不善造成的存货净损失记入管理费用

B．对于盘亏的存货，属于自然灾害等原因造成的存货毁损，应将其净损失记入管理费用

C．存货的加工成本是指加工过程中实际发生的人工成本和按照一定方法分配的制造费用

D．通过提供劳务取得的存货，其成本按从事劳务提供人员的直接人工和其他直接费用及可归属该存货的间接费用确定

三、判断题

1．属于非常损失造成的存货毁损，应按该存货的实际成本记入营业外支出。（ ）

2．企业某种存货的期初实际成本为200万元，期初"存货跌价准备"科目贷方余额为2.5万元，本期购入该种存货实际成本为45万元，领用150万元，期末估计库存该存货的可变现净值为91万元。则本期应计提存货跌价准备额为1.5万元。 　　　（ ）

3．企业期末清查存货发现存货盘盈，经批准后，应冲减"管理费用"科目。（ ）

4．自然灾害造成的原材料净损失应该记入原材料的入账价值。 　　　（ ）

5．期末每期都应当重新确定存货的可变现净值，如果以前减记存货价值的影响因素已经消失，则减记的金额应当予以恢复，并在原已计提的存货跌价准备的金额内转回。（ ）

项目训练

一、2024 年 12 月 31 日，南山兴业厂 A 材料收发结存情况如表 3-5 所示。

表 3-5 A 材料收发结存情况表

单位名称：南山兴业厂 　　　　　　　　　　2024 年 12 月 　　　　　　　　　　单位：千克/元

日　期		摘要	收　入			发　出			结　存		
月	日		数量	单价	金额	数量	单价	金额	数量	单价	金额
12	1	期初余额							3 000	10	30 000
	9	购入	1 000	11	11 000						
	14	发出				2 000					
	16	购入	500	12	6 000						
	18	发出				2 000					
	23	购入	2 000	13	26 000						
	27	发出				1 000					
	31	本期合计	3 500	—	43 000	5 000					

要求：分别采用先进先出法、加权平均法计算出南山兴业厂 12 月份发出材料和结存材料的实际成本。

二、西山塑材厂为一般纳税人，按照实际成本核算，2024 年 11 月发生以下部分经济业务。

1. 3 日，与家业物料制造公司签订合同以预付款方式购买一批 B 材料，材料价款总计500 000 元，当日以汇兑方式支付 60%；2024 年 12 月 23 日，收到家业物料制造公司发来材料并入库，增值税专用发票注明价款 500 000 元，增值税 65 000 元，另对方代垫包装费5 000 元，所欠货款以银行存款支付。

2. 13 日，与东风物料公司采购一批 C 材料，增值税专用发票注明价款为 10 000 元，增值税为 1 300 元，全部款项用银行存款支付，材料尚未入库，12 月 26 日材料验收入库。

3. 25 日，与接受股东投入一批原材料 D，双方合同约定材料入账价值为 100 000 元，取得增值税专用发票，价款 100 000 元，增值税 13 000 元。材料已入库，双方约定，西山塑材厂将其中 110 000 元作为注册资本份额。

4. 29 日，向江南物料公司采购一批原材料 E，材料已验收入库，月末发票账单尚未收到，无法确定其实际成本，暂估价为 50 000 元。12 月 7 日，收到其增值税专用发票上注明的价款为 55 000 元，增值税税额为 7 150 元，全部款项用银行存款支付。

5. 11 月西山塑材厂汇总本月发料如下：乙产品耗用 100 000 元，车间管理部门耗用 5 000元，行政管理部门耗用 2 000 元。

要求：根据上述资料编写相关的会计分录。

三、东湖食品厂为一般纳税人，按照计划成本核算，2024 年 12 月发生以下部分经济业务。

1. 3 日，购入一批 A 材料，取得增值税专用发票，价款 100 000 元，增值税 13 000 元；对方代垫保险费 10 000 元，签发一张银行承兑汇票支付上述款项。该材料以计划成本

120 000 元验收入库。

2．14 日，接受股东投入一批 B 材料，双方合同约定该批 B 材料的入账价值为 20 000 元，当日取得增值税专用发票，增值税 2 600 元，甲公司增计注册资本 20 000 元。材料以计划成本 19 500 元验收入库。

3．东湖食品厂 12 月以计划成本发出材料，甲产品耗用 100 000 元，车间一般耗用 10 000 元（材料成本差异率 2%）。

要求：根据上述资料编写相关的会计分录。

四、西湖化工厂为一般纳税人，按实际成本核算，2024 年 10 月发生以下部分经济业务。

1．2 日，向北方物料公司购入一批专用工具，取得增值税专用发票，价款 20 000 元，增值税 2 600 万元，以银行存款支付，专用工具已验收入库。

2．8 日，生产车间领用一批管理用具，实际成本为 3 000 元，采用"一次摊销法"摊销。

3．12 日，基本生产车间领用一批专用工具，实际成本为 5 000 元，采用五五摊销法进行摊销，该专用工具的估计使用次数为两次。

4．13 日购进一批包装物，取得增值税专用发票，价款 1 000 元，增值税 130 元，以银行存款支付。

5．16 日，生产领用包装物，用于包装甲产品，实际成本 800 元。

6．19 日，销售产品领用不单独计价的包装物，实际成本 500 元。

7．23 日，销售产品领用单独计价的包装物，实际成本 800 元，销售价 1 130 元（其中包括增值税 130 元）。

8．26 日，出借一批包装物，包装物实际成本 1 000 元，收取押金 1 500 元。包装物价值摊销采用分期摊销法，计划分 4 期在 1 年内平均摊销。

要求：根据上述资料编写相关的会计分录。

五、丰达制衣厂为一般纳税人，按实际成本核算，2024 年 11 月发生以下部分经济业务。

1．1 日，发出一批 A 材料，委托沈阳制衣厂加工，发出材料 1 000 千克，每千克实际成本 50 元，以银行转账方式支付运杂费 872 元，其中增值税 72 元。

2．27 日，收到加工完毕的 5 000 件甲成品，验收入库，每件加工费 10 元，合计加工费 50 000 元、增值税 6 500 元，运杂费 1 000 元，运杂费的增值税 90 元，收回后直接对外销售。

要求：根据上述资料编写相关的会计分录。

六、达能机械制造厂为一般纳税人，2024 年 12 月发生以下部分经济业务。

1．8 日，在财产清查中盘盈一批原材料 A，实际成本为 20 000 元。12 月 9 日经查明属于材料收发计量方面的错误。

2．21 日，因自然灾害造成一批 B 材料毁损，实际成本 50 000 元。12 月 26 日报批后进行处理。

要求：根据上述资料编写相关的会计分录。

七、华北铝材厂为一般纳税人，发生以下部分经济业务。

1．2022 年年末，甲存货的账面成本为 200 000 元，由于甲存货的市价持续下跌，资产负债表日甲存货可变现净值为 185 000 元，"存货跌价准备"账户无余额。

2．2023 年年末，甲存货可变现净值为 190 000 元。

3．2024 年年初，库存乙商品 100 件，单位成本 2 000 元，已计提跌价准备 20 000 元。2024 年 100 件乙商品全部出售，每台售价 3 000 元，增值税率为 13%。

要求：根据上述资料编制相关的会计分录。

项目四

交易性金融资产核算

知识目标

  熟悉金融资产的概念、特征和分类；

  熟悉交易性金融资产的概念、特征和分类。

技能目标

  熟练掌握交易性金融资产的取得、持有、出售、转让时缴纳增值税的业务核算。

素养目标

  培养爱国情怀，树立风险意识，增强底线思维；

  培养工匠精神，具备金融资产核算岗位人员的基本素养。

 知识导图

$$
\text{交易性金融资产核算}
\begin{cases}
\text{金融资产的认知}
\begin{cases}
\text{金融资产的概念} \\
\text{金融资产的分类}
\end{cases} \\
\text{交易性金融资产的核算}
\begin{cases}
\text{交易性金融资产的概念} \\
\text{交易性金融资产的账务处理}
\end{cases}
\end{cases}
$$

 知识准备

  交易性金融资产核算的主要会计科目包括：交易性金融资产、公允价值变动损益、应收股利、应收利息、投资收益、其他货币资金。

任务一　金融资产的认知

 **任务导读**

  金融资产是企业持有的现金、其他方的权益工具和符合特定条件的资产。包括现金、债券、股票等，这些代表了未来收益或资产的合法要求权，能为持有者提供近期或远期的

现金流量。按金融资产的业务模式和合同现金流量的特征，可将金融资产分为以摊余成本计量的金融资产、以公允价值计量且其变动记入其他综合收益的金融资产，以及以公允价值计量且其变动记入当期损益的金融资产三种类型。

一、金融资产的概念

金融资产，是指企业持有的现金、其他方的权益工具，以及符合下列条件之一的资产。

（1）从其他方收取现金或其他金融资产的合同权利。例如企业的银行存款、应收账款和应收票据。

（2）在潜在有利条件下，与其他方交换金融资产或金融负债的合同权利。例如企业持有的看涨或看跌期权等金融衍生工具。

（3）将来须用或可用企业自身权益工具进行结算的非衍生工具合同，且企业根据该合同将收到可变数量的自身权益工具。例如企业以自身普通股进行结算的利润分配协议。

（4）将来须用或可用企业自身权益工具进行结算的衍生工具合同，但以固定数量的自身权益工具交换固定金额的现金或其他金融资产的除外。例如约定未来特定条件下公司可用自身普通股进行结算的期权合同。

金融资产通常包括企业的库存现金、银行存款、其他货币资金、应收账款、应收票据、贷款、其他应收款、股权投资、债权投资和衍生金融工具形成的资产等。

注意事项

不论是实物资产还是金融资产，只有当其作为持有者的投资对象时方能称作资产。例如中央银行所发行的现金和企业所发行的股票、债券，对于资产的持有者而言，这些是金融资产，而对于发行方中央银行和企业而言，现金、股票和债券都是负债。因此，不能将库存现金、银行存款、股票、债券等简单地称为金融资产，而应称之为金融工具。金融工具对其持有者而言才是金融资产。

二、金融资产的分类

企业根据其管理金融资产的业务模式和金融资产的合同现金流量特征，将金融资产分为以下三类。

（一）以摊余成本计量的金融资产

如果企业管理该金融资产的业务模式是以收取合同现金流量为目标，而且该金融资产的合同条款规定，在特定日期产生的现金流量，仅为对本金和以未偿付本金金额为基础的利息的支付，那么这类金融资产就称为以摊余成本计量的金融资产，例如企业计划持有至到期的普通债券。

（二）以公允价值计量且其变动记入其他综合收益的金融资产

如果企业管理该金融资产的业务模式既以收取合同现金流量为目标又以出售该金融资产为目标，而且该金融资产的合同条款规定，在特定日期产生的现金流量，仅为对本金和以未偿付本金金额为基础利息的支付，那么这类金融资产称为以公允价值计量且其变动记入其他综合收益的金融资产。

这类金融资产主要包括企业持有的股票投资、基金投资等资产。这类金融资产是企业既不打算持有至到期也不打算短期出售的金融资产。

（三）以公允价值计量且其变动记入当期损益的金融资产

企业分类为以摊余成本计量的金融资产和以公允价值计量且其变动记入其他综合收益的金融资产之外的金融资产，应当分类为以公允价值计量且其变动记入当期损益的金融资产。

这类金融资产通常指企业为了近期出售而持有的金融资产，这些资产的主要特点是流动性强、价格波动大、持有期限短。例如企业以短期内转让赚取差价为目的从二级市场购入的股票、债券及基金等。

金融资产分类及其主要科目设置如表 4-1 所示。

表 4-1　金融资产分类及主要科目设置

金融资产分类	业务模式	常见金融资产	主要核算科目
以摊余成本计量的金融资产	以收取合同现金流量为目标	持有至到期的债券	债权投资
以公允价值计量且其变动记入其他综合收益的金融资产	既以收取合同现金流量为目标又以出售该金融资产为目标	不打算持有至到期也不打算短期出售的债券投资	其他债权投资
		不打算短期出售的股权投资	其他权益工具投资
以公允价值计量且其变动记入当期损益的金融资产	除以上两种业务模式以外（通常以近期内出售为目标）	为短期赚取差价而购入的股票、债券、基金	交易性金融资产

 知识拓展

央行数字货币试点与金融资产的未来

知识测试

一、单选题

1. 下列关于金融资产的说法，错误的是（　　）。

A. 代表未来经济利益

B. 代表了未来收益或资产的合法要求权

C. 不具有可转换性

D. 持有者对其有合同权利

2. 企业对以摊余成本计量的金融资产持有的目的是（　　）。

A. 短期内出售以赚取差价　　　　B. 长期投资以获取投资收益

C. 获取以未偿付本金金额为基础的利息　　D. 以收取合同现金流量为目标

3. 企业对以公允价值计量且其变动记入当期损益的金融资产持有的目的是（　　　）。

A. 短期内出售以赚取差价　　　　　B. 长期投资以获取投资收益

C. 获取以未偿付本金金额为基础的利息　　D. 以收取合同现金流量为目标

4. 甲公司计划对其购入的债券持有至到期以收取利息，该债券合同条款规定，在特定日期产生的现金流量，仅为对本金和以未偿付本金金额为基础的利息的支付。不考虑其他因素，甲公司应将该债券投资分类为（　　　）。

A. 其他货币资金

B. 以摊余成本计量的金融资产

C. 以公允价值计量且其变动记入其他综合收益的金融资产

D. 以公允价值计量且其变动记入当期损益的金融资产

二、多选题

1. 下列资产属于金融资产的有（　　　）。

A. 库存现金　　　B. 应收账款　　　　C. 存货　　　　　D. 股票投资

2. 以下关于交易性金融资产的说法，正确的有（　　　）。

A. 持有时间短

B. 流动性强

C. 持有目的为长期投资

D. 企业从二级市场购入计划短期内转让赚取差价的股票和债券属于交易性金融资产

3. 以下关于以摊余成本计量的金融资产的说法，正确的有（　　　）。

A. 短期内出售赚取差价

B. 以公允价值进行后续计量

C. 以收取合同现金流量为持有目标

D. 企业计划持有至到期的普通债券属于这类型的资产

4. 以下属于金融资产科目的是（　　　）。

A. 交易性金融资产　　B. 债权投资　　　C. 应收账款　　　　D. 预付账款

三、判断题

1. 金融资产是指企业持有的现金、银行存款、应收账款等一切具有流动性的资产。

（　　　）

2. 交易性金融资产是企业为短期获利而持有的金融资产。　　　　（　　　）

3. 企业的预付账款具有合同权利，因此属于金融资产。　　　　（　　　）

任务二　交易性金融资产的核算

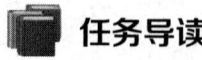 **任务导读**

交易性金融资产通常指企业为近期出售而持有的金融资产，常见的有企业从二级市场

购入的股票、债券、基金等金融资产。企业对持有的交易性金融资产需要作取得、持有期间公允价值变动确认、出售、转让时缴纳增值税等账务处理。

一、交易性金融资产的概念

交易性金融资产是企业持有的以公允价值计量且其变动记入当期损益的金融资产，是企业为了近期出售而持有的金融资产，通常包括企业从二级市场购入的股票、债券、基金等金融资产。企业购买这些资产的主要目的是短期内变现以赚取差价收益，因此交易性金融资产属于流动资产。

二、交易性金融资产的账务处理

（一）科目设置

企业在核算交易性金融资产的取得、持有、收取利息或股利、出售等业务时，应设置"交易性金融资产""公允价值变动损益""应收股利""应收利息""投资收益"等科目。同时，在交易性金融资产的账务处理中，"交易性金融资产"科目可设置"成本""公允价值变动"等明细核算。企业的交易性金融资产业务核算的主要科目设置如表 4-2 所示。

表 4-2　交易性金融资产业务核算的主要科目设置

科目名称	核算内容	明细科目	核　算	
			借　方	贷　方
交易性金融资产	以公允价值计量且变动记入当期损益的金融资产	成本	取得成本	出售时结转取得成本
		公允价值变动	① 资产负债表日其公允价值高于账面余额的差额 ② 出售时结转公允价值变动贷方余额	① 资产负债表日其公允价值低于账面余额的差额 ② 出售时结转公允价值变动借方余额
公允价值变动损益	交易性金融资产的公允价值变动应记入当期损益的利得或损失	—	资产负债表日其公允价值低于账面余额的差额	资产负债表日其公允价值高于账面余额的差额
投资收益	企业持有交易性金融资产期间取得的投资收益及出售交易性金融资产实现的收益或损失	—	① 取得或出售时支付的交易费用 ② 出售时的投资损失	① 持有期间取得的投资收益 ② 出售时的投资收益

（二）取得交易性金融资产

交易性金融资产应按照其取得时的公允价值作为初始成本。企业取得交易性金融资产时，应将购买价款和相关税费记入交易性金融资产的初始成本，并将支付价款中包含的已宣告但尚未发放的现金股利或已到付息期但尚未领取的债券利息记入应收项目，贷记"应收股利"或"应收利息"科目。

企业取得交易性金融资产时发生的交易费用，应直接记入当期损益，冲减投资收益。交易费用是指支付给代理机构、咨询公司、证券交易所、政府机构等的手续费、佣金等其他必要支出，但不包括债券折价、溢价及融资费用等与交易不直接相关的费用交易。

交易性金融资产初始成本＝支付价款－价款中包含的股利（或利息）－交易费用

【业务 4-1】 华康公司于 2023 年 6 月 1 日以 1 000 000 元从二级市场购入中远公司股票 100 000 股，每股价格 10 元，其中包含中远公司已宣告发放但尚未支付的现金股利，每股股利 0.5 元。另发生交易费用 10 000 元，取得增值税专用发票，注明税率 6%，增值税额 600 元。华康公司将中远公司股票划分为交易性金融资产进行管理和核算，可以计算出如下内容：

股票的入账价值：100 000 × 10 － 100 000 × 0.5 ＝ 950 000（元）

现金股利价值：100 000 × 0.5 ＝ 50 000（元）

账务处理如下：

① 购买股票：

借：交易性金融资产——中远公司股票（成本）　　　　　　950 000
　　应收股利——中远公司股票　　　　　　　　　　　　　50 000
　　贷：其他货币资金——存出投资款　　　　　　　　　　　1 000 000

② 支付相关交易费用：

借：投资收益——中远公司股票　　　　　　　　　　　　　10 000
　　应交税费——应交增值税（进项税额）　　　　　　　　　600
　　贷：其他货币资金——存出投资款　　　　　　　　　　　10 600

（三）持有交易性金融资产

企业在持有交易性金融资产期间，对于被投资企业宣告发放的现金股利或已到期但尚未领取的债券利息，应确认为应收项目，并记入投资收益。借记"应收股利"或"应收利息"科目，贷记"投资收益"；实际收到现金股利和债券利息时，应冲减应收项目，借记"其他货币资金"科目，贷记"应收股利"或"应收利息"科目。

【业务 4-2】 沿用【业务 4-1】资料，2023 年 6 月 20 日，华康公司收到中远公司发放 2022 年的现金股利 50 000 元，银行已到账。账务处理如下：

借：其他货币资金——存出投资款　　　　　　　　　　　　50 000
　　贷：应收股利——中远公司股票　　　　　　　　　　　　50 000

【业务 4-3】 沿用【业务 4-1】资料，2024 年 3 月 25 日，中远公司宣告发放 2023 年现金股利，每股股利 0.6 元，假定不考虑相关税费，现金股利于 2024 年 6 月 20 日到账。可以计算出如下内容：

现金股利价值：100 000 × 0.6 ＝ 60 000（元）

账务处理如下：

① 2024 年 3 月 25 日，确认应收股利：

借：应收股利——中远公司股票　　　　　　　　　　　　　60 000
　　贷：投资收益——中远公司股票　　　　　　　　　　　　60 000

② 2024 年 6 月 20 日，收到现金股利：

借：其他货币资金——存出投资款　　　　　　　　　　　　60 000
　　贷：应收股利——中远公司股票　　　　　　　　　　　　60 000

企业应在每个资产负债表日对交易性金融资产的公允价值进行评估，并将公允价值变动计入当期损益。如交易性金融资产的公允价值高于其账面余额，则差额借记"交易性金融资产——公允价值变动"科目；如公允价值低于其账面余额，则作相反的会计分录。

　　【业务4-4】　沿用【业务4-1】资料，2023年12月31日，华康公司持有的中远公司股票每股公允价值为12元。可以计算出如下内容：

　　　　公允价值变动金额 = 资产负债表日公允价值 - 账面余额

　　　　　　　　　　　　 = 100 000 × 12 - 950 000 = 250 000（元）

　　确认公允价值变动时账务处理如下：

　　　　借：交易性金融资产——中远公司股票（公允价值变动）　　　　250 000
　　　　　　贷：公允价值变动损益——中远公司股票　　　　　　　　　　　250 000

　　【业务4-5】　沿用【业务4-1至业务4-4】资料，2024年6月30日，华康公司持有的中远公司股票每股公允价值为11元。

　　　　公允价值变动金额 = 资产负债表日公允价值 - 账面余额

　　　　　　　　　　　　 = 100 000 × 11 - （950 000 + 250 000）= - 100 000（元）

　　确认公允价值变动时账务处理如下：

　　　　借：公允价值变动损益——中远公司股票　　　　　　　　　　　100 000
　　　　　　贷：交易性金融资产——中远公司股票（公允价值变动）　　　100 000

（四）出售交易性金融资产

　　当企业出售交易性金融资产时，应按实际收到的价款，借记"其他货币资金"等科目，按该金融资产的账面余额，贷记"交易性金融资产"科目，并将出售收入与账面余额之间的差额记入"投资收益"科目。在出售交易性金融资产过程中产生的手续费、服务费等交易费用，应冲减投资收益。

　　【业务4-6】　沿用【业务4-1至业务4-5】资料，2024年7月2日，华康公司以每股13元的价格将中远公司股票全部出售。同时发生证券交易所交易费用10 000元，取得增值税专用发票注明增值税率为6%，增值税600元。账务处理如下：

　　① 出售股票：

　　　　借：其他货币资金——存出投资款　　　　　　　　　　　　　1 300 000
　　　　　　贷：交易性金融资产——中远公司股票（成本）　　　　　　　950 000
　　　　　　　　交易性金融资产——中远公司股票（公允价值变动）　　　150 000
　　　　　　　　投资收益——中远上市公司股票　　　　　　　　　　　　200 000

　　② 支付相关交易费用：

　　　　借：投资收益——中远公司股票　　　　　　　　　　　　　　　10 000
　　　　　　应交税费——应交增值税（进项税额）　　　　　　　　　　　　600
　　　　　　贷：其他货币资金——存出投资款　　　　　　　　　　　　　10 600

（五）转让金融商品应交增值税

　　转让金融商品时，企业需要按照税法规定计算并缴纳增值税。增值税计税的含税销售额是卖出价减买入价的余额，其中买入价包含已宣告但尚未发放的现金股利或已到期但尚未领取的利息，但不包括交易费用。计算转让金融商品应缴纳的增值税额公式如下：

$$转让金融商品应缴纳的增值税额 = \frac{卖出价 - 买入价}{1 + 增值税税率} \times 增值税税率$$

如果企业转让金融资产的卖出价高于买入价，产生转让收益，应在交易时缴纳转让金融商品增值税，按应缴增值税额，借记"投资收益"科目，贷记"应交税费——转让金融商品应交增值税"科目；实际缴纳时，则借记"应交税费——转让金融商品应交增值税"科目，贷记"银行存款"科目。

如果企业转让金融资产时销售额为负数，即卖出价低于买入价，则本次转让无需缴纳增值税，且可结转至下一个纳税期与下期转让金融商品的销售额相抵，但年末仍未抵扣的，不得转入下一个会计年度。

【业务 4-7】 沿用【业务 4-6】资料，2024 年 7 月 2 日，华康公司以每股 13 元的价格将中远公司股票全部出售。华康公司在出售股票时按 6% 的税率缴纳增值税。出售交易性金融资产应缴纳的增值税额计算如下：

$$应缴纳的增值税额 = \frac{卖出价 - 买入价}{1 + 增值税税率} \times 增值税税率$$

$$= (1\,300\,000 - 1\,000\,000) \div (1 + 6\%) \times 6\% = 16\,981.13（元）$$

计提应交增值税有关账务处理如下：

借：投资收益——中远公司股票　　　　　　　　　　　16 981.13
　　贷：应交税费——转让金融商品应交增值税　　　　　　16 981.13

对于企业划分为交易性金融资产的债券，其业务的账务处理同样按公允价值计量且其变动记入当期损益。

【业务 4-8】 2024 年华康公司购入思科公司债券作为交易性金融资产，业务如下。

（1）2024 年 1 月 5 日，华康公司从二级市场以 1 030 000 元（含已到付息期但尚未领取的利息 25 000 元）购入思科公司发行的债券，另发生交易费用 20 000 元，取得增值税专用发票，税率 6%，增值税额 1 200 元。思科公司债券面值 1 000 000 元，票面利率 5%，每半年付息一次，剩余期限 2 年。

（2）2024 年 1 月 20 日，华康公司收到思科公司债券 2023 年下半年利息 25 000 元。

（3）2024 年 6 月 30 日，华康公司计提思科公司债券 2024 年上半年利息 25 000 元。

（4）2024 年 6 月 30 日，思科公司债券的公允价值为 1 055 000 元。

（5）2024 年 7 月 25 日，华康公司将思科公司债券全部出售，取得价款 1 100 000 元。

账务处理如下：

① 2024 年 1 月 5 日，购入思科公司发行的债券：
借：交易性金融资产——思科公司债券（成本）　　　　1 005 000
　　应收利息——思科公司债券　　　　　　　　　　　　 25 000
　　投资收益——思科公司债券　　　　　　　　　　　　 20 000
　　应交税费——应交增值税（进项税额）　　　　　　　　1 200
　　贷：其他货币资金——存出投资款　　　　　　　　　1 051 200

② 2024 年 1 月 20 日，收到债券利息：
借：其他货币资金——存出投资款　　　　　　　　　　 25 000
　　贷：应收利息——思科公司债券　　　　　　　　　　 25 000

③ 2024 年 6 月 30 日，计提债券利息：

借：应收利息——思科公司债券　　　　　　　　　　25 000

　　贷：投资收益——思科公司债券　　　　　　　　　　　25 000

④ 2024 年 6 月 30 日，确认公允价值变动：

公允价值变动 = 1 055 000 - 1 005 000 = 50 000（元）

借：交易性金融资产——思科公司债券（公允价值变动）　50 000

　　贷：公允价值变动损益——思科公司债券　　　　　　　　50 000

⑤ 2024 年 7 月 25 日，出售债券时：

投资收益 = 出售价格 - 账面余额 = 1 100 000 -（1 005 000 + 50 000）= 45 000（元）

借：其他货币资金——存出投资款　　　　　　　　　　1 100 000

　　贷：交易性金融资产——思科公司债券（成本）　　　　　1 005 000

　　　　交易性金融资产——思科公司债券（公允价值变动）　50 000

　　　　投资收益——思科公司债券　　　　　　　　　　　　45 000

应缴纳增值税额 =（1 100 000 - 1 030 000）÷（1 + 6%）× 6% = 3 962.26（元）

借：投资收益——思科公司债券　　　　　　　　　　　3 962.26

　　贷：应交税费——转让金融商品应交增值税　　　　　　　3 962.26

 素养天地

深化证券交易监管　力促市场健康发展

　　近年来，国家对证券交易的监管持续深化，法规体系日益完善。数据显示，2023 年证监会查办证券期货违法案件 717 件，同比增长 19%，罚没金额高达 63.89 亿元，同比增长 140%，体现了国家严惩市场违法行为的决心。

　　同时，多项重要法规相继出台，如《证券市场程序化交易管理规定》等，不仅细化了交易规则，还加强了对高频量化交易的监管，有效维护了市场秩序。这些举措不仅体现了国家意识的提升，更彰显了法治意识的强化，为证券市场的健康稳定发展提供了有力保障。

　　国家通过深化监管和法治建设，不仅增强了投资者的信心，也促进了资本市场的长期繁荣，为国家经济的可持续发展奠定了坚实基础。

🌐 知识测试

一、单选题

1. 以下交易不属于交易性金融资产核算范围的是（　　　）。

A．短期股票投资　　　　　　　　　　　B．长期股权投资

C．国债投资　　　　　　　　　　　　　D．基金投资

2. 企业购买股票作为交易性金融资产时，发生的交易费用应记入的会计科目是（　　　）。

A．"投资收益"　　　　　　　　　　　　B．"交易性金融资产成本"

C．"管理费用"　　　　　　　　　　　　D．"财务费用"

3. 交易性金融资产在资产负债表中的列示位置是（　　）。

A. 流动资产　　　　B. 长期资产　　　　C. 流动负债　　　　D. 长期负债

4. 企业持有交易性金融资产期间，公允价值变动应记入的会计科目是（　　）。

A. "投资收益"　　　　　　　　　　　B. "公允价值变动损益"

C. "营业外收入"　　　　　　　　　　D. "其他综合收益"

5. 企业出售交易性金融资产时，对取得的价款与账面余额的差额进行的会计处理是
（　　）。

A. 记入"其他业务收入"科目　　　　　B. 记入"营业外收入"科目

C. 记入"投资收益"科目　　　　　　　D. 记入"其他综合收益"科目

6. 交易性金融资产持有期间取得的现金股利应记入的会计科目是（　　）

A. "投资收益"　　　B. "股息收入"　　　C. "营业外收入"　　　D. "营业利润"

7. 以下关于交易性金融资产的说法，错误的是（　　）

A. 交易性金融资产是企业为短期获利而持有的

B. 交易性金融资产在持有期间公允价值变动记入投资收益

C. 交易性金融资产在出售时，其公允价值与账面余额的差额记入投资收益

D. 交易性金融资产在资产负债表日以公允价值计量

8. 转让金融商品时，企业缴纳增值税的会计处理表述正确的是（　　）。

A. 借记"应交税费——转让金融商品应交增值税"科目

B. 借记"投资收益"科目

C. 借记"管理费用"科目

D. 借记"公允价值变动损益"科目

9. 甲公司购入 B 公司的债券并将其划分为交易性金融资产，该债券面值 200 万元，
公司支付 230 万元，其中包含已到期但尚未领取的利息 10 万元。不考虑其他因素，甲公司
取得该债券时的入账价值为（　　）万元。

A. 200　　　　　　B. 230　　　　　　C. 220　　　　　　D. 190

二、多选题

1. 交易性金融资产在持有期间，会影响其账面余额的是（　　）。

A. 公允价值上升　　B. 收到利息　　　C. 公允价值下降　　D. 发放现金股利

2. 关于交易性金融资产的会计处理，以下说法是正确的是（　　）。

A. 取得时按公允价值计量

B. 持有期间公允价值变动记入公允价值变动损益

C. 取得时发生的交易费用记入成本

D. 出售时取得的价款与账面余额的差额记入其他业务收入

3. 下列金融资产，可能属于交易性金融资产核算范围的是（　　）。

A. 短期债券投资　　　　　　　　　　B. 长期股权投资

C. 基金投资　　　　　　　　　　　　D. 持有至到期投资

4. 交易性金融资产在出售时，以下会计处理不正确的是（　　）。

A. 取得的价款记入投资收益

B．取得的价款与账面余额的差额记入投资收益

C．取得的价款记入其他业务收入

D．发生的交易费用冲减投资收益

5．下列因素会影响交易性金融资产出售时计算的投资收益的是（　　　）。

A．卖出价
B．买入价

C．持有期间公允价值变动
D．现金股利

6．以下关于转让金融商品应交增值税的说法，正确的是（　　　）。

A．转让金融商品应该缴纳增值税

B．增值税的计算基础是卖出价与买入价的差额

C．增值税的税率由税法规定

D．增值税的计算与交易性金融资产的会计处理无关

7．以下交易性金融资产在资产负债表日的会计处理，正确的是（　　　）。

A．以公允价值计量
B．公允价值变动记入当期损益

C．公允价值变动记入其他综合收益
D．无需进行任何会计处理

三、判断题

1．企业在取得交易性金融资产时，发生的交易费用应记入该资产的账面余额。

（　　　）

2．交易性金融资产的公允价值变动会影响其账面余额，但不影响当期损益。（　　　）

3．企业持有交易性金融资产期间，取得的现金股利或债券利息应记入"投资收益"科目。

（　　　）

4．交易性金融资产在出售时，取得的价款与账面余额的差额记入"营业外收入"科目。

（　　　）

5．企业在资产负债表日应对交易性金融资产进行公允价值计量，并以该价值列示在资产负债表上。

（　　　）

6．转让金融商品应交增值税的计税基础是卖出价与买入价的差额。　　（　　　）

7．交易性金融资产的处置不会影响企业的利润表。　　　　　　　　（　　　）

8．企业出售交易性金融资产时，应将该金融资产原记入公允价值变动损益的金额转出，由公允价值变动损益转为投资收益。

（　　　）

项目训练

一、海天公司为一般纳税人，2024年发生的交易性金融资产业务如下。

1．3月2日，以证券专户存款购入C公司股票100万股，每股8元，另发生相关的交易费用20 000元，取得增值税专用发票上注明的增值税税额为1 200元，并将股票划分为交易性金融资产。

2．3月31日，该股票在证券交易所的收盘价格为每股7.70元。

3．4月30日，该股票在证券交易所的收盘价格为每股8.10元。

4．5月6日，将所持有的该股票全部出售，取得价款8 250 000元，支付交易费用30 000元，取得增值税专用发票上注明的增值税税额为1 800元，所得价款扣除交易税费后已存

入证券专户。

5. 5月6日，计算并计提出售C公司股票的应交增值税。

要求：根据上述资料编写相关的会计分录。

二、光明公司为一般纳税人，2024年发生交易性金融资产相关业务如下。

1. 1月10日，购入D公司债券，支付价款2 300 000元，其中包含已到付息期但尚未领取的债券利息100 000元，另发生相关交易费用30 000元，取得增值税专用发票上注明的增值税税额为1 800元。该债券面值2 000 000元，票面年利率为4%，一年付息一次，剩余期限3年。光明公司将该债券投资确认为交易性金融资产。

2. 1月25日，收到D公司债券利息100 000元。

3. 6月30日，持有上述D公司债券的公允价值为2 280 000元。

4. 7月2日，将持有的D公司债券全部转让，取得价款2 350 000元，存入投资款专户。

5. 7月2日，计算并计提出售该金融商品的应交增值税。

要求：根据上述资料编写相关的会计分录。

项目五

债权投资与长期股权投资核算

知识目标

熟悉债权投资的确认和计量;

熟悉长期股权投资的确认和计量;

熟悉长期股权投资成本法和权益法的概念和账务处理。

技能目标

熟练掌握债权投资的核算;

熟练掌握长期股权投资成本法和权益法的核算。

素养目标

培养爱国情怀,树立风险意识;

培养沟通协作意识、大数据思维意识、会计职业判断能力。

 知识导图

债权投资与长期股权投资核算
- 债权投资核算
  - 债权投资的确认与计量
  - 债权投资的账务处理
- 长期股权投资核算
  - 长期股权投资的确认、计量及科目设置
  - 成本法下长期股权投资的核算
  - 权益法下长期股权投资的核算

 知识准备

债权投资核算的主要会计科目包括:债权投资、其他货币资金、应收利息、投资收益、信用减值损失、债权投资减值准备;

长期股权投资核算的主要会计科目包括:长期股权投资、应收股利、资产减值损失、长期股权投资减值准备、投资收益、营业外收入。

任务一　债权投资核算

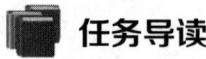 **任务导读**

债权投资是企业划分为以摊余成本计量的金融资产，企业通过购买债券，成为债券的债权人，到期收回本金和利息。债权投资具有收益稳定、风险较低的特点，是企业常用的投资手段之一。在账务处理上，主要包括债权的取得、持有期间的利息收入确认、债权的处置等环节。

一、债权投资的确认与计量

债权投资是指企业划分为以摊余成本计量的金融资产。企业通过债权投资向债券发行人投放资本，以期按照一定的利率收取利息，并在规定的期限收回本金。

（一）债权投资的确认

当企业购买债券时，如果同时满足以下两个条件，应确认为债权投资。

（1）企业以收取合同现金流量为目标。

（2）按照合同规定，在特定日期产生的现金流量仅为本金和利息。

（二）债权投资的计量

1．初始计量

企业取得债权投资时，应当按照公允价值计量，以购买债券时支付的全部价款（包括税金、手续费等相关费用）作为债权投资的初始投资成本。如果支付的价款中包含已到付息期但尚未领取的债券利息，应当确认为应收项目，不构成债权投资的初始确认成本。

2．后续计量

企业在债权投资的持有期间，应当按照摊余成本对债权投资进行计量。摊余成本是指金融资产或金融负债的初始确认金额经过一系列调整后的结果。这些调整包括如下内容。

（1）扣除已偿还的本金：债权投资期间，企业会定期或一次性收到债券本金的部分偿还，这些已偿还的本金应从初始确认金额中扣除。

（2）增加或减少累计摊销额：对于溢价或折价发行的债券，采用实际利率法将初始确认金额与到期日债券面值之间的差额进行摊销，形成的累计摊销额应增加或减少初始确认金额。这里的实际利率是指将金融资产在预计存续期的预计未来现金流量，折现为该金融资产账面余额所对应的利率。

（3）扣除已发生的减值损失：如果债权投资发生减值，应计提减值准备，并从摊余成本中扣除。

二、债权投资的账务处理

企业在核算债权投资时应设置"债权投资"和"债权投资减值准备"科目。"债权投资"科目属于资产类科目，借方登记增加金额，贷方登记减少金额。按债权投资的类别和品种，分别设置"面值""利息调整""应计利息"等明细科目进行明细核算。"债权投资减值准备"科目作为"债权投资"的备抵科目，核算企业的债权投资以预期信用损失为基础计提的损失准备。

（一）债权投资的取得

企业取得债权投资时，应按照该债券的面值，借记"债权投资——成本"科目，购买的债券存在已宣告但尚未领取的利息，应单独确认为应收项目，借记"应收利息"科目，按实际支付的金额，贷记"其他货币资金"等科目，购买的债券面值与支付金额间的差额，借记或贷记"债权投资——利息调整"科目。

【业务 5-1】 弘盛公司于 2024 年 1 月 1 日以证券公司资金专户购入艾迪公司发行的 5 年期债券 12 500 份，债券面值为 1 250 万元、票面利率为 4.72%，购买价格为 1 000 万元（含交易费用）。公司将其划分为以摊余成本计量的金融资产，不考虑所得税、减值损失等因素，该债券实际利率为 10%。取得债权投资的账务处理如下：

借：债权投资——艾迪公司债券（成本）　　　　　　　　12 500 000
　　贷：其他货币资金——存出投资款　　　　　　　　　　　　10 000 000
　　　　债权投资——艾迪公司债券（利息调整）　　　　　　　　2 500 000

（二）持有期间的利息收入确认

在债权投资的持有期间，企业应当按照摊余成本对债权投资进行计量。

资产负债表日，企业应按照债券的面值和票面利率计算并确认应收未收利息。借记"应收利息"科目，对于到期一次性还本付息的债券借记"债权投资——应计利息"科目；按照债权投资摊余成本和实际利率计算确定债权的利息收入，作为投资收益，贷记"投资收益"科目；应收利息与投资收益差额借记或贷记"债权投资——利息调整"科目。

$$应收利息 = 债券面值 \times 票面利率$$
$$投资收益（利息收入） = 摊余成本 \times 实际利率 \times 期限$$

【业务 5-2】 沿用【业务 5-1】资料，2024 年 12 月 31 日，弘盛公司编制债权投资收益计算表，如表 5-1 所示，确定本期利息收入。

表 5-1　债权投资收益计算表　　　　　　　　　　　　　　　　单位：万元

日　　期	期初摊余成本	应收利息	投资收益	利息调整	期末摊余成本
	①=上期⑤	②=面值×票面利率	③=①×实际利率	④=③-②	⑤=上期⑤+④
2024.01.01					1 000
2024.12.31	1 000	59	100	41	1 041
2025.12.31	1 041	59	104	45	1 086
2026.12.31	1 086	59	109	50	1 136
2027.12.31	1 136	59	114	55	1 191
2028.12.31	1 191	59	118*	59	1 250
小计		295	545	250	

说明：*表示数据为尾差调整所得。

账务处理如下：

① 确定利息收入：

借：应收利息——艾迪公司债券　　　　　　　　　　　590 000
　　债权投资——艾迪公司债券（利息调整）　　　　　410 000
　　贷：投资收益——艾迪公司债券　　　　　　　　　　　　1 000 000

② 收到利息时：

借：其他货币资金——存出投资款　　　　　　　　　　　　590 000

　　贷：应收利息——艾迪公司债券　　　　　　　　　　　　　　590 000

企业实际账务处理中，需根据具体情况调整"利息调整"科目的金额，以确保债券到期时，"利息调整"明细科目的余额为零。

（三）债权投资减值准备的计提和转回

资产负债表日，企业对持有的债权投资进行评估，识别是否存在可能导致其发生减值的迹象，如债务人财务状况恶化、市场环境变化等。如果评估结果显示债权投资的未来现金流量现值低于其账面价值，企业应计提相应的减值准备，将该债权投资的账面价值减至预计的未来现金流量现值，将减计的金额借记"信用减值损失"科目，记入当期损益；同时，贷记"债权投资减值准备"科目。

【业务 5-3】 2024 年 12 月 31 日，弘盛公司对持有的艾迪公司的债券进行评估，由于艾迪公司财务状况恶化，弘盛公司预计未来现金流量将减少，决定计提减值准备。经评估，弘盛公司认为该债权投资的预期信用损失为 30 万元。计提债权投资减值准备账务处理如下：

借：信用减值损失——计提债权投资减值准备　　　　　　　300 000

　　贷：债权投资减值准备　　　　　　　　　　　　　　　　　300 000

当债权投资的未来现金流量价值回升，且该上升足以证明之前计提的减值不再合理时，企业可以转回已计提的减值准备。但转回后的账面价值不得超过假定不计提减值准备情况下该金融资产在转回日的摊余成本。

（四）债权投资的出售

当企业出售或到期收回债券时，借记"其他货币资金"等科目，按债券账面余额，贷记"债权投资"各明细科目，债券的面值与收到价款的差额借记或贷记"投资收益"科目。

出售债券计算应交增值税及账务处理，与转让交易性金融资产的处理相同。

【业务 5-4】 沿用【业务 5-1、业务 5-2】资料，2025 年 1 月 1 日，弘盛公司以 1 000 万元的价格全部出售艾迪公司债券（暂不考虑转让时的应交税费）。账务处理如下：

借：其他货币资金——存出投资款　　　　　　　　　　　10 000 000

　　债权投资——艾迪公司债券（利息调整）　　　　　　　2 090 000

　　债权投资减值准备　　　　　　　　　　　　　　　　　　300 000

　　投资收益——艾迪公司债券　　　　　　　　　　　　　　110 000

　　贷：债权投资——艾迪公司债券（成本）　　　　　　　12 500 000

📚 注意事项

债权投资与债券投资的区别包括以下几点。

（1）从金融资产的类型来看，债权投资是以摊余成本计量的金融资产；而债券投资涉及更广泛的投资类型，涵括了金融资产的三种类型。

（2）从投资目的来看，债权投资是收取合同现金流量（利息收入和本金的回收）为目的；而债券投资的目的有可能是在短期内出售赚取差价收益。

（3）从持有期限来看，债权投资是计划长期持有的投资，投资期限相对较长；而债券投资持有的期限不确定，其中划分为交易性金融资产的债券投资持有的期限较短。

（4）从取得投资涉及的会计科目来看，取得债权投资计入"债权投资"；而取得债券投资，可能计入"债权投资"，也可能计入"交易性金融资产"或"其他债权投资"。

 **知识拓展**

债券的溢价和折价发行

知识测试

一、单选题

1．关于债权投资，以下不属于其初始计量内容的是（　　）。

A．购买债券的价款

B．购买债券支付的相关税费

C．购买债券支付的手续费

D．购买价款中包含的已到付息期但尚未领取的债券利息

2．债权投资的收益主要来源于（　　）。

A．利息收入　　　　　B．股票分红　　　　　C．租金收入　　　　　D．销售收入

3．企业购买债券时，通常按照（　　）价值进行初始计量。

A．公允价值　　　　　B．账面价值　　　　　C．面值　　　　　D．市场价值

4．当债权投资的可回收金额低于其账面价值时，企业应进行的会计处理是（　　）。

A．增加债权投资的账面价值

B．减少债权投资的账面价值并计提减值准备

C．不作任何会计处理

D．直接记入当期损益

5．企业出售债券时，应将实际收到的款项与债权投资的账面价值之间的差额记入的会计科目是（　　）。

A．"投资收益"　　　　　　　　　　　　　B．"公允价值变动损益"

C．"资本公积"　　　　　　　　　　　　　D．"营业外收入"

二、多选题

1．下列关于债权投资的账务处理说法正确的是（　　）。

A．债权投资应当以公允价值进行初始计量

B．债券的利息收入应当记入"债权投资——利息调整"科目

C．债权投资减值准备应当在资产负债表日进行评估

D．债券的折价或溢价应当在债券存续期间内摊销

2．关于债权投资持有期间的会计处理，以下说法正确的是（　　）。

A．应当以摊余成本计量

B．应当根据债券面值和票面利率按期计提利息

C. 持有期间公允价值的变动应当记入当期损益

D. 减值准备一经计提，在以后期间不得转回

3. 下列关于债权投资持有期间利息收入确认的说法，不正确的是（　　）。

A. 实际利率法下，利息收入按摊余成本和实际利率计算

B. 利息收入不受利息调整的影响

C. 利息收入应在收到利息款项时确认

D. 利息收入应按债券面值和票面利率计算

4. 下列关于债权投资减值准备的说法，正确的是（　　）。

A. 减值准备应基于未来现金流量的预测进行计提

B. 债权投资减值准备，满足一定条件可以转回

C. 减值准备的计提会影响债权投资的账面价值

D. 债权投资计提减值准备涉及的科目有"资产减值损失"

5. 下列情况可能导致债权投资出售时产生投资收益或损失的是（　　）。

A. 出售价格高于账面价值　　　　　　B. 出售价格低于账面价值

C. 出售价格与账面价值相等　　　　　D. 债权投资期间计提了减值准备

三、判断题

1. 债权投资只有在满足合同现金流量特征仅为本金和未偿付本金金额之利息的支付时，才能被确认为债权投资。　　　　　　　　　　　　　　　　　　　　　（　　）

2. 债权投资的初始计量应以其公允价值为基础，但不应包括交易费用。　　（　　）

3. 企业购买的债券应当以其面值作为初始计量金额。　　　　　　　　　　（　　）

4. 企业持有债权投资期间，债权投资的公允价值变动无需处理。　　　　　（　　）

5. 出售债权投资时，应将出售所得款项与债权投资账面余额间的差额记入投资收益。
　　　　　　　　　　　　　　　　　　　　　　　　　　　　　　　　　　　（　　）

任务二　长期股权投资核算

　　长期股权投资是企业为获取长期收益而持有的其他企业股权，其确认基于控制、共同控制或重大影响的标准。长期股权投资的后续计量分为成本法和权益法。在成本法下，长期股权投资以支付成本计量，无论被投资单位公允价值如何变化，账面价值不变，现金股利直接记入收益。而权益法要求根据被投资单位净资产的变化调整投资的账面价值，取得时按成本入账，随后根据被投资单位盈亏调整账面价值，收到现金股利时减少投资账面价值。处置时，收益或损失为处置金额与账面价值的差额。

一、长期股权投资的确认、计量及科目设置

（一）长期股权投资的确认

　　长期股权投资，是指投资方对被投资单位实施控制、重大影响的权益性投资，以及对其合营企业的权益性投资。这种投资通常不是为了获取短期收益，而是为了与被投资单位建立长期的战略合作关系，或者为了对被投资单位实施控制、产生重大影响等。

长期股权投资具体包括以下三种情况：

（1）企业能对被投资单位实施控制的权益性投资，例如对子公司的投资，通常投资方持有被投资单位50%以上的表决权，或者通过其他表决权持有人之间的协议能控制50%以上的表决权。

（2）企业对被投资单位具有重大影响的权益性投资，即对联营企业的投资，能对被投资单位施加重大影响。通常投资方对被投资单位的投资比例不低于20%。

（3）企业与其他合营方一同对被投资单位实施共同控制的权益性投资，即对合营企业的投资。

（二）长期股权投资的计量

1. 初始计量

长期股权投资的初始计量，核心在于确定初始投资成本。企业取得长期股权投资的方式不同，初始投资成本的确认方式也各不相同。

企业通过支付现金取得的长期股权投资，初始投资成本就是实际支付的购买价款，包括直接相关的费用、税金及其他必要支出；如果企业以发行权益性证券的方式取得长期股权投资，初始投资成本是所发行证券的公允价值；企业通过企业合并方式取得的长期股权投资，初始投资的成本是合并成本。

2. 后续计量

长期股权投资的后续计量的方法主要有两种：成本法和权益法。应当根据长期股权投资的三种不同情况选择计量方法进行核算，如表5-2所示。

表5-2　长期股权投资核算方法

投资方与被投资单位的关系	持股比例	被投资单位的类型	核算方法
控制	大于50%	子公司	成本法
重大影响	20%～50%	联营企业	权益法
共同控制	按相关约定	合营企业	权益法

（三）科目设置

企业在核算长期股权投资时应设置"长期股权投资"和"长期股权投资减值准备"科目。

"长期股权投资"科目，借方登记取得股权投资时的实际投资成本或享有被投资单位权益的增加金额，贷方登记享有被投资单位权益的减少金额或股权投资处置的成本，期末余额在借方，反映企业持有的长期股权投资价值。权益法下长期股权投资科目还应当分别设置"投资成本""损益调整""其他权益变动"等明细科目进行明细核算。

"长期股权投资减值准备"科目作为"长期股权投资"的备抵科目，在资产负债表日，长期股权投资发生减值时，按应减记的金额，贷记"长期股权投资减值准备"科目。处置长期股权投资时，应同时结转已计提的长期股权投资减值准备。期末余额在贷方，反映企业已计提但尚未转销的长期股权投资减值准备。长期股权投资减值准备一经计提，在以后期间不得转回。

二、成本法下长期股权投资的核算

（一）成本法的概念

成本法是指长期股权投资按投资成本计价的方法。在此方法下，投资成本为初始购买成本，后续无需根据被投资单位净资产的变化而调整。当投资方获得被投资单位的利润或现金股利时，将其作为投资收益入账。

长期股权投资的成本法适用于企业能对被投资单位实施控制的长期股权投资，即企业对子公司的股权投资。

（二）成本法的账务处理

1. 以支付现金取得长期股权投资

企业以支付现金取得的长期股权投资，应当按照实际支付的购买价款作为初始投资成本。初始投资成本包括与取得长期股权投资直接相关的费用、税金及其他必要支出。支付价款中包含的已宣告但尚未发放的现金股利，应单独确认为应收股利，不记入长期股权投资的初始成本。

企业取得长期股权投资时，应按确定的初始投资成本，借记"长期股权投资"科目，贷记"其他货币资金"科目，价款中包含的已宣告但尚未发放的现金股利，借记"应收股利"科目。

【业务 5-5】 伊力公司于 2023 年 5 月 1 日购入燕京公司 60%的股权，以证券公司资金专户支付价款 12 500 000 元（含支付的相关税费），其中包含已宣告分配的现金股利 500 000 元，伊力公司能对燕京公司实施控制。购买当日，燕京公司可辨认净资产公允价值为 30 000 000 元。

因为伊力公司对燕京公司持股超过 50%，能够实施重大影响，所以伊力公司应采用成本法核算，在成本法下，不需要考虑燕京公司可辨认净资产的公允价值，只需记录投资成本。账务处理如下：

借：长期股权投资——燕京公司   12 000 000

    应收股利——燕京公司   500 000

    贷：其他货币资金——存出投资款   12 500 000

2. 持有期间被投资单位宣告发放现金股利或利润

成本法下，被投资单位宣告发放的现金股利或利润，投资方应按享有的部分，确认为投资收益。借记"应收股利"科目，贷记"投资收益"科目。

如果收到的股利为购入时确认的应收股利，应在收到时冲减；如果收到的股利为股票股利，则只需在备查账中调整被投资单位的持股数量，降低每股成本，不做账务处理。

【业务 5-6】 沿用【业务 5-5】资料，燕京公司于 2024 年 4 月宣告分配 2023 年度的现金股利 1 000 000 元。账务处理如下：

应确认的投资收益计算如下：

$$投资收益 = 被投资单位分配现金股利 \times 投资比例$$
$$= 1\ 000\ 000 \times 60\% = 600\ 000（元）$$

借：应收股利——燕京公司   600 000

    贷：投资收益   600 000

3. 计提长期股权投资减值准备

企业需定期对长期股权投资进行减值测试，根据长期股权投资的公允价值减去处置费用的净值与预计未来现金流量的现值的较高者确定可回收金额，然后通过比较长期股权投资的账面价值与可回收金额来判断其是否发生减值。若账面价值高于可回收金额，则应在资产负债表日确认减值。

长期股权投资确认减值后，企业需计提减值准备，借记"资产减值损失——计提的长期股权投资减值准备"科目，贷记"长期股权投资减值准备"科目。"长期股权投资减值准备"科目属于"长期股权投资"的备抵科目，处置该长期股权投资时需要同时转销。

【业务 5-7】 沿用【业务 5-5、业务 5-6】资料，2024 年 6 月 30 日，由于燕京公司经营状况出现恶化，股价持续下跌，伊力公司对所持有的燕京公司的股权进行评估，预计可回收金额为 9 000 000 元，此时长期股权投资的账面价值为 12 000 000 元，伊力公司确认所持有的燕京公司的长期股权投资减值。账务处理如下：

借：资产减值损失——计提的长期股权投资减值准备　　　3 000 000

贷：长期股权投资减值准备　　　　　　　　　　　　　3 000 000

需要注意的是，长期股权投资减值准备一经计提，在后续会计期间内不允许转回，这体现了会计处理的谨慎性原则。

4. 处置长期股权投资

企业处置长期股权投资时，出售所得价款与处置长期股权投资账面价值之间的差额，应确认为处置损益。如果股权在持有期间有计提减值准备，在处置时应按所售股权比例转销长期股权投资减值准备。

企业转让上市公司长期股权投资时应缴纳增值税，增值税的计算与会计处理和转让交易性金融资产处理相同。

【业务 5-8】 沿用【业务 5-5、业务 5-6、业务 5-7】资料，2024 年 12 月 1 日，伊力公司于以 900 000 元的价格出售了其所持有的燕京公司 5% 的股权（暂不考虑转让时应缴税费）。账务处理如下：

伊力公司出售的燕京公司 5% 的股权成本 = 12 000 000 ÷ 60% × 5% = 1 000 000（元）

出售时转销的长期股权投资减值准备 = 3 000 000 ÷ 60% × 5% = 250 000（元）

借：其他货币资金——存出投资款　　　　　　　　　　900 000

长期股权投资减值准备　　　　　　　　　　　　　250 000

贷：长期股权投资——燕京公司　　　　　　　　　　1 000 000

投资收益　　　　　　　　　　　　　　　　　　150 000

在成本法下，长期股权投资的账务处理相对简单明了，企业只需关注投资成本的确定、持有期间的现金股利或利润的确认、减值准备及处置时的损益确认即可。

三、权益法下长期股权投资的核算

（一）权益法的概念

权益法是指投资方以初始投资成本计量后，在投资持有期间根据投资方享有被投资单位所有者权益份额的变动对投资的账面价值进行调整的方法。在权益法下，长期股权投资的账面价值随着被投资单位所有者权益的变动而变动，包括被投资单位实现的净损益及其他所有者权益的变动。

权益法适用于投资方对被投资单位具有共同控制或重大影响的情况。

（二）权益法的账务处理

1. 以支付现金取得长期股权投资

在权益法下，企业以支付现金取得的长期股权投资，其初始投资成本除包括实际支付的购买价款外，还需要考虑被投资单位可辨认净资产公允价值与初始投资成本的差异，分情况进行处理。

（1）初始投资成本大于享有被投资单位的可辨认净资产公允价值份额，该差额本质上可以看作是"商誉"，其差额不调整长期股权投资的初始投资成本。

（2）初始投资成本小于享有被投资单位的可辨认净资产公允价值份额，其差额应当记入当期损益"营业外收入"，同时调整长期股权投资的初始投资成本。

【业务 5-9】 2024 年 1 月 1 日，博雅公司以证券公司资金专户 17 000 000 元取得星光公司 30%的股权，能够对星光公司施加重大影响，采用权益法核算。购买日，星光公司净资产账面价值为 60 000 000 元（假定该时点账面价值星光公司净资产账面价值与可辨认净资产公允价值相同）。

博雅公司以 17 000 000 元取得星光公司可辨认净资产公允价值份额 18 000 000 元（60 000 000 × 30%），该差额 1 000 000 元应当调增长期股权投资的初始投资成本。账务处理如下：

借：长期股权投资——星光公司（投资成本）　　　　　　18 000 000
　　贷：其他货币资金——存出投资款　　　　　　　　　　　17 000 000
　　　　营业外收入　　　　　　　　　　　　　　　　　　　　1 000 000

2. 持有期间被投资单位实现盈利和发放现金股利

在权益法下，当被投资单位实现净利润时，投资方应按照持股比例计算应享有的份额，借记"长期股权投资——损益调整"科目，贷记"投资收益"科目，被投资单位发生亏损，则按持股比例计算净亏损的份额后作相反的分录。

当被投资单位宣告发放现金股利时，投资方应按照持股比例计算应分配的现金股利，借记"应收股利"科目，同时减少长期股权投资的账面价值，贷记"长期股权投资——损益调整"科目。

【业务 5-10】 沿用【业务 5-9】资料，星光公司 2024 年实现净利润 10 000 000 元，并于年底宣告发放现金股利 4 000 000 元。

一方面，博雅公司应根据星光公司实现的净利润调整其长期股权投资的账面价值，调增金额为 3 000 000 元（10 000 000×30%）。另一方面，当星光公司宣告发放现金股利时，博雅公司应按照持股比例调减长期股权投资的账面价值，减少金额为 1 200 000 元（4 000 000 × 30%）。账务处理如下：

① 确认星光公司实现的净利润：

借：长期股权投资——星光公司（损益调整）　　　　　　3 000 000
　　贷：投资收益　　　　　　　　　　　　　　　　　　　　3 000 000

② 确认星光公司宣告发放的现金股利：

借：应收股利——星光公司　　　　　　　　　　　　1 200 000

　　贷：长期股权投资——星光公司（损益调整）　　　　1 200 000

3. 被投资单位其他综合收益或其他所有者权益变动

企业持有长期股权投资期间，被投资单位除净损益、利润分配外的其他综合收益或其他所有者权益发生变动，例如被投资单位的资本公积发生变动，这种情况下，投资方应按持股比例计算应享有的份额，并调整长期股权投资的账面价值。

当被投资单位的其他综合收益或其他所有者权益增加时，借记"长期股权投资——其他综合收益"或"长期股权投资——其他权益变动"科目，贷记"资本公积——其他资本公积"科目；当被投资单位的其他综合收益或其他所有者权益减少时，则作相反分录。

【业务 5-11】　沿用【业务 5-9】资料，2024 年 12 月，星光公司股票溢价 1 000 000 元，博雅公司确定该长期股权投资的其他所有者权益增加。

星光公司股票溢价后将溢价部分记入"资本公积——股本溢价"，属于除净损益、利润分配、其他综合收益以外的其他所有者权益变动。对于投资方博雅公司需要据此调增长期股权投资的账面价值，调增金额记入"长期股权投资——其他权益变动"明细科目，调增金额为 300 000 元（1 000 000×30%）。账务处理如下：

借：长期股权投资——星光公司（其他权益变动）　　　300 000

　　贷：资本公积——其他资本公积　　　　　　　　　　300 000

4. 计提长期股权投资减值准备

在权益法下，企业对长期股权投资定期进行减值测试，判断其是否发生减值，对于长期股权投资可回收金额低于投资账面价值的部分确定减值损失，并计提减值准备。具体的账务处理与成本法的相同。

5. 处置长期股权投资

在权益法下，处置长期股权投资时，其账面价值与实际取得价款之间的差额，应记入当期损益。同时，因被投资单位除净损益、其他综合收益和利润分配外的所有者权益的其他变动而确定的所有者权益，应当在处置该项投资时全部转入当期损益。如果股权在持有期间有计提减值准备，在处置时应按所售股权比例结转长期股权投资减值准备。

企业转让上市公司长期股权投资时应缴纳增值税，增值税的计算与账务处理与转让交易性金融资产处理相同。

企业处置长期股权投资时，按实际收到的价款借记"其他货币资金"科目，按长期股权投资账面余额贷记"长期股权投资"科目，如果处置时尚有未领取的现金股利或利润，贷记"应收股利"科目，按其差额贷记或借记"投资收益"科目。

【业务 5-12】　沿用【业务 5-9、业务 5-10，业务 5-11】资料，博雅公司于 2025 年 2 月 1 日以 21 000 000 元的价格全部出售其所持有的星光公司 30%的股权，假定该长期股权投资持有期间没有计提减值准备，转让时不考虑应缴税费。

处置长期股权投资的损益为处置价款与长期股权投资账面价值的差额。博雅公司出售星光公司股权时，该长期股权投资账面余额为 20 100 000 元（18 000 000＋3 000 000－1 200 000＋300 000）。因此，处置收益为 900 000 元（21 000 000－20 100 000）。账务处理如下：

借：其他货币资金——存出投资款　　　　　　　　21 000 000
　　贷：长期股权投资——星光公司（投资成本）　　　18 000 000
　　　　　　　　——星光公司（损益调整）　　　　 1 800 000
　　　　　　　　——星光公司（其他权益变动）　　　 300 000
　　　　　投资收益　　　　　　　　　　　　　　　　 900 000

 **注意事项**

1．企业在实际应用中需要根据具体情况选择适当的核算方法，选择成本法或权益法取决于投资方对被投资单位的影响程度及投资的目的和期限等因素。

2．在权益法下，长期股权投资的账务处理相对复杂，需要根据被投资单位的净利润、净亏损及其他所有者权益的变动来调整投资方的长期股权投资账面价值。同时，在处置长期股权投资时，还需要考虑将原记入所有者权益的部分转入当期损益。

3．实际应用中可能涉及更多的复杂因素，如被投资单位的净资产变化、投资方与被投资单位之间的交易等。因此，在实际操作中，企业应遵循相关会计准则和法规的要求，确保账务处理的准确性和合规性。

 **知识拓展**

华为创投，长投新典范

🍃 **素养天地**

国家对创新型中小企业的投资企业提供税收优惠

近年来，国家对投资创业期或成长期的创新型中小企业的投资企业，提供了一系列税收优惠。

1．公司制创业投资企业所得税优惠

依据财税〔2018〕55号，以及财政部、税务总局公告2023年第17号文，公司制创业投资企业采取股权投资方式直接投资于初创科技型企业满2年的，可以按照投资额的70%在股权持有满2年的当年抵扣该公司制创业投资企业的应纳税所得额；当年不足抵扣的，可以在以后纳税年度结转抵扣。

2．合伙制创业投资企业所得税优惠

同样依据财税〔2018〕55号，财政部、税务总局公告2023年第17号文，有限合伙制创业投资企业采取股权投资方式直接投资于初创科技型企业满2年的，该合伙创业投资企业的法人合伙人可以按照对初创科技型企业投资额的70%抵扣法人合伙人从合伙创业投资企业分得的所得；当年不足抵扣的，可以在以后纳税年度结转抵扣。

税收优惠政策，为更多企业创新研发、提升竞争力增添底气。

知识测试

一、单选题

1. 以下不属于长期股权投资范畴的是（   ）。

A. 企业持有的能够对被投资单位实施控制的权益性投资

B. 企业持有的能够与其他合营方一同对被投资单位实施共同控制的权益性投资

C. 企业持有的能够对被投资单位施加重大影响的权益性投资

D. 企业为了近期出售而持有的上市公司股票

2. 下列情况投资方应采用成本法核算长期股权投资的是（   ）。

A. 投资方能够对被投资单位施加重大影响

B. 投资方对被投资单位实施共同控制

C. 投资方能够对被投资单位实施控制

D. 投资方对被投资单位无重大影响且无控制

3. 成本法下，支付现金取得的长期股权投资的初始投资成本指（   ）。

A. 取得投资时实际支付的价款

B. 被投资单位可辨认净资产的公允价值

C. 被投资单位所有者权益的账面价值

D. 取得投资时被投资单位股票的市价

4. 在成本法下，当被投资单位宣告发放现金股利时，投资方的会计处理是（   ）。

A. 增加长期股权投资的账面价值　　　　B. 减少长期股权投资的账面价值

C. 确认为投资收益　　　　　　　　　　D. 不做任何账务处理

5. 当被投资单位宣告分配现金股利时，在权益法下，投资方的会计处理是（   ）。

A. 增加长期股权投资的账面价值　　　　B. 减少长期股权投资的账面价值

C. 确认为投资收益　　　　　　　　　　D. 确认为营业外收入

6. 在权益法下，当长期股权投资的可回收金额小于账面价值时，投资企业对长期股权投资的会计处理是（   ）。

A. 减少投资成本　　　　　　　　　　　B. 计提长期股权投资减值准备

C. 调整资本公积　　　　　　　　　　　D. 不做任何会计处理

7. 关于长期股权投资计提减值，以下说法不正确的是（   ）。

A. 被投资单位可回收金额小于账面价值时，投资方需计提减值准备

B. 长期股权投资减值准备一经计提，不得转回

C. 长期股权投资减值准备可以在未来期间转回

D. 被投资单位经营状况恶化可能导致投资方的长期股权投资减值。

二、多选题

1. 关于成本法下长期股权投资的核算，以下说法不正确的是（   ）。

A. 投资方应按被投资单位实现的净利润调整长期股权投资的账面价值

B. 投资方在确认应享有被投资单位净损益的份额时，应以被投资单位各项可辨认资产等的公允价值为基础进行适当调整

C．投资方应按被投资单位宣告发放的现金股利，按应享有的部分确认为应收股利

D．投资方应定期与被投资单位核对账目，确保双方记录一致

2．成本法下，以下事项不会引起长期股权投资账面价值的变化的是（ ）。

A．被投资单位实现净利润 B．被投资单位宣告发放现金股利

C．投资方追加投资 D．被投资单位亏损

3．关于成本法的特点，以下说法正确的是（ ）。

A．除追加或收回投资外，长期股权投资的账面价值一般保持不变

B．投资方应享有被投资单位实现的净损益的份额，直接确认为当期投资损益

C．被投资单位宣告发放现金股利时，投资方应按应享有的部分确认为投资收益

D．成本法下，投资方无需对被投资单位的财务报表进行调整

4．以下关于长期股权投资处置的说法中，正确的是（ ）。

A．处置长期股权投资时，应将实际取得的价款与长期股权投资账面价值的差额记入投资收益

B．处置长期股权投资时，应同时结转已计提的长期股权投资减值准备

C．处置长期股权投资时，应将长期股权投资的账面余额全部转销

D．处置部分股权时，应按处置比例结转长期股权投资的账面价值

5．下列情况应采用权益法核算长期股权投资的是（ ）。

A．投资方能够对被投资单位实施共同控制

B．投资方对被投资单位具有重大影响

C．投资方持有被投资单位 20%以下的表决权股份

D．投资方能够控制被投资单位

6．在权益法下，以下因素会导致长期股权投资的账面价值发生变化的是（ ）。

A．被投资单位实现净利润 B．被投资单位发生亏损

C．被投资单位宣告分配现金股利 D．被投资单位其他权益变动

7．在权益法下，下列交易或事项会影响投资方的长期股权投资账面价值的是（ ）。

A．被投资单位接受现金捐赠

B．被投资单位发放股票股利

C．被投资单位以盈余公积转增资本

D．被投资单位因可供出售金融资产公允价值变动而增加其他综合收益

三、判断题

1．在成本法下，长期股权投资的账面价值通常保持不变，除非发生追加或收回投资的情况。 （ ）

2．成本法下，被投资单位实现净利润时，投资方应调整长期股权投资的账面价值。 （ ）

3．投资方在确认应享有被投资单位净损益的份额时，不需要对被投资单位的净利润进行调整。 （ ）

4．处置长期股权投资时，应将实际取得的价款与长期股权投资账面价值的差额记入营业外收入或营业外支出。 （ ）

5．成本法下，投资方应根据被投资方所有者权益的变动调整长期股权投资的账面价值。
　　　　　　　　　　　　　　　　　　　　　　　　　　　　　　　　　（　　）

6．在权益法下，投资方无需对被投资单位的财务报表进行调整，直接根据其净利润确认投资收益。
　　　　　　　　　　　　　　　　　　　　　　　　　　　　　　　　　（　　）

项目训练

一、2021年12月31日，天河公司通过证券市场，购入南海公司发行的期限为3年、面值为500万元、票面利率为5%的债券，确认为债权投资。不考虑相关税费。该债券每年年末支付利息，到期归还本金。假设该债券有下列三种发行方式：

1．面值发行；

2．溢价发行，发行价格为524万元，实际利率为3.2935%；

3．折价发行，发行价格为482万元，实际利率为6.3557%。

要求：根据上述三种发行方式，分别编制购入债券、每年计提利息、每年收到利息及到期收回债券本金的会计分录。溢、折价摊销采用直线法（保留两位小数）。

二、2022年1月，南方公司与天河公司通过签订投资协议的方式，共同出资成立南天公司，南天公司的注册资本为1 200万元，双方商定南方公司出资比例为51%，天河公司出资比例为49%。南方公司对南天公司的投资准备长期持有，采用成本法核算，发生的有关业务如下。

1．2022年1月10日，南天公司收到股东出资款12 000 000元，其中，南方公司以银行存款出资6 120 000元。

2．2023年5月6日，南天公司宣告分配2022年度现金股利1 000 000元。

3．2023年6月12日，南方公司收到南天公司分派的现金股利1 000 000元，款项通过银行收讫。

4．2024年5月7日，南天公司宣告分配2023年度现金股利2 000 000元。

5．2024年6月20日，南方公司收到南天公司分派的现金股利2 000 000元，款项通过银行收讫。

6．2024年12月10日，南方公司将持有的南天公司股份全部转让给珠江公司，转让金额为6 300 000元，款项通过银行收讫。

要求：根据上述资料，编写南方公司相关的会计分录。

三、2023年1月3日，天河公司在证券市场购入B公司股票，准备长期持有，采用权益法核算，发生有关业务如下。

1．2023年1月3日以证券专户存款9 500 000元购入B公司股票400万股，每股面值1元，占B公司发行在外股份的20%。已知2022年12月31日B公司所有者权益的公允价值总额为40 000 000元。

2．2023年B公司实现净利润6 000 000元。

3．2024年3月2日，B公司宣告发放现金股利3 000 000元。

4．2024年4月8日，天河公司收到B公司发放的现金股利。

5. 2024 年 B 公司实现净利润 8 000 000 元。

6. 2025 年 3 月 10 日，B 公司宣告发放现金股利 4 000 000 元。

7. 2025 年 4 月 13 日，天河公司收到 B 公司发放的现金股利。

8. 2025 年 6 月 25 日，天河公司出售 B 公司的全部股票，实得价款 11 000 000 元。

要求：根据上述资料编写相关的会计分录。

项目六
固定资产核算

知识目标

　　熟悉企业固定资产的概念、特征、确认条件。

技能目标

　　熟练掌握固定资产的取得、折旧、后续支出、减值、清查、处置业务核算。

素养目标

　　树立规则意识与实事求是的职业素养和职业价值观，培养职业判断能力和制度自信。

 知识导图

固定资产核算
- 固定资产的认知
  - 固定资产的概念与特征
  - 固定资产的确认条件
  - 固定资产分类
- 固定资产的取得
  - 固定资产的初始计量
  - 购入固定资产核算
  - 建造固定资产的核算
- 固定资产折旧的核算
  - 固定资产折旧的概述
  - 固定资产的折旧方法
  - 固定资产折旧的账务处理
- 固定资产的后续支出、减值、清查
  - 固定资产的后续支出
  - 固定资产减值
  - 固定资产清查
- 固定资产处置
  - 固定资产处置概述
  - 固定资产处置核算

 知识准备

　　固定资产核算的主要会计科目包括：固定资产、累计折旧、在建工程、工程物资、固定资产清理、固定资产减值准备。

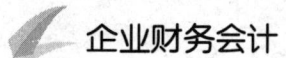

任务一　固定资产的认知

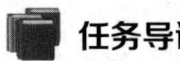 **任务导读**

　　企业的资产种类繁多，规格不一，为了加强管理，便于组织会计核算，有必要对其金额较高、使用寿命较长、为生产商品、提供劳务、出租或经营管理而持有的固定资产进行确认，并对其进行科学、合理的分类。

一、固定资产的概念与特征

（一）固定资产的概念

　　固定资产，是指企业为生产产品、提供劳务、出租或经营管理而持有的、使用寿命超过一年的有形资产。企业的固定资产包括建筑物、运输工具、设备、其他工具等。

（二）固定资产的特征

　　从固定资产的定义看，固定资产具有以下三个特征。

　　（1）固定资产是企业为了生产商品、提供劳务、出租或经营管理而持有。

　　（2）固定资产的使用寿命超过一个会计年度。

　　（3）固定资产为有形资产。

二、固定资产的确认条件

　　固定资产同时满足下列条件的，才能予以确认。

　　（1）与该固定资产有关的经济利益很可能流入企业。

　　（2）该固定资产的成本能够可靠地计量。

　　固定资产满足下列条件之一的，应当予以终止确认。

　　（1）该固定资产处于处置状态。

　　（2）该固定资产预期通过使用或处置不能产生经济利益。

三、固定资产分类

　　按经济用途分类，分为生产经营用固定资产和非生产经营用固定资产。

　　按使用情况分类，分为在用固定资产、未使用固定资产和不需用固定资产。

　　按所有权情况分类，分为自有固定资产和租入固定资产。租入固定资产又分为经营租入固定资产和融资租入固定资产。

　　按实物形态分类，分为房屋及建筑物、机器设备、电子设备、运输设备和其他设备。

知识拓展

固定资产分类综合分类

《企业所得税法》对固定资产的分类

知识测试

一、单选题

1. 下列不属于企业固定资产的特征是（　　）。

A. 固定资产是为了生产商品、提供劳务、出租或经营管理而持有的

B. 固定资产的使用寿命超过一个会计年度

C. 固定资产为有形资产

D. 固定资产为无形资产

2. 下列不属于固定资产的是（　　）。

A. 厂房　　　　　　　B. 机器设备　　　　　　C. 产品　　　　　　D. 电脑

3. 企业将固定资产分为生产经营用固定资产和非生产经营用固定资产是根据（　　）来分类的。

A. 经济用途　　　　　B. 使用情况　　　　　　C. 综合　　　　　　D. 金额

4. 多余或不适用，需要调配处理的各种固定资产是（　　）。

A. 不需用的固定资产　　　　　　　　　B. 非生产经营用固定资产

C. 使用中的固定资产　　　　　　　　　D. 未使用的固定资产

5. 直接服务于小企业生产、经营过程的各种固定资产是（　　）。

A. 经济用途　　　　　　　　　　　　　B. 非生产经营用固定资产

C. 使用中的固定资产　　　　　　　　　D. 未使用的固定资产

二、多选题

1. 企业的固定资产包括（　　）。

A. 房屋　　　　　　　B. 运输工具　　　　　　C. 设备　　　　　　D. 器具

2. 属于固定资产特征的是（　　）。

A. 固定资产具有实物特征

B. 企业使用固定资产的期限较长，使用寿命一般超过一个会计年度

C. 企业持有固定资产的目的是生产商品、提供劳务、出租或经营管理

D. 企业使用固定资产的期限较长，使用寿命一般超过半年

3. 按使用情况分类，可以将固定资产分为（　　）。

A. 生产经营用固定资产　　　　　　　　B. 不需用固定资产

C. 使用中的固定资产　　　　　　　　　D. 未使用的固定资产

4. 按经济用途分类，可以将固定资产分为（　　）。

A. 生产经营用固定资产　　　　　　　　B. 非生产经营用固定资产

C. 使用中的固定资产　　　　　　　　　D. 未使用的固定资产

5. 固定资产分类有（　　）划分标准。

A. 生产经营　　　　　B. 使用情况　　　　　　C. 所有权情况　　　　D. 实物形态

三、判断题

1. 固定资产是指小企业为生产产品、提供劳务、出租或经营管理而持有的、使用寿命

超过 1 年的有形资产。   （   ）

2. 按使用情况分类，可以将固定资产分为生产经营用固定资产和非生产经营用固定资产。   （   ）

3. 以经营租赁方式出租的固定资产不属于企业固定资产。   （   ）

4. 企业对融资租入的固定资产虽然不拥有所有权，但能对其进行控制，故应将其视同自有固定资产核算。   （   ）

5. 企业购置的环保设备和安全设备等资产，由于它们的使用不能直接为企业带来经济利益，所以企业不应将其确认为固定资产。   （   ）

任务二　固定资产的取得

任务导读

企业进行生产经营都离不开生产设备，这是企业赖以生存的主要资产。例如房屋、建筑物、机器、机械、运输工具及其他与生产经营活动有关的设备、器具、工具等都属于企业的固定资产。

一、固定资产的初始计量

（一）固定资产应当按照成本进行初始计量

固定资产的初始计量是指确定固定资产的取得成本，固定资产应当按照成本进行初始计量。

成本包括企业为了构建某项固定资产达到预定可使用的状态前所发生的一切合理的、必要的支出。在实务中，企业取得固定资产的方式是多种多样的，包括外购、自行建造、投资者投入及融资租入等，取得的方式不同，其成本的具体构成内容及确定方法也不尽相同。

（二）不同方式取得固定资产的初始计量

1. 外购固定资产的成本

外购固定资产的成本，包括购买价款、相关税费、运输费、装卸费、保险费、安装费等，但不包含按税费规定可以抵扣的增值税进项税额。

2. 自行构建固定资产的成本

自行构建固定资产的成本，是由建造该固定资产在竣工决算前发生的支出（含其相关的借款费用）构成。包括工程物资成本、人工成本、缴纳相关的税费、应予资本化的借款费用及应分摊的间接费用等。

3. 其他方式取得固定资产的成本

企业取得固定资产的其他方式主要是投资者投入、融资租入、盘盈固定资产等。

（1）投资者投入固定资产的成本

投资者投入固定资产的成本，应当按评估价值和相关的税费确定。会计核算时，企业在办理固定资产移交手续之后，投资合同或协议约定的价值作为固定资产的入账价值，但合同或协议约定的价值不公允除外。

（2）融资租入的固定资产成本

融资租入的固定资产成本，应当按照租赁合同约定的付款总额和签订租赁合同的过程中发生的相关税费等确定。

（3）盘盈固定资产的成本

盘盈固定资产的成本，应当按照合同，或者类似固定资产的市场价格或评估价值，扣除按照该项固定资产的新旧程度估计折旧后的余额确定。

二、购入固定资产核算

（一）科目设置

企业在购入固定资产的会计核算中，应设置"固定资产""在建工程"科目。

"固定资产"科目：属于资产类科目，核算企业所有固定资产的原始价值，以及固定资产的增减变动及结存情况。本科目按固定资产类别（按税法归类）和项目进行明细核算。

"在建工程"科目：属于资产类科目，核算企业为建造或修理固定资产而进行的各项建筑工程、安装工程，包括固定资产新建工程、改扩建工程、大修理工程等所发生的实际支出，以及改扩建工程等转入的固定资产净值。本科目应按工程项目进行明细核算。

（二）外购固定资产的成本核算

外购固定资产的成本，包括购买价款、相关税费、运输费、装卸费、保险费、安装费等，但不包含按税费规定可以抵扣的增值税进项税额。

外购固定资产是否达到预定可使用的状态，需要根据具体的情况进行判断。如果购入不需要安装的固定资产，购入后即可发挥作用，因此，购入后即可达到预定使用的状态。如果购入需要安装的固定资产，只有安装调试后达到设计要求或合同规定的标准，该项固定资产才可以发挥作用，达到预定使用的状态。

（三）外购动产的固定资产账务处理

企业外购动产的固定资产分为不需要安装的动产固定资产和需要安装动产的固定资产两种情况。

1. 外购不需要安装的动产固定资产的账务处理

不需要安装的动产固定资产，应当按照实际支付的购买价款、相关的税费（不包含按税法规定可以抵扣的增值税进项税额）、运输费、装卸费、保险费等，借记"固定资产"科目，按照税法规定可以抵扣的增值税进项税额，借记"应交税费——应交增值税（进项税额）"科目，贷记"银行存款""应付票据""其他应付款"等科目。

【业务 6-1】 2024 年 9 月 1 日，富力机械制造厂向广州市顺风设备公司购入一台不需要安装的生产设备机床，增值税专用发票注明设备价款为 120 000 元，增值税为 15 600 元，款项未付，设备已经运到并交付使用（假设不考虑其他相关的税费）。

账务处理如下：

借：固定资产——生产设备（机床） 120 000

应交税费——应交增值税（进项税额） 15 600

贷：应付账款——广州市顺风设备公司 135 600

在实务中，企业可以以一笔款项购入多项没有单独标价的固定资产。如果这些资产均符合固定资产的定义，并满足固定资产的确定条件，则应当按照各项固定资产公允价值比例对总成本进行分配，分别确定各项固定资产的成本。

【业务 6-2】 2024 年 9 月 2 日，富力机械制造厂为一般纳税人的企业，为降低采购成本，向北江机械厂一次性购进三架不同型号的不需要安装的生产机床 A 型、B 型和 C 型，增值税专用发票注明设备价款是 480 000 元，增值税为 62 400 元，同时支付包装费 20 000 元，增值税专用发票注明税率为 6%，增值税为 1 200 元。以银行存款共计支付价款 563 600 元，三架设备的公允价值分别为 144 000 元、240 000 元、96 000 元（假设不考虑其他相关的税费）。

确定记入固定资产成本的金额，计算如下：

三架设备的总成本为：480 000 + 20 000 = 500 000（元）

确定三架设备成本的分配比例，计算如下：

A 设备的比例 = 144 000 ÷ 480 000 = 30%

B 设备的比例 = 240 000 ÷ 480 000 = 50%

C 设备的比例 = 96 000 ÷ 480 000 = 20%

确定三架设备的入账价值，计算如下：

A 设备的入账价值 = 500 000 × 30% = 150 000（元）

B 设备的入账价值 = 500 000 × 50% = 250 000（元）

C 设备的入账价值 = 500 000 × 20% = 100 000（元）

账务处理如下：

借：固定资产——机器设备（机床 A） 150 000

——机器设备（机床 B） 250 000

——机器设备（机床 C） 100 000

应交税费——应交增值税（进项税额） 63 600

贷：银行存款 563 600

2. 外购需要安装的动产固定资产的账务处理

需要安装的动产固定资产，取得的成本应该加上安装费用等。安装固定资产的成本金额，先记入"在建工程"科目，安装完毕交付使用时再转入"固定资产"科目。

【业务 6-3】 2024 年 9 月 3 日，富力机械制造厂购入一台需要安装的生产设备机电，增值税专用发票注明设备价款为 200 000 元，增值税为 26 000 元，运输费用 3 000 元，增值税专用发票注明增值税为 270 元，款项已用银行存款付清，设备已经运到并且进行安装。2024 年 9 月 5 日，安装设备时，支付设备安装费用 3 000 元，增值税专用发票上注明增值税税额为 270 元，款项已用银行存款付清。账务处理如下：

① 支付设备价款增值税、运输费时：

借：在建工程——生产设备（机电）　　　　　　　　203 000
　　应交税费——应交增值税（进项税额）　　　　　 26 270
　　　贷：银行存款　　　　　　　　　　　　　　　　　　　　 229 270

② 支付安装工人工资等费用时：

借：在建工程——生产设备（机电）　　　　　　　　　 3 000
　　应交税费——应交增值税（进项税额）　　　　　　　 270
　　　贷：银行存款　　　　　　　　　　　　　　　　　　　　　 3 270

③ 设备安装完毕达到预定可使用状态，固定资产的入账价值为：

借：固定资产——生产设备（机电）　　　　　　　　206 000
　　　贷：在建工程——生产设备（机电）　　　　　　　　　 206 000

3. 外购不动产的固定资产账务处理

当企业购进的固定资产是不动产时，借记"固定资产"科目，同时借记"应交税费——应交增值税（进项税额），贷记"银行存款""应付票据""其他应付款"等科目。

【业务 6-4】 2024 年 9 月 4 日，富力机械制造厂购入一栋商业楼作为厂房交付使用，增值税专用发票注明价款为 10 000 000 元，增值税为 900 000 元，其他税费合计 355 000 元。款项已用银行存款付清。账务处理如下：

借：固定资产——房屋建筑物（厂房）　　　　　　 10 355 000
　　应交税费——应交增值税（进项税额）　　　　　　 900 000
　　　贷：银行存款　　　　　　　　　　　　　　　　　　　 11 255 000

三、建造固定资产的核算

（一）自行建造固定资产概述

自行建造固定资产，是指企业利用自己的力量自营建造或出包给他人建造的固定资产。其中，采用出包方式建造固定资产，企业要与建造承包商签订建造合同。企业的新建、改建、扩建等建设项目，通常均采用出包方式。实务中，企业较少采用自营方式建造固定资产，多数情况下采用出包方式。

自行建造固定资产的成本，由建造该项固定资产在竣工决算前发生的支出（含其相关的借款费用）构成。包括工程物资成本、人工成本、缴纳的相关税费、应予资本化的借款费用及应分摊的间接费用等。

企业自行建造固定资产包括自营和出包两种方式。无论采用何种方式，所建工程都应该按照实际发生的支出确定其工程成本并单独核算。

（二）科目设置

企业在自行建造固定资产的会计核算中，应设置"工程物资"科目。

"工程物资"科目属于资产类科目，核算企业为在建工程准备的各种物资的价值，包括工程用材料、尚未安装的设备及为生产准备的工具等。本科目应按工程物资的存放地点、类别、品种进行明细核算。

（三）自营方式建造固定资产核算

1. 自营方式建造固定资产的成本核算

企业以自营方式建造固定资产，是指企业自行组织工程物资采购、自行组织施工人员从事工程施工完成固定资产建造。其成本应当按照直接材料、直接人工、直接机械施工费用等计量。

企业为建造固定资产准备的各种物资应当按照实际支付的买价、运输费、保险费等相关税费作为实际成本，并按照各种专项物资的种类进行明细核算。工程完工后，剩余的工程物资转为企业存货的，按实际成本或计划成本进行结转。在建设期间领用工程物资、原材料或库存商品，应按其实际成本转入所建工程成本。自营方式建造固定资产应负担的职工薪酬、辅助生产部门为之提供水、电、修理、运输等劳务，以及其他必要支出等也应记入所建工程项目的成本。

2. 自营方式建造固定资产的账务处理

企业自营方式建造的固定资产，按照建造该项固定资产达到预定可使用状态前所发生的必要支出，借记"在建工程"科目，贷记"银行存款""原材料""应付职工薪酬——工资"科目。自营工程领用工程物资原材料或本企业生产的产品时，借记"在建工程"科目，贷记"工程物资""原材料""库存商品"等科目；工程到达可使用状态交付使用时，借记"固定资产"科目，贷记"在建工程"科目。

【业务 6-5】 2024 年，东方食品加工厂准备自行建造一座仓库。发生了下列业务：

（1）9 月 6 日购入一批工程物资，价款为 200 000，增值税税额为 26 000 元，款项以银行存款支付，工程物资全部用于仓库的建造工程。

（2）9 月 7 日，开工时，领用工程物资 2 000 000 元。

（3）9 月 15 日支付工程人员工资 100 000 元。

（4）10 月 20 日用银行存款支付安装费 10 000 元，增值税专用发票上注明增值税税额为 900 元。

（5）11 月 30 日，工程竣工决算并交付使用。

账务处理如下：

① 9 月 6 日，购入工程物资时：

借：工程物资——专用材料	200 000
应交税费——应交增值税（进项税额）	26 000
贷：银行存款	226 000

② 9 月 7 日，工程物资领用时：

借：在建工程——仓库工程	200 000
贷：工程物资——专用材料	200 000

③ 9 月 15 日，支付工人工程工资时：

借：在建工程——仓库工程	100 000
贷：应付职工薪酬——工资	100 000

④ 10 月 20 日，支付安装费时：

借：在建工程——仓库工程	10 000
应交税费——应交增值税（进项税额）	900

贷：银行存款　　　　　　　　　　　　　　　　　　　　10 900

⑤ 11 月 30 日，工程达到竣工决算并交付使用时：

借：固定资产——房屋建筑物（仓库）　　　　　　　　310 000

　　贷：在建工程——仓库工程　　　　　　　　　　　　　　310 000

（四）出包方式建造固定资产

1. 出包方式建造固定资产的成本核算

　　企业以出包方式建造固定资产，其成本由建造该项固定资产达到预定可使用的状态前所发生的必要支出构成，包括发生的建造工程支出、安装工程支出及需要分摊记入各固定资产价值的待摊支出。建筑工程、安装工程支出，如人工费用、材料费用、机械使用费用等由建造承包商核对。对于发包企业而言，建筑工程的支出、安装工程支出是构成在建工程成本的重要内容，结算的工程价款记入在建工程成本。

2. 出包方式建造固定资产的账务处理

　　企业通过出包工程方式建造的固定资产，按支付给承包建设商的工程款作为该项固定资产的成本，支付工程款时，借记"在建工程""应交税费——应交增值税（进项税额）"科目，贷记"银行存款"科目；工程达到预定可使用状态交付使用时，借记"固定资产"科目，贷记"在建工程"科目。

　　在实务中，如果企业方先预付工程款且没有取得增值税专用发票时，通过"预付账款"科目核算，借记"预付账款"科目，贷记"银行存款"等科目。支付工程款并取得增值税专用发票时，借记"在建工程""应交税费——应交增值税（进项税额）"等科目，贷记"预付账款""银行存款"等科目。

　　【业务 6-6】 2024 年 9 月 12 日，富力机械制造厂将一座仓库工程承包给广州市第三建筑公司。按规定工程总价款为 400 000 元，首付工程款为 80%，收到承包方开具的增值税专用发票，注明工程款 320 000 元，增值税率为 9%，增值税额为 28 800 元，以银行存款转账支付。2024 年 11 月 13 日，工程达到预定可使用状态并交付使用，富力机械制造厂以银行存款转账支付剩余 20% 的工程款，收到承包方开具的增值税专用发票，注明工程款 80 000 元，增值税率为 9%，增值税额为 7 200 元。账务处理如下：

① 支付第一期的工程款时：

借：在建工程——仓库工程　　　　　　　　　　　　　320 000

　　应交税费——应交增值税（进项税额）　　　　　　　28 800

　　　　贷：银行存款　　　　　　　　　　　　　　　　　　348 800

② 工程完工后支付第二期的工程款时：

借：在建工程——仓库工程　　　　　　　　　　　　　　80 000

　　应交税费——应交增值税（进项税额）　　　　　　　　7 200

　　　　贷：银行存款　　　　　　　　　　　　　　　　　　　87 200

③ 工程达到竣工决算并交付使用时：

借：固定资产——房屋建筑物（仓库）　　　　　　　　400 000

　　贷：在建工程——仓库工程　　　　　　　　　　　　　　400 000

素养天地

"在建工程"是上市公司操纵利润和财务造假的温床

"在建工程"科目是上市公司资产负债表中非常重要的科目，尤其是在资产比较重的制造型企业中。"在建工程"科目有三个特点，一是会计准则允许一部分费用项目通过在建工程进行资本化，有一些建设施工过程中发生的零星支出，符合条件的可以一并记入在建工程；二是和固定资产相比，在建工程最大的特点是未达到使用状态，因此不需要计提折旧；三是在建工程不容易审计和量化，很多时候上市公司拍脑袋就可以决定进度。基于以上三个特点，在建工程就成了上市公司进行利润调节甚至财务造假的温床。像一些臭名昭著的财务造假企业都有通过在建工程来进行财务造假的行为，比如万福生科、抚顺特钢、康美药业、凯迪生态、尔康制药等，这些企业最大的特点就是直接虚构在建工程或故意虚增投资额度。作为有社会责任感的上市公司应以诚信为先，自觉抵制财务造假，尤其是在"在建工程"的账务处理上更应该严格按照会计准则处理，杜绝弄虚造假。

（来源：鹏飞价值研究所）

知识测试

一、单选题

1. 企业外购固定资产的成本，不包括（   ）。

A. 运输费   B. 购买价款

C. 装卸费   D. 可以抵扣的增值税进项税额

2. 企业外购需要安装的固定资产，在安装完毕后交付使用时将该资产价值转入（   ）科目。

A."固定资产"   B."生产成本"   C."在建工程"   D."制造费用"

3. 企业外购需要安装的固定资产，取得的成本应加上安装费用等，先通过（   ）科目，安装完毕交付使用时再转入"固定资产"科目。

A."管理费用"   B."生产成本"   C."在建工程"   D."制造费用"

4. 企业自营方式建造的固定资产，按照建造该项固定资产达到预定可使用状态前所发生的必要支出，借记（   ）科目，贷记"银行存款""原材料""应付职工薪酬——工资"等科目。

A."在建工程"   B."生产成本"   C."管理费用"   D."制造费用"

5. 企业通过出包工程方式建造的固定资产，按支付给承包建设商的工程款作为该项固定资产的成本，预付工程款时，借记（   ）科目，贷记"银行存款"科目。

A."应付账款"   B."预付账款"   C."预收账款"   D."应收账款"

二、多选题

1. 企业取得固定资产的方式主要是（   ）。

A. 外购   B. 自行建造   C. 投资者投入   D. 融资租入

2．企业外购不需要固定资产的成本，包括（　　　）。

A．购买价款　　　　　B．装卸费　　　　　C．保险费　　　　　D．运输费

3．外购不需要安装的固定资产，需要设置的科目是（　　　）。

A．"固定资产"　　　B．"应交税费"　　　C．"银行存款"　　　D．"在建工程"

4．"在建工程"科目可按（　　　）进行明细核算。

A．建筑工程　　　　　B．安装工程　　　　C．在安装设备　　　D．单项工程

5．自行建造的固定资产方式包括（　　　）。

A．自营建造　　　　　　　　　　　　　B．外购需要安装的固定资产

C．出包建造　　　　　　　　　　　　　D．投资者投入固定资产

三、判断题

1．企业取得固定资产的其他方式主要是投资者投入、融资租入、盘盈固定资产等。

（　　　）

2．外购固定资产的成本，包括购买价款、相关税费、运输费、装卸费、保险费、安装费等，但也包含按税费规定可以抵扣的增值税进项税额。　　　　　　　　　　（　　　）

3．不需要安装的固定资产，应当按照实际支付的购买价款、相关的税费（不包含按税法规定可以抵扣的增值税进项税额）、运输费、装卸费、保险费等，借记"固定资产"科目，按照税法规定可以抵扣的增值税进项税额，借记"应交税费——应交增值税（进项税额）"科目，贷记"银行存款"科目。　　　　　　　　　　　　　　　　　　　　　（　　　）

4．企业以出包方式建造固定资产，其成本由建造该项固定资产达到预定可使用的状态前所发生的必要支出构成，包括发生的建造工程支出、安装工程支出及需要分摊记入各固定资产价值的待摊支出。建筑工程、安装工程支出，如人工费用、材料费用、机械使用费用等由建造承包商核对。　　　　　　　　　　　　　　　　　　　　　　　（　　　）

5．按规定预付的工程价款通过"预付账款"科目核算。　　　　　　　　　（　　　）

任务三　固定资产折旧的核算

任务导读

　　企业的固定资产可以长期参加生产经营而仍保持其原有的实物形态，但其价值将随着固定资产的使用而逐渐转移到生产的产品成本中，或者构成企业的费用。固定资产折旧，即是对固定资产由于磨损和损耗而转移到产品成本或构成企业费用的那一部分价值的补偿。企业可以选择年限平均法、工作量法、双倍余额递减法、年限总和法等，计提固定资产折旧。

一、固定资产折旧的概述

　　固定资产折旧，是指在固定资产的使用寿命内，按照确定的方法对折旧额进行的系统分摊。固定资产在使用过程中由于磨损和损耗，以折旧的形式转移到产品成本或费用中，

并从企业营业收入中得到补偿。企业应当根据固定资产的性质和使用情况，并考虑法律的规定，合理确定固定资产的使用寿命和预计净残值。固定资产的使用寿命、预计净残值一经确定，不得随意变更。

（一）影响固定资产折旧的因素

影响固定资产折旧的因素主要有以下几方面。

● 固定资产的原值，是指固定资产的成本。

● 预计净残值，是指假定固定资产预计使用寿命已满，企业从该项固定资产处置中获扣除预计处置费用后的净额。

● 固定资产的使用年限，是指企业使用固定资产的预计期间，或者该固定资产所生产的产品提供劳务的数量。企业确定固定资产的使用寿命时，应考虑以下因素：

（1）预计生产实力或实物产量；

（2）预计有形损耗或无形损耗；

（3）法律或类似的规定对资产使用的限制。

● 折旧方法，是指固定资产对应折旧成本在各使用期间进行分配的方法。

（二）固定资产的折旧范围

企业应当对所属的固定资产进行计提折旧（已计提折旧继续使用的固定资产除外）。因此，确定固定资产折旧的范围，一是要从空间范围确定哪些固定资产应计提折旧，哪些固定资产不应计提折旧；二是从时间范围确定应计提固定资产什么时候开始计提，什么时候停止计提。

1. 空间范围

除以下情况外，企业应该对所有的固定资产计提折旧：

（1）已计提足的折旧继续使用的固定资产；

（2）按照规定单独估价作为固定资产入账的土地。

2. 时间范围

企业在实际工作中，应当按月来计提折旧，并根据用途记入相关的资产成本或当期损益。

（1）当月增加的固定资产，当月不计提折旧，从下月开始计提折旧；当月减少的固定资产，当月需要计提折旧，从下月起不计提折旧。

（2）固定资产提足折旧后，不论能否继续使用，均不再计提折旧，提前报废的固定资产也不再不足计提折旧。所谓的提足折旧是指已经提足该项固定资产的应计提折旧额。

（3）已达到预定可使用状态但尚未办理竣工决算的固定资产，应当按照估计价值确定其成本，并计提折旧；待办理竣工决算后再按实际成本调整原来的暂估价值，但不需要调整原来已计提的折旧额。

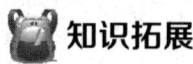 **知识拓展**

固定资产折旧时应该注意的事项

二、固定资产的折旧方法

企业应根据与固定资产有关的经济利益的预期实现方式合理选择折旧的方法。企业可以按照年限平均法计提折旧，也可以根据技术进步等原因，确需加速折旧的，可以采用双倍余额递减法和年数总和法。企业选用不同的固定资产折旧方法，将影响固定资产使用寿命期间内不同时期的折旧费用，因此，固定资产的折旧方法一经确定，不得随意变更。

（一）年限平均法

年限平均法又称直线法，是最简单并且常用的一种方法。此方法是以固定资产的原值减去预计净残值除以预计使用年限，得出每年的折旧费用。

年折旧额的计算公式如下：

$$年折旧额=\frac{固定资产原值-净残值}{预计使用年限}$$

年折旧率的计算公式如下：

$$年折旧率=\frac{年折旧额}{固定资产原值}\times100\%$$

【业务 6-7】　沿用【业务 6-1】资料，2024 年 9 月 1 日，富力机械制造厂购入的一台不需要安装的设备，原值是 120 000 元，预计净残值 20 000 元，预计使用年限为 10 年。采用平均年限法计算年折旧额、年折旧率。

① 计算年折旧额：

$$年折旧额 =（固定资产原值 - 净残值）÷预计使用年限$$
$$=（120\,000 - 20\,000）÷10$$
$$=10\,000（元）$$

② 计算年折旧率：

$$年折旧率 = 年折旧额÷固定资产原值 × 100\%$$
$$=10\,000÷120\,000×100\%$$
$$=8.33\%$$

（二）工作量法

工作量法，是根据实际工作量计提固定资产折旧额的一种方法。

单位工作量折旧额的计算公式如下：

$$单位工作量折旧额 = 固定资产原价×\frac{1-预计净残值率}{预计总工作量}$$

某项固定资产月折旧额的计算公式如下：

$$某项固定资产月折旧额 = 该项固定资产当月工作量×单位工作量折旧额$$

【业务 6-8】　2024 年 9 月 28 日，怡芳服装厂购入一台生产设备，原值是 200 000 元，预计寿命期内生产产品产量为 95 000 件，预计净残值率为 5%，本月生产产品 1 000 件。

① 计算单位工作量折旧额：

$$单位工作量折旧额 = 固定资产原价 \times \frac{1-预计净残值率}{预计总工作量}$$

$$= 200\,000 \times \frac{1-5\%}{95\,000}$$

$$= 2（元/件）$$

② 计算该项固定资产月折旧额：

$$该项固定资产月折旧额 = 该项固定资产当月工作量 \times 单位工作量折旧额$$

$$= 2 \times 1\,000$$

$$= 2\,000（元）$$

（三）双倍余额递减法

双倍余额递减法，是指在不考虑固定资产预计净残值的情况下，根据每期期初固定资产原价减去累计折旧后的金额（即固定资产净值）和双倍的直线法折旧率计算固定资产折旧的一种方法。

年折旧率的计算公式如下：

$$年折旧率 = \frac{2}{预计使用年限} \times 100\%$$

月折旧率的计算公式如下：

$$月折旧率 = \frac{年折旧率}{12}$$

值得注意的是应用这种方法计算折旧额时由于每年年初固定资产净值没有扣除预计净残值，所以在计算固定资产折旧额时，应在其折旧年限到期前两年内，将固定资产的净值扣除预计净残值后的余额平均摊销。

【业务 6-9】 2024 年 10 月 15 日，宏光机械制造厂购入一辆卡车，原值是 200 000 元，预计净残值率 10%，预计使用年限为 5 年。如果采用双倍余额递减法计算折旧。每年折旧的计算如表 6-1 所示。

① 计算净残值：

$$净残值 = 固定资产原值 \times 净残值率$$

$$= 200\,000 \times 10\%$$

$$= 20\,000（元）$$

② 计算最后两年的固定资产平均摊销折旧额：

$$最后两年的平均摊销折旧额 = （最后两年的年末账面净值 - 净残值）\div 2$$

$$= （43\,200 - 20\,000）\div 2$$

$$= 11\,600（元）$$

表 6-1　固定资产折旧计算表（双倍余额递减法）　　　　　　　单位：元

年　　数	年初账面净值	年折旧率	年折旧额	年末账面净值
第 1 年	200 000	2/5	80 000	120 000
第 2 年	120 000	2/5	48 000	72 000
第 3 年	72 000	2/5	28 800	43 200
第 4 年	43 200	—	11 600	31 600
第 5 年	31 600	—	11 600	20 000

（四）年限总和法

年数总和法，又称年限合计法，是将固定资产的原价减去预计净残值的余额乘以一个固定资产尚可使用寿命为分子、以预计使用寿命逐年数字之和为分母的逐年递减的分数计算每年的折旧额。

年折旧率的计算公式如下：

$$年折旧率 = \frac{尚可使用年限}{预计使用年限的年数总和} \times 100\%$$

年折旧额的计算公式如下：

$$年折旧额 = (固定资产原价 - 预计净残值) \times 年折旧率$$

【业务 6-10】 2024 年 10 月 19 日，高裕机械制造厂购入一辆运货车，原值是 300 000元，预计净残值率 10%，预计使用年限为 5 年。如果采用年数总和法计算折旧。每年折旧的计算如表 6-2 所示。

① 计算净残值：

$$净残值 = 固定资产原值 \times 净残值率$$
$$= 300\ 000 \times 10\%$$
$$= 30\ 000（元）$$

② 计算总折旧额：

$$总折旧额 = 固定资产原值 - 净残值$$
$$= 300\ 000 - 30\ 000$$
$$= 270\ 000（元）$$

表 6-2　固定资产折旧计算表（年数总和法）　　　　　　　单位：元

年　数	总折旧额	年折旧率	每年折旧额	累计折旧额
第 1 年	270 000	5/15	90 000	90 000
第 2 年	270 000	4/15	72 000	162 000
第 3 年	270 000	3/15	54 000	216 000
第 4 年	270 000	2/15	36 000	252 000
第 5 年	270 000	1/15	18 000	270 000

三、固定资产折旧的账务处理

固定资产应当按月计提折旧，通过"累计折旧"科目核算，并根据用途记入相关资产的成本或当期损益。基本生产车间所使用的固定资产，其计提的折旧应记入"制造费用"科目。管理部门所使用的固定资产，其计提折旧应记入"管理费用"科目。销售部门所使用的固定资产，其计提折旧应记入"销售费用"科目。

【业务 6-11】 2024 年 9 月，富力机械制造厂固定资产计提折旧额 100 000 元，其中，房屋、建筑物计提折旧额 44 000 元，生产设备折旧额 36 000 元，运输工具折旧额 6 000 元，器具、工具、家具折旧额 4 000 元，电子设备折旧额 10 000 元。具体固定资产折旧计算分配如表 6-3 所示。

表6-3　固定资产折旧计算分配表　　　　　　　　　　单位：元

使用部门	账户名称	金　额
生产车间	制造费用	80 000
管理部门	管理费用	15 000
销售部门	销售费用	5 000
合　计		100 000

账户处理如下：

借：制造费用——折旧费　　　　　　　　　　　　　80 000

　　管理费用——折旧费　　　　　　　　　　　　　15 000

　　销售费用——折旧费　　　　　　　　　　　　　 5 000

　　贷：累计折旧——房屋、建筑物　　　　　　　　44 000

　　　　　　　　——生产设备　　　　　　　　　　36 000

　　　　　　　　——运输工具　　　　　　　　　　 6 000

　　　　　　　　——器具、工具、家具　　　　　　 4 000

　　　　　　　　——电子设备　　　　　　　　　　10 000

 **素养天地**

固定资产折旧优惠政策溯源

《财政部 国家税务总局关于完善固定资产加速折旧企业所得税政策的通知》（财税〔2014〕75号）

《财政部 国家税务总局关于进一步完善固定资产加速折旧企业所得税政策的通知》（财税〔2015〕106号）

《财政部 国家税务总局关于扩大固定资产加速折旧优惠政策适用范围的公告》（财税〔2019〕66号）

《财政部 国家税务总局关于延长部分税收优惠政策执行期限的公告》（财税〔2021〕6号）

《财政部 国家税务总局关于设备、器具扣除有关企业所得税政策的公告》（财税〔2023〕37号）

📶 知识测试

一、单选题

1. 影响企业固定资产折旧的因素不包括（　　）方面。

A．固定资产的原价　　　　　　　　B．预计净残值

C．使用寿命　　　　　　　　　　　D．预计意外事故

2. 企业的固定资产应当按月计提折旧，计提折旧应通过"累计折旧"科目核算，并根据用途计提相关资产的成本或当期损益，以下说法不正确是（　　）。

A．企业自行建造固定资产过程中使用的固定资产，计提的折旧应记入"在建工程"

科目

　　B．企业基本生产车间所使用的固定资产，其计提的折旧应记入"制造费用"科目

　　C．管理部门所使用的固定资产，其计提折旧应记入"管理费用"科目

　　D．经营租出的固定资产，其应计提的折旧额应记入"其他业务支出"科目

　　3．关于固定资产的使用寿命、预计净残值和折旧方法，下列说法中正确的是（　　　）。

　　A．使用寿命预计数与原先估计数有差异的，应当调整固定资产的使用寿命和折旧方法

　　B．预计净残值与原先估计数有差异的，应当调整固定资产的使用寿命和折旧方法

　　C．与固定资产有关的经济利益预期实现方式有重大改变的，应当调整预计净残值

　　D．与固定资产有关的经济利益预期实现方式有重大改变的，应当改变固定资产折旧方法

　　4．下列固定资产中，应计提折旧的是（　　　）。

　　A．未提足折旧提前报废的房屋　　　　　　B．以融资租赁方式租入的设备

　　C．已提足折旧继续使用的房屋　　　　　　D．经营租赁租入的房屋

　　5．长江公司某生产设备的账面原价为 43 000 元，预计使用年限为 5 年，预计净残值为 3 000 元，按年数总和法计提折旧。该设备在第 3 年应计提的折旧额为（　　　）元。

　　A．8 600　　　　　B．8 000　　　　　C．10 000　　　　　D．5 300

二、多选题

　　1．影响企业固定资产折旧的因素主要包括（　　　）方面。

　　A．固定资产的入账价值　　　　　　　　　B．预计净残值

　　C．预计意外事故　　　　　　　　　　　　D．使用寿命

　　2．企业确定固定资产的使用寿命时，应当考虑（　　　）因素。

　　A．预计生产实力或实物产量

　　B．预计有形损耗

　　C．预计无形损耗

　　D．法律或类似的规定对资产使用的限制

　　3．除了（　　　）情况，企业应该对所有的固定资产计提折旧。

　　A．按照规定单独估价作为固定资产入账的土地

　　B．以融资租入方式租入固定资产

　　C．已计提折旧继续使用的固定资产

　　D．正常使用的固定资产

　　4．企业在计提固定资产折旧时的折旧方法有（　　　）。

　　A．年限平均法　　　　　　　　　　　　　B．工作量法

　　C．双倍余额递减法　　　　　　　　　　　D．年数总和法

　　5．企业的固定资产由于技术进步等原因，确需加速折旧的，可以采用（　　　）折旧方法。

　　A．年限平均法　　　　　　　　　　　　　B．工作量法

　　C．双倍余额递减法　　　　　　　　　　　D．年数总和法

三、判断题

1．固定资产折旧，是指在固定资产的使用寿命内，按照确定的方法对应折旧额进行的系统分摊。 （　　）

2．企业应当根据固定资产的性质和使用情况，并考虑法律的规定，合理确定固定资产的使用寿命和预计净残值。固定资产的使用寿命、预计净残值一经确定，不得随意变更。 （　　）

3．企业确定固定资产的使用寿命时，不应考虑无形损耗因素。 （　　）

4．企业当月增加的固定资产，当月不计提折旧，从下月开始计提折旧；当月减少的固定资产，当月需要计提折旧，下月起不计提折旧。 （　　）

5．企业选用不同的固定资产折旧方法，将影响固定资产使用寿命期间内不同时期的折旧费用，因此，固定资产的折旧方法一经确定，不得随意变更。 （　　）

任务四　固定资产的后续支出、减值、清查

任务导读

企业的固定资产使用过程中发生的日常修理费、大修理费用、改建支出、装修费用等事项，在使用的过程中也发生减值现象，这就要求企业根据实际情况对固定资产后续支出、减值进行相应的账务处理。企业也应定期或至少于每年年末对固定资产进行清查盘点，以保证固定资产核算的真实性，对出现盘盈或盘亏的情况，根据实际情况进行相应的账务处理。

一、固定资产的后续支出

（一）固定资产的后续支出概述

固定资产的后续支出，是指固定资产在使用过程中发生的更新改造支出、修理费用等。固定资产的后续支出通常包括固定资产在使用过程中发生的日常修理费、大修理费用、改建支出、房屋的装修费用等。在发生这些支出时应对支出性质进行分析，确定这些支出是否应记入固定资产成本，并分别采用不同的方法进行核算。

根据《企业会计准则第 4 号——固定资产》的规定，与固定资产有关的后续支出，符合固定资产确认条件的，应当记入固定资产成本；不符合固定资产确认条件的，应当在发生时记入当期损益。前者称为资本化支出，后者称为费用化支出。

（二）固定资产的后续支出核算

1．资本化的后续支出核算

与固定资产有关的后续支出，符合固定资产确认条件的可以在后续支出发生时记入固定资产成本，将发生的固定资产后续支出记入固定资产成本的，应当终止确认被替换部分的账面价值。转销原价、已计提的累计折旧、减值准备，借记"在建工程""累计折旧""固

定资产减值准备"等科目，贷记"固定资产"科目，不动产发生可资本化后续支出，借记"在建工程""应交税费——应交增值税（进项税额）"科目，贷记"银行存款"等科目；动产发生可资本化后续支出，借记"在建工程""应交税费——应交增值税（进项税额）"科目，贷记"银行存款"科目。固定资产完工并达到预定可使用状态，借记"固定资产"科目，贷记"在建工程"科目。

【业务6-12】 2024年9月1日，富力机械制造厂决定将2020年8月建成的办公楼通风设备改为中央空调系统。该办公楼原值为1 000 000元，累计已经计提折旧200 000元，账面价值为800 000元。拆除原通风设备无变价收入；改良工程新发生支出200 000元，增值税专用发票注明税率13%，增值税税额为26 000元；另外支付设备安装费50 000元，增值税专用发票注明税率9%，增值税税额为4 500元。所有款项全部以银行存款支付。2024年12月31日该改良工程达到预定可使用状态，预计使用年限为10年，预计残值率为10%。

账户处理如下：

① 9月1日，转入改良工程时：

借：在建工程——办公楼工程 800 000

累计折旧——房屋、建筑物（办公楼） 200 000

贷：固定资产——房屋、建筑物（办公楼） 1 000 000

② 发生改良支出：

借：在建工程——办公楼工程 200 000

应交税费——应交增值税（进项税额） 26 000

贷：银行存款 226 000

③ 支付设备安装费：

借：在建工程——办公楼工程 50 000

应交税费——应交增值税（进项税额） 4 500

贷：银行存款 54 500

④ 12月31日，改良工程到达预定可使用状态时：

借：固定资产——房屋、建筑物（办公楼） 1 050 000

贷：在建工程——办公楼工程 1 050 000

2. 费用化的后续支出核算

在固定资产的后续支出中，按固定资产确认条件不能记入固定资产价值的部分，应于发生时确认为当期费用，直接记入当期损益。固定资产的大修理、中小修理等维护性支出就属于这种情况。根据固定资产的使用地点和用途，一次性直接记入当期的有关费用，借记"管理费用"等科目，贷记"银行存款"等科目。

【业务6-13】 2024年9月14日，富力机械制造厂办公室有一台电梯需要进行日常维修，以银行存款支付了广州维达维修公司维修费用1 800元，增值税税额234元。

账务处理如下：

借：管理费用——维修费用 1 800

应交税费——应交增值税（进项税额） 234

贷：银行存款 2 034

二、固定资产减值

（一）固定资产减值概述

固定资产减值准备是指由于固定资产市价持续下跌，或者技术陈旧、损坏、长期闲置等原因导致其可收回金额低于账面价值的，应当将可收回金额低于其账面价值的差额作为固定资产减值准备。

固定资产的减值确认条件。固定资产在资产负债表日存在可能发生减值的迹象时，其可收回金额低于其账面价值，应当按可收回金额低于其账面价值的差额计提减值准备，并记入当期损益。

企业的固定资产应当在期末按照账面价值与可收回金额孰低计量，对可收回金额（指资产的销售净价，与预期从该资产的持续使用和使用寿命结束时的处置中形成的预计未来现金流量的现值进行比较，两者之间较高者）低于账面价值的差额，应计提固定资产减值准备。

因此计提减值的基本思路是固定资产的账面价值与可收回金额相比。如果账面价值大于可收回金额，需要计提资产减值准备；如果账面价值小于可收回金额，则无需计提资产减值准备。账面价值是指账面余额减去相关的备抵项目后的净额。账面价值不等于净值，固定资产原价扣除累计折旧后为净值，净值再扣除减值准备后为账面价值（净额）。

账面余额是指账面实际余额，不扣除作为备抵的项目，如累计折旧、减值准备等。可收回金额的确认采用孰高原则，公允价值减去处置费用后的净额与资产预计未来现金流量的现值，取两者之间较高者。

（二）固定资产减值核算

1. 科目设置

在企业固定资产减值的核算中，主要涉及"固定资产减值准备"科目，该科目属于资产类备抵科目，核算企业固定资产发生减值计提的减值准备。

2. 固定资产减值账务核算

固定资产减值账务核算时，借记"资产减值损失——计提固定资产减值准备"科目，贷记"固定资产减值准备"科目。固定资产减值损失一经确认，以后会计期间不得转回。

【业务6-14】2024年12月31日，富力机械制造厂对固定资产进行核查，发现本公司使用的办公设备复印机因技术更新较快使该批资产发生减值，估计可回收资金为50 000元，原始价值为200 000元，预计使用5年，已折旧100 000元。

账务处理如下：

借：资产减值损失——计提固定资产减值准备   50 000

    贷：固定资产减值准备   50 000

 **知识拓展**

已计提减值准备的固定资产价值又得以恢复账务处理

三、固定资产清查

（一）固定资产清查概述

固定资产清查是对固定资产进行实物清点，以确定各种财产在一定时期的实存数。企业应定期或至少于每年年末对固定资产进行清查盘点，以保证固定资产核算的真实性。

固定资产清查的做法是，先将"固定资产"科目的余额与固定资产明细账（固定资产卡片）的原始价值金额之和核对相符，然后由固定资产管理部门、使用部门和财务部门共同盘点。在固定资产清查盘点的过程中，如果发现盘盈、盘亏的固定资产，应当填制固定资产盘盈、盘亏报告表，清查固定资产的损益，及时查明原因，并按照规定程序报批处理。

（二）固定资产清查核算

1. 科目设置

企业固定资产清查的核算中，主要涉及"待处理财产损溢"科目，该科目属于资产类科目，核算公司在清查财产过程中查明的各种财产物资的盘盈、盘亏和毁损。设置"待处理非流动资产损溢"和"待处理流动资产损溢"两个明细科目。

2. 固定资产盘盈账务核算

企业在财产清查中盘盈的固定资产，根据《企业会计准则第 28 号——会计政策、会计估计变更和差错更正》的规定，应作为前期差错进行处理。盘盈的固定资产，在按管理权限报经批准前应先通过"以前年度损益调整"科目核算。

企业在盘盈固定资产时，按照同类或类似固定资产的市场价格扣除按新旧程度估计折旧后的余额，借记"固定资产"科目，贷记"以前年度损益调整"科目；计算应纳的所得税费用，借记"以前年度损益调整"科目，贷记"应交税费——应交所得税"科目；用税后的金额补提盈余公积，借记"以前年度损益调整"科目，贷记"盈余公积"科目；调整利润分配，借记"以前年度损益调整"科目，贷记"利润分配——未分配利润"科目。

【业务 6-15】 2024 年 12 月，富力机械制造厂在年末的财产清查过程中，发现一台未记账的复印机，按照相同新旧程度设备的市场价格估计，其重置成本为 3 000 元，六成新。假定与其计税基础不存在差异，按照规定，该盘盈的固定资产作为前期差错进行处理，假定广州市富力机械制造厂适用的所得税税率为 25%，按净利润的 10% 计提法定盈余公积。

账务处理如下：
① 盘盈固定资产：
借：固定资产——生产设备（复印机）　　　　　　　　1 800
　　贷：以前年度损益调整　　　　　　　　　　　　　　　　1 800
② 调整应交所得税：
借：以前年度损益调整　　　　　　　　　　　　　　450
　　贷：应交税费——应交所得税　　　　　　　　　　　　　450
③ 补提盈余公积：
借：以前年度损益调整　　　　　　　　　　　　　　135
　　贷：盈余公积——法定盈余公积　　　　　　　　　　　　135

④ 结转以前年度损益调整：

借：以前年度损益调整　　　　　　　　　　　　　　　　1 215

　　贷：利润分配——未分配利润　　　　　　　　　　　　　　1 215

3. 固定资产盘亏账务核算

盘亏的固定资产，按照该项固定资产的账面价值，借记"待处理财产损溢——待处理固定资产损溢"科目，按照已计提折旧，借记"累计折旧"科目，按其原值，贷记"固定资产"科目。经批准处理后，按照残值科目余额价值，借记"原材料"等科目，按照可收回的保险赔偿额或过失人赔偿，借记"其他应收款"科目，贷记"待处理财产损溢——待处理固定资产损溢"科目，按照其借方的差额，盘亏固定资产发生的损失记入"营业外支出"科目。

盘亏固定资产的进项税额是否能抵扣与其盘亏的原因有关。因管理不善造成盘亏的固定资产的进项税额不能抵扣，如资产被盗。因自然灾害原因造成的盘亏，其进项税额可以抵扣。

【业务 6-16】2024 年，富力机械制造厂在年末的财产清查过程中，发现盘亏一台办公手提电脑，此台手提电脑是新购，尚未计提折旧，原价为 5 000 元，已提折旧 3 000 元，购入时增值税为 650 元，经调查盘亏原因为被盗。

账务处理如下：

① 盘亏固定资产：

转出不可抵扣增值税：（5 000 - 3 000）× 13% = 260（元）

借：待处理财产损溢——待处理固定资产损溢　　　　　　　2 260

　　累计折旧　　　　　　　　　　　　　　　　　　　　　3 000

　　贷：固定资产——电子设备（手提电脑）　　　　　　　　5 000

　　　　应交税费——应交增值税（进项税额转出）　　　　　　260

② 报经批准后：

借：营业外支出——盘亏损失　　　　　　　　　　　　　　2 260

　　贷：待处理财产损溢——待处理固定资产损溢　　　　　　2 260

【业务 6-17】2024 年，富力机械制造厂在年末的财产清查过程中，发现掉失一台摄像机，原价是 8 000 元，已计提折旧 3 000 元，经调查是自然灾害造成。

账务处理如下：

① 盘亏固定资产时：

借：待处理财产损溢——待处理固定资产损溢　　　　　　　5 000

　　累计折旧　　　　　　　　　　　　　　　　　　　　　3 000

　　贷：固定资产——电子设备（摄像机）　　　　　　　　　8 000

② 报经批准后：

借：营业外支出——盘亏损失　　　　　　　　　　　　　　5 000

　　贷：待处理财产损溢——待处理固定资产损溢　　　　　　5 000

 **素养天地**

固定资产是否发生减值法的判断

　　怎样判断一项固定资产是否发生减值，对企业的会计人员来说是一门技术活，这要求会计人员必须具有良好的职业知识与能力，如果会计人员不具备这种的知识与能力，而是盲目计提固定资产减值，对企业来说会演变成操纵利润，不管是多计提还是少计提固定资产减值，都无法真实反映公司会计信息，严重影响着会计信息使用人对企业的预测和决策的判断，甚至演变成偷税漏税、财务造假等违法犯罪行为。判断一项固定资产是否发生减值，需要会计人员根据固定资产所处的环境和固定资产本身条件所发生的变化作出职业判断，通常情况下，可能表明固定资产发生减值的迹象包括：

　　（1）固定资产市价大幅度下跌，其跌幅大大高于因时间推移或正常使用而预计的下跌，并且预计在近期不可能恢复；

　　（2）企业所处经营环境，如技术、市场、经济或法律环境，以及产品营销市场在当期发生或在近期发生重大变化，并对企业产生负面影响；

　　（3）同期市场利率等大幅度提高，进而很可能影响企业计算固定资产可收回金额的折现率，并导致固定资产可收回金额大幅度降低；

　　（4）固定资产陈旧过时或发生实体损坏；

　　（5）固定资产预计使用方式发生重大不利变化，如企业计划终止或重组该资产所属的经营业务、提前处置资产等情形，从而对企业产生负面影响；

　　（6）其他有可能表明资产已发生减值的情况。

知识测试

一、单选题

1. 资产减值是指资产的（　　）低于其账面价值的情况。

A. 可变现净值　　　　　　　　　　　B. 可收回金额

C. 预计未来现金流量现值　　　　　　D. 公允价值

2. 下列各项支出中，不应确认为固定资产资本化改良支出的是（　　）。

A. 使固定资产生产能力提高发生的支出

B. 使固定资产功能增加发生的支出

C. 使固定资产正常运转和使用而发生的支出

D. 使固定资产所生产的产品成本实质性降低所发生的支出

3. 下列关于固定资产的后续计量的表述中，正确的是（　　）。

A. 当月增加的固定资产，当月计提折旧，当月减少的固定资产，当月不提折旧

B. 因大修理而停用的固定资产，应暂停计提折旧

C. 生产车间使用固定资产发生的修理费用记入管理费用

D. 企业以经营租赁方式租入的固定资产发生的改良支出记入当期损益

4. 企业的固定资产在盘盈时，应该通过以下（　　）科目进行核算。

A．"待处理财产损溢" B．"以前年度损益调整"

C．"资本公积" D．"营业外收入"

5．企业的固定资产在盘亏时，应该通过以下（   ）科目进行核算。

A．"待处理财产损溢" B．"以前年度损益调整"

C．"资本公积" D．"营业外收入"

二、多选题

1．企业固定资产后续支出通常包括固定资产使用过程中发生的（   ）。

A．日常修理费 B．大修理费用

C．改建支出 D．房屋的装修费用

2．下列关于固定资产后续支出的说法中，正确的有（   ）。

A．在后续支出中，替换固定资产的某个组成部分，如果符合固定资产确认条件的应予资本化，同时终止确认被替换部分的账面价值

B．机器设备的修理支出应记入制造费用

C．固定资产的装修费用如符合固定资产确认条件的，应记入固定资产成本

D．经营租入固定资产的后续支出符合资本化条件的，应记入固定资产成本

3．下列事项中，可能对固定资产账面价值产生影响的有（   ）。

A．对固定资产进行大修理 B．对固定资产更新改造

C．确定原暂估入账固定资产的实际成本 D．对经营租入的固定资产实施改良

4．下列关于设备更新改造的会计处理，错误的有（   ）。

A．更新改造时发生的支出应当直接记入当期损益

B．更新改造时被替换部件的账面价值应当终止确认

C．更新改造时被替换部件的账面原价，冲减发生支出后的余额记入固定资产成本

D．更新改造时发生的支出符合资本化条件的应当予以资本化

5．某企业进行固定资产清查时盘亏一台设备，原值9 000元，已经计提折旧4 000元，保险公司赔偿2 000元（款项尚未收到）。按照规定，其账务处理正确的有（   ）。

A．借：待处理财产损溢 5 000

　　累计折旧 4 000

　　　贷：固定资产 9 000

B．借：其他应收款 2 000

　　营业外支出 3 000

　　　贷：待处理财产损溢 5 000

C．借：其他应收款 3 000

　　　贷：待处理财产损溢 3 000

D．借：营业外支出 5 000

　　　贷：待处理财产损溢 5 000

三、判断题

1．企业在财产清理中盘亏的固定资产，不需要区分原因，全部记入"营业外支出"科目。（   ）

2. 企业生产车间发生的固定资产修理费用等后续支出，不符合固定资产确认条件的，应当在发生时记入当期的制造费用。（　　）

3. 与固定资产有关的后续支出，符合固定资产确认条件的，应当记入固定资产成本，同时应当终止确认被替换部分的账面价值。（　　）

4. 固定资产修理支出，不增加固定资产价值，固定资产改扩建支出，应当增加固定资产价值。（　　）

5. 企业盘盈、盘亏的固定资产先要记入"待处理财产损溢"科目，等经过批准后再记入营业外收入或营业外支出。（　　）

任务五　固定资产处置

 任务导读

企业的固定资产实际使用过程中也会遇到出售、报废和毁损等原因不再使用，就要面临终止确认其固定资产，并进行相应的处置。

一、固定资产处置概述

固定资产的处置，主要是指企业因出售、报废、毁损、对外投资、非货币性资产交换、债务重组等对固定资产进行的清理工作。

当固定资产满足下列条件之一的，应当予以终止确认。

（1）固定资产处于处置状态。处于处置状态的固定资产不再用于生产商品、提供劳务、出租或经营管理，因此不再符合固定资产的定义，应予终止确认。

（2）固定资产的预期通过使用或处置不能产生未来经济利益。固定资产的确认条件之一是"与该固定资产有关的经济利益很可能流入企业"，如果一项固定资产预期通过使用或处置不能产生经济利益，就不再符合固定资产的定义和确认条件，应予终止确认。

二、固定资产处置核算

（一）科目设置

"固定资产清理"科目，该科目属于资产类科目，核算企业因为出售、报废和毁损等原因转入清理的固定资产净值及其在清理过程中所发生的清理费用和清理收入等。

"资产处置损益"科目，该科目属于损益类科目，核算企业出售划分为持有待售的非流动资产（金融工具、长期股权投资和投资性房地产除外）或处置组（子公司和业务除外）时确认的处置利得或损失，以及处置未划分为持有待售的固定资产、在建工程、生产性生物资产及无形资产而产生的处置利得或损失。按照处置的资产类别或处置组进行明细核算。

（二）固定资产处置账务处理

固定资产处置，即固定资产的终止确认，包括固定资产的出售、报废、毁损、对外投资、非货币性资产交易、债务重组等。

处置的固定资产转入清理，按该项固定资产的账面净值，借记"固定资产清理"科目，按已计提折旧，借记"累计折旧"科目，按已计提的减值准备，借记"固定资产减值准备"科目，按固定资产的原值，贷记"固定资产"科目。发生的清理费，借记"固定资产清理"科目、"应交税费——应交增值税（进项税额）"科目，贷记"银行存款"科目等。

1. 固定资产出售账务处理

因出售、转让等原因产生的固定资产处置利得和损失记入资产处置损益。收取出售价款，借记"银行存款"等科目，贷记"固定资产清理"科目、"应交税费——应交增值税（销项税额）"等科目；确认处置净损失，借记"资产处置损益"科目，贷记"固定资产清理"科目；确认处置净收益，借记"固定资产清理"科目，贷记"资产处置损益"科目。

【业务 6-18】 2024 年 9 月 9 日，富力机械制造厂出售一台运输设备货车给广州南风机械厂，该机器设备原价 50 000 元，累计已计提折旧 20 000 元，出售取得价款 40 000 元，增值税销项税额 5 200 元，以银行存款支付清理费用 5 000 元。该资产未计提减值准备。

账务处理如下：

① 该项机器转入清理时：

借：固定资产清理——货车	30 000
累计折旧	20 000
贷：固定资产——运输工具（货车）	50 000

② 支付清理费用：

借：固定资产清理——货车	5 000
贷：银行存款	5 000

③ 收到款项时：

借：银行存款	45 200
贷：固定资产清理——货车	40 000
应交税费——应交增值税（销项税额）	5 200

④ 结转净损益：

借：固定资产清理——货车	5 000
贷：资产处置损益——固定资产处置损益	5 000

2. 固定资产报废和毁损账务处理

因固定资产已丧失使用功能或因自然灾害发生毁损等原因而报废清理产生的利得或损失，应记入营业收入；属于生产期间正常清理报废的处理净损失，应记入营业外支出。

确认由保险公司或过失让人赔偿损失的，借记"其他应收款"等科目，贷记"固定资产清理"科目。属于生产经营期间正常报废清理产生的处置净损失，借记"营业外支出——非流动资产处置损失"科目；属于生产经营期间由于自然灾害等非正常原因造成的，借记"营业外支出——非常损失"科目。如为净收益，借记"固定资产清理"科目，贷记"营业外收入——非流动资产处置利得"科目。

【业务 6-19】 2024 年 9 月 24 日，富力机械制造厂有一台机床因使用磨损，经批准报废。原值 300 000 元，提计提折旧费 280 000 元，摘除残值作价 5 000 元已入库。

账务处理如下：

① 固定资产转入清理时：

借：固定资产清理——机床　　　　　　　　　　　　　20 000
　　累计折旧——生产　　　　　　　　　　　　　　 280 000
　　　贷：固定资产——生产设备（机床）　　　　　　　　　 300 000

② 残料作价入库时：

借：原材料——修理用备件（机床零件）　　　　　　　　5 000
　　　贷：固定资产清理——机床　　　　　　　　　　　　　 5 000

③ 结转清理净损益时：

借：营业外支出——非流动资产处置损失　　　　　　　15 000
　　　贷：固定资产清理——机床　　　　　　　　　　　　 15 000

【业务 6-20】 2024 年 10 月 27 日，富力机械制造厂有一辆停放在地下车库的汽车，因暴雨河水倒灌进入车库造成汽车严重毁损而报废。原值 300 000 元，提计折旧费 200 000 元，确认保险公司需要赔偿 70 000 元，款项尚未收到。

账务处理如下：

① 固定资产转入清理：

借：固定资产清理——汽车　　　　　　　　　　　　 100 000
　　累计折旧　　　　　　　　　　　　　　　　　　 200 000
　　　贷：固定资产——汽车　　　　　　　　　　　　　　 300 000

② 结转应收的赔偿款：

借：其他应收款——保险公司　　　　　　　　　　　　70 000
　　　贷：固定资产清理——汽车　　　　　　　　　　　　 70 000

③ 结转净损益：

借：营业外支出——非常损失　　　　　　　　　　　　30 000
　　　贷：固定资产清理——汽车　　　　　　　　　　　　 30 000

 **素养天地**

处置固定资产收回会计准则的相关规定

　　根据会计准则的规定，处置固定资产收回的价款，应冲减固定资产清理支出，差额记入资产处置损益科目。但有的企业为了控制利润，便将固定资产净收入仍挂在固定资产清理账中，并结转下年再处理。这种造假方式直接影响着所得税的补缴和盈余公积的提取。因此，这要求会计人员除了有过硬的专业知识与技能，还需要保持独立的思考能力和严谨务实的工作作风，有强烈的工作责任感和使命感，始终保持实事求是的原则，按照会计准则办事，坚决与偷税漏税的行为作斗争。

知识测试

一、单选题

1. 企业出售、报废固定资产或发生固定资产毁损，应当处置收入扣除其账面价值、相关税费和清理费用后的净额，记入营业外收入或营业外支出。固定资产处置一般通过（　　）

科目进行核算。

A. "以前年度损益调整" B. "待处理财产损溢"

C. "固定资产清理" D. "制造费用"

2. 对外投资转出固定资产转入清理，按照（　　），借记"固定资产清理"科目，按照投出固定资产已计提折旧，借记"累计折旧"科目，按照投出固定资产的账面原值，贷记"固定资产"科目。

A. 转出的固定资产的账面净值 B. 市场价值

C. 双方商议所确定的价值 D. 转出的固定资产的账面原值

3. 由于自然灾害等原因造成的在建工程报废或毁损，减去残料价值和过失人或保险公司等赔款后的净损失，应借记的会计科目是（　　）。

A. "在建工程" B. "待处理财产损溢"

C. "营业外支出" D. "固定资产清理"

4. 公司出售一台设备（不考虑相关税费），原价 160 000 元，已提折旧 35 000 元，出售设备时发生各种清理费用 3 000 元，出售设备所得价款 113 000 元。该设备出售的净收益是（　　）元。

A. -2000 B. 2 000 C. 5 000 D. -15 000

5. 清理固定资产净损失列入（　　）会计科目。

A. "其他业务支出" B. "投资损失" C. "营业成本" D. "营业外支出"

二、多选题

1. 固定资产清理后发生的净损失，区别不同情况其可能转入的对应科目有（　　）。

A. 营业外支出——处理固定资产净损失 B. 营业外支出——非常损失

C. 管理费用 D. 其他业务支出

2. 关于固定资产处置，下列说法中正确的有（　　）。

A. 固定资产满足"处于处置状态"条件时，应当予以终止确认

B. 固定资产满足"预期通过使用或处置不能产生经济利益"条件时，应当予以终止确认

C. 企业持有待售的固定资产，应当对其预计净残值进行调整

D. 企业出售、转让、报废固定资产或发生固定资产毁损，应当将处置收入扣除账面价值和相关税费后的金额记入当期损益

3. 下列各项中，构成固定资产清理净损益的有（　　）。

A. 盘盈固定资产的修理费用

B. 报废固定资产发生的清理费用

C. 固定资产的预计净残值

D. 自然灾害造成的固定资产损失的保险赔偿款

4. "固定资产清理"科目借方登记的有（　　）。

A. 固定资产转入清理的净值

B. 清理过程中发生的费用

C. 清理完毕后净收益转入"营业外支出"科目的数额

D．收回出售固定资产的价款

5．下列有关固定资产的事项中，需要通过"固定资产清理"科目核算的有（　　）。

A．盘亏固定资产　　　　　　　　　B．毁损固定资产

C．出售固定资产　　　　　　　　　D．非货币性资产交换中换出固定资产

三、判断题

1．企业出售、报废固定资产或发生固定资产毁损，应当处置收入扣除其账面价值、相关税费和清理费用后的净额，记入营业外收入或营业外支出。固定资产处置一般通过"待处理财产损溢"科目进行核算。　　　　　　　　　　　　　　　　（　　）

2．固定资产清理净收益，属于生产经营期间的，应列入"其他业务收入"科目核算。
　　　　　　　　　　　　　　　　　　　　　　　　　　　　　　　　　　（　　）

3．报废毁损的固定资产的清理费用，应记入"待处理财产损溢"科目。　（　　）

4．固定资产出售、报废及由于各种不可抗拒的自然灾害而产生的毁损，均应通过"固定资产清理"科目核算，计算处置固定资产的净损益。　　　　　　　（　　）

5．处置的固定资产通过"固定资产清理"科目核算。　　　　　　　　（　　）

项目训练

一、兴城铝材厂是一家专门生产铝材的一般纳税人的企业，2024年发生以下部分经济业务。

1．10月3日，购入一台不需要安装的生产设备，取得增值税专用发票上注明的设备价款是100 000元，增值税进项税额为13 000元，款项以银行存款支付，设备已经运到并交付使用（假设不考虑其他相关的税费）。

2．10月5日，购入一台需要安装的生产设备，取得增值税专用发票上注明的设备价款是200 000元，增值税进项税额为26 000元，运输费用2 000元，增值税进项税额为180元，款项已用银行存款付清，设备已经运到并且进行安装（假设不考虑其他相关的税费）。安装设备时，支付安装工人的工资2 000元。

3．10月15日，准备自行建造一间车间，涉及以下业务。

（1）10月16日购入一批工程物资，价款为100 000，增值税税额为13 000元，款项以银行存款支付，工程物资全用于车间的建造工程。

（2）10月17日开工时，领用工程物资50 000元。

（3）10月30日支付工程人员工资30 000元。

（4）11月13日领用一批生产用的木材，价值为60 000元。

（5）11月20日用银行存款支付安装费20 000元，增值税专用发票上注明增值税税额为1 800元。

（6）11月底工程竣工决算并交付使用。

要求：根据上述资料编写相关的会计分录。

二、以下企业均为一般纳税人的企业，2024年发生以下经济业务。

1．10月1日，东风机械厂购入一台设备，原值是12 000元，预计净残值2 000元，预计使用年限为10年。采用平均年限法计算年折旧额、年折旧率。

2. 10月28日，南方食品加工厂购入一台生产设备，原值是1 000 000元，预计寿命期内生产产品产量为95 000件，预计净残值率为5%，本月生产产品3 000件。采用工作量法计算该项固定资产月折旧额。

3. 11月18日，清风家具厂购入一辆卡车，原值是100 000元，预计净残值率为5%，预计使用年限为5年。假设采用双倍余额递减法计算折旧年折旧额、年折旧率。

4. 12月21日，西湖机电设备公司购入一辆运货车，原值是300 000元，预计净残值率为5%，预计使用年限为5年。采用年数总和法计算折旧。

5. 12月，南风电器公司固定资产计提折旧额50 000元，具体情况如表6-4。

表6-4　固定资产折旧计算分配表

单位名称：南风电器公司　　　　　　　　2024年12月　　　　　　　　　　单位：元

使用部门	账户名称	金　额
生产车间	制造费用	40 000
管理部门	管理费用	8 000
销售部门	销售费用	2 000
合计		50 000

要求：根据上述资料编写相关的会计分录。

三、华南城铝材厂是一家专门生产钢材的一般纳税人企业，2024年发生以下部分经济业务。

1. 10月3日，办公室有三台摄像头需要进行维修，以银行存款支付了东莞电子维修公司维修费用500元。

2. 该厂拥有一座生产产品用的机房原值为400 000元，累计已经计提折旧100 000元，账面价值为300 000元，由于产品适销对路，现有的生产能力不能满足市场的需要，企业对其进行修改扩建，以提高生产力。11月27日开始经过2个月的修改扩建，完成了对这个生产用的机房的修改扩建工程，达到预定可使用状态共发生的支出是200 000元，增值税专用发票注明税率13%，增值税税额为26 000元；另外支付设备安装费30 000元，增值税专用发票注明税率9%，增值税税额为2 700元。所有款项全部以银行存款支付，拆除原设备无变价收入。该生产用的机房修改扩建工程后，大大提高了生产能力，其使用的年限也相应的延长了。

要求：根据上述资料编写相关的会计分录。

四、云山石器制造厂是一家专门生产石器的一般纳税人的企业，2024年10月发生以下部分经济业务。

1. 19日，出售一台运输设备给白马机械厂，该机器设备原价30 000元，累计已计提折旧15 000元，出售取得价款20 000元，增值税进项税额2 600元。暂不考虑其他相关的税费，该资产未提减值准备。

2. 23日，有一台机床因使用磨损，经批准报废。原值500 000元，提计提折旧费300 000元，摘除残值作价3 000元已入库。

3. 27日，有一台运输车因一次交通事故中报废。原值200 000元，提计提折旧费100 000元，在清理过程中，过失人张某需要赔偿款30 000元，保险公司需要赔偿60 000元，款项尚未收到。

要求：根据上述资料编写相关的会计分录。

五、中森木材厂是一家专门生产木材家具的一般纳税人的企业，2024年发生以下部分经济业务。

1．在年末的财产清查过程中，发现一台未记账的切割机，按照相同新旧程度设备的市场价格估计，其重置成本为5 000元，七成新。

2．在年末的财产清查过程中，发现掉失一台照相机，原价是5 000元，已计提折旧3 000元，经调查未果。

要求：根据上述资料编写相关的会计分录。

六、东城机械制造厂为一般纳税人，2024年年末，对固定资产进行核查，发现本公司使用的一批办公设备计算机因技术更新较快，该批资产发生减值，估计可回收资金为20 000元，原始价值是50 000元，预计使用6年，已折旧20 000元。

要求：根据上述资料编写相关的会计分录。

项目七

无形资产与投资性房地产核算

知识目标

熟悉无形资产的概念、特征、确认条件；

熟悉投资性房地产的概念、特征、确认条件；

熟悉长期待摊费用的概念、特征。

技能目标

熟练掌握无形资产的业务核算；

熟练掌握投资性房地产的业务核算；

熟练掌握长期待摊费用的业务核算。

素养目标

树立规则意识与实事求是的职业素养和职业价值观，培养职业判断能力和制度自信。培养法治意识，做到遵纪守法、廉洁自律。

 知识导图

无形资产与投资性房地产核算
- 无形资产的核算
  - 无形资产的概述
  - 无形资产的账务处理
- 投资性房地产的核算
  - 投资性房地产的概述
  - 投资性房地产的账务处理
- 长期待摊费用的核算
  - 长期待摊费用的概述
  - 长期待摊费用的账务处理

 知识准备

无形资产核算的主要会计科目包括：无形资产、研发支出、累计摊销、无形资产减值准备、资产处置损益。

投资性房地产核算的主要会计科目包括：投资性房地产、投资性房地产累计折旧（摊销）、投资性房地产减值准备、公允价值变动损益。

任务一　无形资产的核算

 任务导读

无形资产是指企业拥有或控制的非实物形态、可辨认的非货币性资产，如专利权、商标权、土地使用权等。这些资产虽然不具备实物形态，但对企业的运营和竞争力至关重要。在会计核算中，无形资产需满足特定条件才能确认。无形资产的账务处理包括其取得、摊销、出售及报废等环节，并需定期评估是否存在减值，确保账面价值准确反映其实际价值。

一、无形资产的概述

（一）无形资产的概念与特征

无形资产，是指企业拥有或控制的没有实物形态的可辨认非货币性资产，通常包括专利权、非专利技术、商标权、著作权、特许权、土地使用权等。无形资产具有以下几个主要特征。

（1）由企业拥有或控制并能为其带来未来经济利益的资源，这属于资产的共同特征。

（2）不具有实物形态。无形资产没有实物形态，这是无形资产区别于其他资产的主要特征，如土地使用权、专利权等，这些权利尽管没有实物形态，却具有很高的价值。

（3）具有可辨认性。无形资产必须具有区别于其他资产的可辨认性，即符合以下条件之一：一是能够从企业中分离或划分出来，能够单独出售或转让；二是产生于合同性权利或其他法定权利，无论这些权利是否可以从企业或其他权利和义务中转移或分离，如通过法律程序申请而获得的商标权、特许经营权等。

（4）属于非货币性资产。无形资产能为企业带来的未来经济利益的金额具有不确定性，这是无形资产区别于银行存款、应收账款、应收票据等货币性资产的特征。

（二）无形资产的确认与计量

无形资产的确认需要满足两个条件：

（1）与该无形资产有关的经济利益很可能流入企业；

（2）该无形资产的成本能够可靠地计量。

无形资产的计量主要基于其实际成本。对于外购的无形资产，其成本包括购买价款、相关税费及直接归属于使该项资产达到预定用途所发生的其他支出。自行开发的无形资产，其成本包括自满足无形资产确认条件后至达到预定用途前所发生的支出总额。对于投资者投入的无形资产，其成本按照投资合同或协议约定的价值确定。

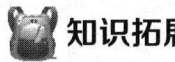 **知识拓展**

华为加大研发投入，专利数量再创新高

二、无形资产的账务处理

（一）科目设置

为核算无形资产的取得、摊销、减值和处置等业务，企业应设置"无形资产""累计摊销""研发支出""无形资产减值准备""资产处置损益"等科目。

（二）取得无形资产的账务处理

1. 外购无形资产

当企业通过外购方式取得无形资产时，应按照实际支付的购买价款、相关税费（不含增值税）及直接归属于使该项资产达到预定用途所发生的其他支出作为无形资产的成本进行初始计量。增值税一般纳税人购买无形资产取得增值税专用发票，可作进项税额抵扣。

企业通过外购方式取得无形资产，借记"无形资产""应交税费——应交增值税（进项税额）"科目，贷记"银行存款"等科目。

【业务 7-1】 2024 年 1 月，慧欣公司购入了一项 A 专利权，增值税专用发票注明价款 1 000 000 元，增值税 60 000 元，为使该专利权达到预定用途又产生测试费用 80 000 元。账务处理如下：

```
借：无形资产——A 专利权                              1 080 000
    应交税费——应交增值税（进项税额）                     60 000
  贷：银行存款                                              1 140 000
```

2. 自行研发无形资产

自行研发无形资产的成本包括研发过程中满足资本化条件的支出。在无形资产的研发过程中，企业应区分研究阶段和开发阶段，对两个阶段的支出作区别处理。

（1）研究阶段，由于这个阶段的探索和研究无法确定最终能否形成研究成果，因此研究阶段的支出不满足资本化条件，作费用化处理。借记"研发支出——费用化支出"科目，贷记"原材料""应付职工薪酬""银行存款"等科目；期末将"研发支出——费用化支出"转入"管理费用"科目。

（2）开发阶段，对于开发阶段满足资本化条件的支出，发生时借记"研发支出——资本化支出"科目，待研究项目达到预定目标形成无形资产时，再将"研发支出——资本化支出"的累计金额转入"无形资产"科目。对于开发阶段不满足资本化条件的支出，会计处理同研究阶段。

如果研发过程中无法区分研究阶段和开发阶段，应将研发过程的支出全部费用，记入"管理费用"科目。

【业务 7-2】 2024 年 7 月，慧欣公司开始自行研发一项非专利技术，2024 年 7 月 1 日至 8 月 31 日为研究阶段，耗用原材料 150 000 元，应付研发人员薪酬 250 000 元，计提研发专用设备折旧 100 000 元。2024 年 9 月 1 日，该非专利技术研发活动进入开发阶段，至 2024 年 12 月 31 日，耗用原材料 250 000 元，应付研发人员薪酬 400 000 元，计提研发专用设备折旧 150 000 元，上述开发阶段的研发支出均满足资本化条件。账务处理如下：

① 研究阶段支出费用化：

```
借：研发支出——费用化支出                               500 000
```

贷：原材料	150 000
应付职工薪酬——工资	250 000
累计折旧	100 000

期末结转：

借：管理费用——研发费用　　　　　　　　　　　　　500 000

贷：研发支出——费用化支出　　　　　　　　　　　500 000

② 开发阶段支出资本化：

借：研发支出——资本化支出　　　　　　　　　　　　800 000

贷：原材料　　　　　　　　　　　　　　　　　　250 000

应付职工薪酬——工资　　　　　　　　　　　400 000

累计折旧　　　　　　　　　　　　　　　　150 000

③ 研发完成，形成无形资产：

借：无形资产——非专利技术　　　　　　　　　　　　800 000

贷：研发支出——资本化支出　　　　　　　　　　800 000

（三）无形资产摊销的账务处理

无形资产应在其使用寿命内进行合理摊销，使用寿命不确定的无形资产不应摊销。无形资产摊销方法应当反映与该项无形资产有关的经济利益的预期实现方式，可以采用直线法、生产总量法等摊销方法。企业应当按月对无形资产进行摊销，从取得或研发形成无形资产的当月起开始摊销，处置当月不再摊销。另外，无形资产摊销时，残值应视为零。

对于企业管理用的无形资产，摊销金额记入"管理费用"科目；出租的无形资产，摊销金额记入"其他业务成本"科目；专门用于生产某种产品或资产的无形资产，其包含的经济利益通过所生产的产品或其他资产实现的，摊销金额记入相关资产成本。如生产某产品的专利权的摊销金额应记入该产品的制造费用。

【业务 7-3】 沿用【业务 7-1】资料，慧欣公司于 2024 年 1 月购入 A 的专利权，合同规定受益年限为 10 年，预计使用寿命为 10 年。

每月摊销的金额：$1\ 080\ 000 \div (10 \times 12) = 9\ 000$（元）

2024 年 1 月，计提无形资产摊销。账务处理如下：

借：管理费用——无形资产摊销　　　　　　　　　　　9 000

贷：累计摊销　　　　　　　　　　　　　　　　　9 000

（四）无形资产减值的账务处理

如果无形资产存在减值迹象，经减值测试后发现无形资产的可收回金额低于其账面价值的，应当计提减值准备。将其差额借记"资产减值损失——无形资产减值损失"科目，贷记"无形资产减值准备"科目。无形资产减值损失一经确定，不得在以后会计期间转回。

【业务 7-4】 沿用【业务 7-1】资料，2024 年 12 月 31 日，慧欣公司对公司现有无形资产进行了减值测试，2024 年 1 月购入的这项 A 专利权账面价值为 972 000 元，可收回金额为 900 000 元。账务处理如下：

应计提的无形资产减值准备：$972\ 000 - 900\ 000 = 72\ 000$（元）

借：资产减值损失——计提无形资产减值准备　　　　　　72 000
　　贷：无形资产减值准备——A 专利权　　　　　　　　　　　　72 000

（五）出售、报废无形资产的账务处理

1. 出售无形资产

当企业出售无形资产时，按实际收到的金额，借记"银行存款"等科目，按已计提的累计摊销额，借记"累计摊销"科目，按无形资产的账面价值，贷记"无形资产"科目，按应支付的税费，贷记"应交税费——应交增值税（销项税额）"科目，出售所得价款与该无形资产的账面价值之间的差额记入"资产处置损益"科目。

【业务 7-5】　沿用【业务 7-1 至业务 7-4】资料，2025 年 6 月，慧欣公司将这项 A 专利权以 901 000 元出售（合同价款 850 000 元，增值税 51 000 元，税率 6%），款项已收存银行。该项专利权成本为 1 080 000 元，累计摊销 162 000 元，已计提无形资产减值准备 72 000 元，银行已入账。账务处理如下：

借：银行存款　　　　　　　　　　　　　　　　　　　901 000
　　累计摊销　　　　　　　　　　　　　　　　　　　162 000
　　无形资产减值准备——A 专利权　　　　　　　　　　72 000
　　贷：无形资产——专利权　　　　　　　　　　　　　　　1 080 000
　　　　应交税费——应交增值税（销项税额）　　　　　　　　51 000
　　　　资产处置损益——非流动资产处置损益　　　　　　　　　4 000

2. 报废无形资产

当无形资产预期不能为企业带来经济利益时，应将其报废并转销其账面价值。例如，企业的某项无形资产已被其他新技术所替代，用其生产的产品已被市场淘汰，或无形资产的法律保护期限已过，都说明该项无形资产不能为企业带来经济利益，应予以报废转销。

企业报废无形资产时，应按已计提的累计摊销额，借记"累计摊销"科目，按无形资产的账面价值，贷记"无形资产"科目，对于已计提无形资产减值准备的，借记"无形资产减值准备"科目，再将差额记入"营业外支出——非流动资产处置损失"科目。

【业务 7-6】　慧欣公司的 B 专利技术，账面价值为 3 000 000 元。该专利技术采用直线法进行摊销，已累计摊销 2 600 000 元，已计提减值准备 100 000 元。2024 年 7 月，公司发现用其生产的产品已被新替代品抢占市场，因此，决定将这项非专利技术报废。账务处理如下：

借：累计摊销　　　　　　　　　　　　　　　　　　2 600 000
　　无形资产减值准备——B 非专利技术　　　　　　　100 000
　　营业外支出——非流动资产处置损失　　　　　　　300 000
　　贷：无形资产——B 非专利技术　　　　　　　　　　　3 000 000

知识测试

一、单选题

1. 下列不属于企业无形资产的特征是（　　　　）。

A. 无形资产是由企业拥有或控制并能为其带来经济利益的资源

B．无形资产不具有实物形态

C．无形资产具有可辨认性

D．无形资产属于货币性资产

2．企业的无形资产按（　　）标准来分，可以分为专利权、非专利技术、商标权、著作权、土地使用权、特许权等。

A．反映的经济内容　　B．来源途径　　　　　C．用途　　　　　　　D．取得方式

3．（　　）存在无法与企业自身分离，不具有可辨认性，不属于企业的无形资产的内容。

A．非专利技术　　　　B．商标权　　　　　　C．商誉　　　　　　　D．著作权

4．企业自行研发无形资产，在研究阶段的支出应当（　　）。

A．费用化记入当期损益　　　　　　　　　　B．资本化确认为无形资产

C．部分费用化，部分资本化　　　　　　　　D．作为长期待摊费用处理

5．无形资产摊销时，一般采用的摊销方法是（　　）。

A．一次摊销法　　　B．五五摊销法　　　C．直线法　　　　D．加速摊销法

6．企业自行研发无形资产发生的支出，以下不满足确定无形资产的条件是（　　）。

A．完成该无形资产以使其能够使用或出售在技术上具有可行性

B．无形资产产生经济利益的方式，包括能够证明运用该无形资产产生的产品存在市场或无形资产自身存在市场，无形资产将在内部使用的，应该证明有使用性

C．有足够的技术、财务资源和其他资源支持，以完成该无形资产的开发，并有能力使用或出售该无形资产

D．归属于该无形资产开发阶段的支出暂时无法可靠地计量

7．企业出售无形资产时，获得的净收益应记入的科目是（　　）。

A．"营业外收入"　　　　　　　　　　　B．"资产处置损益"

C．"其他业务收入"　　　　　　　　　　D．"投资收益"

8．企业外购的无形资产，其成本包括（　　）。

A．购买价款

B．相关税费

C．使该资产达到预定用途所发生的其他支出

D．所有以上选项

9．企业无形资产用于对外出租时，每期计提的摊销额，记入的科目是（　　）。

A．"主营业务成本"　　　　　　　　　　B．"其他业务成本"

C．"其他业务支出"　　　　　　　　　　D．"营业外支出"

10．关于无形资产减值准备的计提，以下说法错误的是（　　）。

A．当无形资产的可收回金额低于其账面价值时，应计提无形资产减值准备

B．无形资产减值准备一经计提，在以后会计期间不得转回

C．无形资产减值准备的计提不影响无形资产的账面价值

D．企业应定期对无形资产的账面价值进行检查，至少于每年年末检查一次

二、多选题

1. 下列属于无形资产的取得方式的是（　　）。

A. 外购　　　　　　　　　　　　B. 自行研发

C. 投资者投入　　　　　　　　　D. 非货币性资产交换

2. 关于无形资产的摊销，以下说法正确的是（　　）。

A. 使用寿命不确定的无形资产按 10 年进行摊销

B. 摊销方法应反映与该项无形资产有关的经济利益的预期实现方式

C. 无法可靠确定预期实现方式的，应当采用直线法摊销

D. 无形资产的摊销金额一般应当记入当期损益

3. 下列关于无形资产减值的说法中，正确的是（　　）。

A. 无形资产减值损失一经确认，在以后会计期间不得转回

B. 无形资产的可回收金额低于其账面价值的，应当将资产的账面价值减计至可回收金额

C. 无形资产减值测试每年至少进行一次

D. 资产减值损失确认后，减值资产的折旧或摊销费用应当在未来期间作相应调整

4. 企业自行研发无形资产时，以下说法正确的是（　　）。

A. 研究阶段的支出应全部费用化，记入当期损益

B. 开发阶段的支出符合条件的可以资本化

C. 无法区分研究阶段和开发阶段的支出，应当在发生时费用化记入当期损益

D. 开发阶段的支出应全部资本化

5. 关于无形资产出售，以下说法不正确的有（　　）。

A. 企业出售无形资产，应当将取得的价款与该无形资产账面价值的差额记入资产处置损益

B. 出售无形资产应交的营业税金及其他费用，应记入营业外支出

C. 出售无形资产所得价款应记入其他业务收入

D. 出售无形资产所得价款应记入营业外收入

6. 下列情况可能会导致无形资产减值的是（　　）。

A. 技术的陈旧过时

B. 市场对该项无形资产的需求大幅度下降

C. 无形资产已经被其他新技术等所替代

D. 无形资产的市价在当期大幅下跌，在剩余摊销年限内预期不会恢复

7. 下列关于无形资产报废的说法中，正确的是（　　）。

A. 无形资产预期不能为企业带来经济利益时，应将其报废

B. 无形资产报废时，应将其账面价值转入当期损益

C. 无形资产报废产生的损失应记入营业外支出

D. 无形资产报废后，之前计提的减值准备应转回

8. 关于无形资产的确认条件，以下说法正确的是（　　）。

A. 与该无形资产相关的预计未来经济利益很可能流入企业

B．该无形资产的成本能够可靠地计量

C．无形资产必须是可以单独出售或转让的

D．无形资产的使用年限必须能够可靠确定

三、判断题

1．企业自行研发无形资产时，开发阶段的支出应全部资本化。　　　（　　）

2．已确认的无形资产减值损失，满足一定条件下，可以在以后会计期间转回。

（　　）

3．企业出售无形资产取得的收入应记入主营业务收入。　　　　　　（　　）

4．无形资产的摊销方法只有直线法一种。　　　　　　　　　　　　（　　）

5．无形资产减值测试每一年至少进行一次。　　　　　　　　　　　（　　）

6．无形资产的摊销一般应记入当期损益，企业自用的无形资产，其摊销额记入管理费用；对外出租的无形资产，其摊销额记入其他业务支出；某项无形资产包含的经济利益通过所产生的产品或其他资产实现，其他摊销额应记入相关资本成本。　　　　（　　）

7．企业的无形资产应当按照历史成本计量，不应计提资产减值准备。　（　　）

8．出售无形资产，所得到的处置收入扣除其账面价值、相关税费等后的净额，应当记入营业外收入或营业外支出。　　　　　　　　　　　　　　　　　　　　　　（　　）

任务二　投资性房地产的核算

任务导读

投资性房地产是指企业为赚取租金或资本增值而持有的房地产，包括已出租的土地使用权、持有并准备增值后转让的土地使用权及已出租的建筑物等。有确凿证据表明公允价值能持续、可靠取得的投资性房地产可采用公允价值进行后续计量，除此以外，企业通常采用成本模式对投资性房地产进行计量。在账务处理上，投资性房地产的核算涉及资产的取得、租金收入的确认、折旧或摊销的计提及资产的处置等多个环节。

一、投资性房地产的概述

（一）投资性房地产的概念

投资性房地产，是指为赚取租金或资本增值（房地产买卖的差价），或两者兼有而持有的房地产。投资性房地产应当能够单独计量和出售。其主要包括以下三类。

（1）已出租的土地使用权。已出租的土地使用权是指企业通过出让或转让方式取得并以经营租赁方式出租的土地使用权。企业计划用于出租但尚未出租的土地使用权，不属于此类。

（2）持有并准备增值后转让的土地使用权。持有并准备增值后转让的土地使用权是指企业取得的、准备增值后转让的土地使用权。这类土地使用权很可能给企业带来资本增值收益，符合投资性房地产的定义。但是，按照国家有关规定认定的闲置土地，不属于持有并准备增值后转让的土地使用权。

（3）已出租的建筑物。已出租的建筑物是指企业拥有产权的、以经营租赁方式出租的建筑物，包括自行建造或开发活动完成后用于出租的建筑物。但企业以经营租赁方式租入再转租的建筑物不属于投资性房地产。

（二）投资性房地产的确认与计量

1. 投资性房地产的确认

投资性房地产只有在符合定义，并且同时满足下列条件时，才能予以确认。

（1）与该投资性房地产有关的经济利益很可能流入企业。

（2）该投资性房地产的成本能够可靠地计量。

2. 投资性房地产的计量

投资性房地产的账务处理分为成本模式和公允价值模式。企业通常应当采用成本模式对投资性房地产进行后续计量，只有满足特定条件，有确凿证据表明该投资性房地产的公允价值能够持续、可靠取得的，才能采用公允价值模式进行后续计量。特定条件指需要同时满足以下条件。

（1）投资性房地产所在地有活跃的房地产交易市场。

（2）企业能从活跃的房地产交易市场上取得同类或类似房地产的市场价格和其他信息，从而对投资性房地产的公允价值作出合理估计。

同一企业只能采用一种模式对投资性房地产进行计量，即同一企业不能对部分投资性房地产采用公允价值模式，而对其他部分采用成本模式。企业对投资性房地产的计量模式一经确定，不得随意变更。对于已采用公允价值模式计量的投资性房地产，不得转为成本模式。

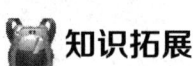 **知识拓展**

不属于投资性房地产的情况

二、投资性房地产的账务处理

（一）采用成本模式计量的投资性房地产

1. 科目设置

为核算投资性房地产的取得、后续计量及处置等业务，企业应设置"投资性房地产""投资性房地产累计折旧（摊销）""投资性房地产减值准备"等科目。在成本计量模式下，以上科目可以参照"固定资产""无形资产""累计折旧""累计摊销""固定资产减值准备"科目进行会计处理。

2. 投资性房地产的取得

（1）外购投资性房地产

当企业通过购买方式取得投资性房地产时，应按照实际支付的购买价款、相关税费及其他可直接归属该资产的相关支出，作为投资性房地产的初始成本。借记"投资性房地产""应交税费——应交增值税（进项税额）"科目，贷记"银行存款"等科目。

【业务 7-7】　2024 年 6 月，德信公司购买一栋写字楼，准备用于出租，以赚取租金收入。写字楼价款为 59 800 000 元，增值税 5 382 000 元（税率 9%），另支付了 200 000 元的中介费用。账务处理如下：

　　借：投资性房地产——写字楼　　　　　　　　　　　　　　60 000 000
　　　　应交税费——应交增值税（进项税额）　　　　　　　　 5 382 000
　　　　贷：银行存款　　　　　　　　　　　　　　　　　　　　65 382 000

（2）自行建造的投资性房地产

自行建造的投资性房地产，其成本由建造该项资产达到预定可使用状态前所发生的必要支出构成，包括土地开发费、建筑成本、安装成本、应予资本化的借款费用、支付的其他费用和分摊的间接费用等。企业按投资性房地产初始成本，借记"投资性房地产"科目，贷记"在建工程"或"开发成本"科目。

【业务 7-8】　2024 年 11 月，科沃公司自行建造的一栋商用楼完工，建成后该商用楼准备出租。建造过程中发生以下支出：取得土地使用权的成本 5 000 000 元，建筑材料费 20 000 000 元，建筑人工费 15 000 000 元，商用楼的建造过程应予资本化的借款费用 5 000 000 元。账务处理如下：

　　借：投资性房地产——商用楼　　　　　　　　　　　　　　40 000 000
　　　　贷：在建工程——商用楼　　　　　　　　　　　　　　　40 000 000
　　借：投资性房地产——已出租土地使用权　　　　　　　　　 5 000 000
　　　　贷：无形资产——土地使用权　　　　　　　　　　　　　 5 000 000

3. 投资性房地产的后续计量

（1）计提折旧或进行摊销

采用成本模式进行后续计量的投资性房地产，应当按固定资产或无形资产（通常指其中的土地使用权）的相关规定按月计提折旧或进行摊销，折旧或摊销方法可依据资产的性质和使用情况合理选择。计提折旧或摊销时，借记"其他业务成本"等科目，贷记"投资性房地产累计折旧（摊销）"科目。

【业务 7-9】　沿用【业务 7-7】资料，德信公司购买的写字楼预计使用寿命为 20 年，预计净残值为 0，采用直线法计提折旧。每月折旧的账务处理如下：

　　月折旧额 = 60 000 000 ÷（20 × 12）= 250 000（元）

　　借：其他业务成本——写字楼出租　　　　　　　　　　　　　250 000
　　　　贷：投资性房地产累计折旧　　　　　　　　　　　　　　　250 000

（2）投资性房地产对外出租收到租金

投资性房地产取得的租金应确认为其他业务收入。借记"银行存款"等科目，贷记"其他业务收入""应交税费——应交增值税（销项税额）"等科目。

【业务 7-10】　沿用【业务 7-7】资料，2024 年 7 月，德信公司将该写字楼出租，每月收取租金 327 000 元（合同价款 300 000 元，增值税税率 9%），7 月租金已收存银行。账务处理如下：

借：银行存款 327 000

    贷：其他业务收入——写字楼出租 300 000

        应交税费——应交增值税（销项税额） 27 000

（3）投资性房地产计提减值准备

如果投资性房地产存在减值迹象，经减值测试后发现投资性房地产的可收回金额低于其账面价值的，应当计提减值准备。借记"资产减值损失"科目，贷记"投资性房地产减值准备"科目。投资性房地产已计提的减值准备，不得在以后会计期间转回。

【业务 7-11】 沿用【业务 7-7、业务 7-9】资料，2024 年 12 月 31 日，由于市场环境变化，德信公司对该写字楼进行了减值测试，发现其可收回金额为 57 500 000 元，计算如下：

2024 年 12 月 31 日写字楼的账面价值：60 000 000 - 250 000 × 6 = 58 500 000（元）

写字楼减值金额：58 500 000 - 57 500 000 = 1 000 000（元）

账务处理如下：

借：资产减值损失——计提投资性房地产减值准备 1 000 000

    贷：投资性房地产减值准备——写字楼 1 000 000

4. 投资性房地产的处置

当企业出售、转让、报废投资性房地产或发生投资性房地产毁损时，应当将处置收入扣除其账面价值和相关税费后的金额记入当期损益。

【业务 7-12】 沿用【业务 7-7、业务 7-9、业务 7-10、业务 7-11】资料，2025 年 6 月，德信公司出售该商业写字楼，合同价款 57 000 000 元，增值税税率 9%，款项已存银行。出售过程中支付了相关费用共计 300 000 元。出售时计算如下：

2025 年 6 月写字楼累计折旧：250 000 × 12 = 3 000 000（元）

2025 年 6 月写字楼的账面价值：60 000 000 - 3 000 000 - 1 000 000 = 56 000 000（元）

出售时的净收益：57 000 000 - 56 000 000 - 300 000 = 700 000（元）

账务处理如下：

① 确认收入：

借：银行存款 62 130 000

    贷：其他业务收入——写字楼出售 57 000 000

        应交税费——应交增值税（销项税额） 5 130 000

② 结转成本：

借：其他业务成本——写字楼出售 56 000 000

    投资性房地产累计折旧 3 000 000

    投资性房地产减值准备——写字楼 1 000 000

    贷：投资性房地产——写字楼 60 000 000

借：其他业务成本——写字楼出售 300 000

    贷：银行存款 300 000

（二）采用公允价值模式计量的投资性房地产

1. 科目设置

企业采用公允价值模式计量对投资性房地产进行核算，应设置"投资性房地产""公允价值变动损益"等科目。其中"投资性房地产"科目下需设置"成本"和"公允价值变动"两个明细科目。

2. 投资性房地产的取得

采用公允价值模式计量的投资性房地产，无论是外购还是自行建造，企业在取得时应当按实际成本作为投资性房地产的初始成本，实际成本的核算与采用成本模式计量的投资性房地产相同。

外购或自行建造取得投资性房地产，借记"投资性房地产——成本"科目，贷记"银行存款""在建工程"等科目。

【业务 7-13】 沿用【业务 7-7】资料，德信公司 2024 年 6 月购买的写字楼，假设符合采用公允价值模式计量的条件，采用公允价值模式进行初始计量。账务处理如下：

借：投资性房地产——写字楼（成本）　　　　　　　　60 000 000
　　应交税费——应交增值税（进项税额）　　　　　　 5 382 000
　　　贷：银行存款　　　　　　　　　　　　　　　　　　 65 382 000

【业务 7-14】 沿用【业务 7-8】资料，科沃公司 2024 年 11 月自行建造完工的商用楼，假设符合采用公允价值模式计量的条件，采用公允价值模式进行初始计量。账务处理如下：

借：投资性房地产——商用楼（成本）　　　　　　　　40 000 000
　　　贷：在建工程——商用楼　　　　　　　　　　　　　 40 000 000
借：投资性房地产——已出租土地使用权（成本）　　　 5 000 000
　　　贷：无形资产——土地使用权　　　　　　　　　　　　5 000 000

3. 投资性房地产的后续计量

采用公允价值模式计量的投资性房地产，无需计提折旧或摊销，也不计提减值准备。资产负债表日，企业应当根据投资性房地产的公允价值调整其账面价值。当投资性房地产的公允价值高于账面价值时，将其差额借记"投资性房地产——公允价值变动"科目，贷记"公允价值变动损益"科目；当投资性房地产的公允价值低于账面价值时，则将其差额作相反的会计分录。

公允价值模式下，投资性房地产取得租金收入的账务处理与采用成本模式的相同。借记"银行存款"等科目，贷记"其他业务收入""应交税费——应交增值税（销项税额）"等科目。

【业务 7-15】 沿用【业务 7-13】资料，德信公司 2024 年 6 月购买的写字楼，该写字楼成本为 60 000 000 元，至 2024 年 12 月，写字楼公允价值为 57 500 000 元，计算如下：

写字楼的公允价值变动 = 公允价值 - 账面价值
$$= 57\,500\,000 - 60\,000\,000 = -2\,500\,000（元）$$

账务处理如下：

借：公允价值变动损益——投资性房地产　　　　　　　 2 500 000
　　　贷：投资性房地产——写字楼（公允价值变动）　　　　2 500 000

4. 投资性房地产的处置

处置采用公允价值模式计量的投资性房地产，应当按处置时实际收到的金额，借记"银行存款"等科目，贷记"其他业务收入""应交税费——应交增值税（销项税额）"等科目。

按该投资性房地产的账面价值，借记"其他业务成本"科目，贷记"投资性房地产——成本"和"投资性房地产——公允价值变动"科目。

处置投资性房地产时，应同时结转该投资性房地产持有期间累计公允价值变动损益，如果累计公允价值变动损益在贷方，借记"公允价值变动损益"科目，贷记"其他业务成本"科目。反之，则作相反分录。

【业务 7-16】 沿用【业务 7-13、业务 7-15】资料，2025 年 6 月，德信公司出售该商业写字楼，合同价款 57 000 000 元，增值税税率 9%，款项已存银行。该写字楼的成本为 60 000 000 元，公允价值变动为贷方余额 2 500 000 元。账务处理如下：

① 确认收入：

借：银行存款   62 130 000

　　贷：其他业务收入——写字楼出售   57 000 000

　　　　应交税费——应交增值税（销项税额）   5 130 000

② 结转成本：

借：其他业务成本——写字楼出售   57 500 000

　　投资性房地产——写字楼（公允价值变动）   2 500 000

　　贷：投资性房地产——写字楼（成本）   60 000 000

借：其他业务成本——写字楼出售   2 500 000

　　贷：公允价值变动损益——投资性房地产   2 500 000

知识测试

一、单选题

1. 下列不属于投资性房地产的是（　　　）。

A. 已出租的土地使用权

B. 持有并准备增值后转让的土地使用权

C. 自用的办公楼

D. 已出租的建筑物

2. 投资性房地产的后续计量模式一经确定，（　　　）。

A. 可以随时变更   B. 不得随意变更

C. 只有在特定情况下可以变更   D. 变更需经过监管部门批准

3. 在成本模式下，用于出租的投资性房地产的折旧费记入的科目是（　　　）。

A. 营业外支出   B. 管理费用   C. 其他业务成本   D. 销售费用

4. 关于投资性房地产的后续计量，以下说法正确的是（　　　）。

A. 只能采用成本模式进行后续计量

B. 公允价值模式下，不对投资性房地产计提折旧或进行摊销

C. 成本模式下，需要对投资性房地产进行减值测试

D. 公允价值变动不影响当期损益

5. 公允价值模式下，投资性房地产的公允价值变动应记入的科目是（　　　）。

A."投资收益"   B."公允价值变动损益"

C．"营业外收入"　　　　　　　　　　D．"其他业务收入"

6．企业出售投资性房地产时，以下不属于处置时的账务处理步骤的是（　　）。

A．确认收入　　　　　　　　　　　　B．结转成本

C．计算并缴纳相关税费　　　　　　　D．将公允价值变动损益转入投资收益

7．关于投资性房地产的取得，以下说法错误的是（　　）。

A．外购的投资性房地产按照购买价款和相关税费等确定其成本

B．自行建造的投资性房地产按照建造过程中的实际成本确定其成本

C．以其他方式取得的投资性房地产按照相关会计准则的规定确定其成本

D．无论何种方式取得，投资性房地产的成本均按市场公允价值确定

8．企业采用成本模式对投资性房地产进行后续计量时，下列说法正确的是（　　）。

A．不需要对投资性房地产计提折旧或进行摊销

B．应当根据市场情况不断调整其账面价值

C．应当在资产负债表日采用公允价值进行后续计量

D．应当按照固定资产或无形资产的相关规定，按期计提折旧或摊销

9．在公允价值模式下，投资性房地产的后续计量主要考虑的是（　　）。

A．资产的原始购买成本　　　　　　　B．资产的折旧或摊销情况

C．资产负债表日的公允价值　　　　　D．资产的预计未来现金流量

10．下列关于公允价值模式下投资性房地产的表述中，正确的是（　　）。

A．公允价值模式下，投资性房地产不需要进行后续计量

B．公允价值模式下，投资性房地产的公允价值变动应记入其他综合收益

C．公允价值模式下，投资性房地产不计提折旧或摊销，以资产负债表日的公允价值计量

D．公允价值模式下，投资性房地产的减值准备一经计提，不得转回

二、多选题

1．下列属于投资性房地产范围的是（　　）。

A．已出租的土地使用权

B．持有并准备增值后转让的土地使用权

C．已出租的建筑物

D．转租的厂房

2．关于投资性房地产的后续计量，以下说法正确的是（　　）。

A．通常应当采用成本模式进行后续计量

B．在满足一定条件下，可以采用公允价值模式进行后续计量

C．同一企业只能采用一种模式对所有投资性房地产进行后续计量

D．采用公允价值模式计量的，不对投资性房地产计提折旧或进行摊销

3．关于投资性房地产的处置，以下说法正确的是（　　）。

A．处置时应按实际收到的金额确认收入

B．处置时应结转投资性房地产的账面价值

C．处置时可能涉及增值税的处理

D. 处置损益记入营业外收支

4. 关于投资性房地产的确认条件，以下说法正确的是（　　　）。

A. 与该投资性房地产相关的经济利益很可能流入企业

B. 该投资性房地产的成本能够可靠地计量

C. 投资性房地产必须由企业自行建造或开发

D. 投资性房地产可以是通过购买方式取得的

5. 在成本模式下，关于投资性房地产的后续计量，以下说法正确的是（　　　）。

A. 需要对投资性房地产计提折旧或摊销

B. 无需对投资性房地产进行减值测试

C. 投资性房地产的折旧费用记入管理费用

D. 投资性房地产的折旧费用记入其他业务成本

6. 采用公允价值模式计量的投资性房地产，以下说法正确的是（　　　）。

A. 不对投资性房地产计提折旧或摊销

B. 以资产负债表日投资性房地产的公允价值为基础调整其账面价值

C. 公允价值与原账面价值之间的差额记入公允价值变动损益

D. 公允价值变动不影响当期损益

7. 下列情况可能导致投资性房地产的账面价值发生变化的是（　　　）。

A. 成本模式下计提折旧　　　　　　　　B. 公允价值模式下市场价格的波动

C. 投资性房地产转为自用房地产　　　　D. 对投资性房地产进行日常维护

8. 关于投资性房地产的处置，以下说法正确的是（　　　）。

A. 处置时应确认收入并结转成本

B. 处置时应将公允价值变动损益转入其他业务成本

C. 处置时无需考虑相关税费的影响

D. 处置后可能影响企业的利润水平

三、判断题

1. 投资性房地产是指企业为赚取租金或资本增值而持有的房地产，包括自用房地产和作为存货的房地产。　　　　　　　　　　　　　　　　　　　　　　　　（　　　）

2. 在成本模式下，投资性房地产需要按期计提折旧或摊销，并记入当期损益。（　　　）

3. 企业可以随意选择采用成本模式或公允价值模式对投资性房地产进行后续计量。
　　　　　　　　　　　　　　　　　　　　　　　　　　　　　　　　　　　（　　　）

4. 企业通常应当采用成本模式对投资性房地产进行后续计量，但满足一定条件时也可采用公允价值模式。　　　　　　　　　　　　　　　　　　　　　　　　　　（　　　）

5. 已采用公允价值模式计量的投资性房地产，可以从公允价值模式转为成本模式。
　　　　　　　　　　　　　　　　　　　　　　　　　　　　　　　　　　　（　　　）

6. 在公允价值模式下，投资性房地产不计提折旧或摊销。　　　　　　　　（　　　）

7. 企业出售、转让、报废投资性房地产或发生投资性房地产毁损时，应当将处置收入扣除其账面价值和相关税费后的金额记入当期损益。　　　　　　　　　　　　　（　　　）

任务三　长期待摊费用的核算

 任务导读

　　企业长期待摊费用主要指企业在一定期限内摊销的各项长期性费用，如固定资产的修理费、租入固定资产的改良支出等。这些费用在发生时一次性支付，但其效益会在多个会计期间内体现，因此需要分期摊销至各会计期间。在账务处理上，企业需按照一定标准和方法将长期待摊费用分摊至各个受益期，确保费用的合理分摊和成本的准确计量。

一、长期待摊费用的概述

　　长期待摊费用是指企业已经支出，但摊销期限超过一年的各项费用，包括开办费、租入固定资产的改良支出及摊销期限超过一年的固定资产大修理支出、股票发行费用等。这些费用由于其受益期间超过一年，因此不能在一次性的费用中列支，而需要在其受益期内分期平均摊销。这样做既能正确反映企业当期的经营成果，又符合权责发生制原则和配比原则。

二、长期待摊费用的账务处理

　　长期待摊费用的核算主要包括费用的发生和费用的摊销两个环节。根据企业会计准则，长期待摊费用一般应当采用直线法进行摊销。也就是将长期待摊费用平均分摊到各个受益期间。在某些特定情况下，根据长期待摊费用的性质和受益期限，也可能以采用其他合适的方法进行摊销。关于摊销的起始时间，长期待摊费用应当自支出发生月份的次月起开始摊销。

　　企业发生长期待摊费用时，借记"长期待摊费用"科目，贷记"原材料""银行存款"等科目；摊销长期待摊费用时，借记"管理费用""销售费用"等科目，贷记"长期待摊费用"科目。

　　【业务7-17】　2024年11月，华联公司租入一栋办公楼用于日常办公，租期为5年。为提高办公环境的舒适度，企业对办公楼进行了装修，共发生装修费用600 000元，以银行存款支付。2024年12月装修完成并交付使用，预计该装修能使办公楼在未来5年内受益。账务处理如下：

　　① 发生装修费用：

　　借：长期待摊费用——办公楼装修　　　　　　　　　　　　　600 000
　　　　贷：银行存款　　　　　　　　　　　　　　　　　　　　　　600 000

　　② 2025年1月摊销装修支出：

　　采用直线法摊销，每月的摊销额：600 000÷（5×12）＝10 000（元）

　　借：管理费用　　　　　　　　　　　　　　　　　　　　　　　10 000
　　　　贷：长期待摊费用——办公楼装修　　　　　　　　　　　　　10 000

办公楼的装修支出在租赁期 5 年内，每月进行摊销处理，直至长期待摊费用摊销完毕。

 素养天地

美凯龙投资性房地产核算违规案

红星美凯龙家居集团股份有限公司（以下简称"美凯龙"）是一家上市公司，其业务涉及家居零售等多个领域。

2024 年 4 月，财政部组织检查组对公司会计信息质量进行检查时，发现美凯龙所属子公司将名下部分不满足投资性房地产确认条件（如无法单独计量和出售）的房产错误地作为投资性房地产进行核算，通过不当的会计处理手段虚增投资性房地产价值以粉饰财务报表。这一行为违反了《会计法》和《企业会计准则第 3 号——投资性房地产》的相关规定。依据《会计法》第四十二条的规定，财政部决定给予美凯龙 5 万元的行政处罚，并对相关责任人进行了罚款。

这一处罚决定体现了监管部门对上市公司会计信息质量的高度重视和严格监管态度，也提醒了上市公司必须严格遵守会计准则和法规，确保会计信息的真实、准确和完整。

知识测试

一、单选题

1. 长期待摊费用是指企业已经支出，但摊销期限在 1 年以上（不含 1 年）的各项费用。以下不属于长期待摊费用的是（　　　）。

A. 购入固定资产的运费　　　　　　　　B. 租赁固定资产的改良支出

C. 固定资产的大修理支出　　　　　　　D. 固定资产改良支出

2. 关于长期待摊费用的摊销方法，以下说法正确的是（　　　）。

A. 只能采用直线法摊销　　　　　　　　B. 可以采用工作量法摊销

C. 可以根据实际情况选择合理的摊销方法　　D. 必须采用年数总和法摊销

3. 企业对经营租入固定资产进行改良所发生的支出，账务处理应是（　　　）。

A. 记入固定资产成本　　　　　　　　　B. 作为长期待摊费用处理

C. 直接记入当期损益　　　　　　　　　D. 记入无形资产成本

二、多选题

1. 下列支出可以记入长期待摊费用的是（　　　）。

A. 已提足折旧的固定资产的改建支出　　B. 经营租入固定资产的改建支出

C. 符合税法规定的固定资产大修理支出　D. 购入固定资产的安装费用

2. 关于长期待摊费用的摊销，以下说法正确的是（　　　）。

A. 摊销方法应当反映与该费用有关的经济利益的预期实现方式

B. 摊销方法一经确定，可以随意变更

C. 摊销期限应根据实际情况合理确定

D. 摊销期限一旦确定，不得更改

3．下列关于长期待摊费用会计处理的说法中，正确的是（　　　）。

A．长期待摊费用应当单独核算

B．长期待摊费用在费用项目的受益期限内分期摊销

C．若费用项目不能使以后会计期间受益，应将尚未摊销的该项目的摊余价值全部转入当期损益

D．长期待摊费用摊销时只能记入"管理费用"

三、判断题

1．企业对经营租入的固定资产进行改良所发生的支出，应记入当期损益。（　　　）

2．长期待摊费用在摊销时，应根据其受益对象记入相关资产的成本或当期费用，如"管理费用"和"销售费用"。（　　　）

3．已提足折旧的固定资产的改建支出、经营租入固定资产的改建支出，应自支出发生当月开始分期摊销。（　　　）

📝 项目训练

一、长江公司有关无形资产业务如下。

1．2023 年 1 月 10 日，购入 A 专利权，增值税专用发票上注明价款为 4 500 000 元，增值税为 270 000 元，款项以存款支付。

2．2023 年 1 月 31 日，摊销本月 A 专利权成本（按 10 年平均摊销）。

3．2025 年 1 月 12 日，将 A 专利权以 2 500 000 元的不含税价格出售，另收取增值税 150 000 元，款项收存银行结算户。

4．2024 年 2 月开始研究 B 专利权，研究阶段发生费用 980 000 元，其中材料费 550 000 元，工资 320 000 元，折旧费 30 000 元，其他费用 80 000 元（通过银行支付）。

5．2024 年 10 月 B 专利权进入开发阶段，开发阶段发生费用 280 000 元，其中材料费 150 000 元，工资 98 000 元，折旧费 15 000 元，其他费用 17 000 元（通过银行支付），全部符合资本化条件。

6．2024 年 3 月 6 日，将 C 专利权出租给东江公司使用，每月租金 5 000 元，增值税 300 元。当月租金已到账。

7．2024 年 3 月 31 日，摊销本月出租 C 专利权成本 4500 元。

8．2024 年 12 月 31 日，将 D 专利权作报废处理，该专利权原值为 3 000 000 元，已摊销 2 300 000 元，已计提减值准备 550 000 元。

要求：根据上述资料编写相关的会计分录。

二、光明公司对投资性房地产采用成本模式核算，有关房地产的相关业务资料如下。

1．2022 年 12 月，购入一栋办公楼，买价 30 000 000 元，增值税 2 700 000 元，价税款以银行存款支付，随即将该办公楼出租给黄埔公司，相关手续已办理完毕。

2．2022 年 12 月，通过银行收到出租办公楼当月租金收入 100 000 元及增值税款 9 000 元。

3．2023 年 12 月，计提该办公楼全年折旧额。该办公楼采用直线法按 20 年计提折旧，预计净残值率为 5%。

4．2024 年 12 月，光明公司将该办公楼以 32 000 000 元的价格出售给黄埔公司，另收取增值税 2 880 000 元，全部款项通过银行收讫，相关手续办理完毕。

要求：根据上述资料编写相关的会计分录。

三、北江公司对投资性房地产采用公允价值模式核算，有关房地产的相关业务资料如下。

1．2022 年 12 月，自建一栋办公楼，工程造价共计 40 000 000 元。工程完工后随即出租给天河公司使用。

2．2023 年 12 月末，该办公楼的公允价值为 39 000 000 元。

3．2024 年 12 月末，该办公楼的公允价值为 43 000 000 元。

4．2025 年 1 月 16 日，北江公司将该办公楼以 46 000 000 元的价格出售给天河公司，另收取增值税 4 140 000 元，全部款项通过银行收讫，相关手续办理完毕。

要求：根据上述资料编写相关的会计分录。

项目八
流动负债核算

知识目标

　　了解流动负债的概念、特点；

　　熟悉流动负债的核算方法。

技能目标

　　掌握短期借款的核算；

　　掌握应付、预收款项的核算；

　　熟悉职工薪酬的内容，掌握应付职工薪酬的核算；

　　了解应交税费的核算范围，掌握应交税费的核算。

素养目标

　　树立规则意识与实事求是的职业素养和职业价值观，严格执行会计准则，依法纳税和制度自信。

知识导图

```
                              ┌ 短期借款的概述
          ┌ 短期借款的核算 ┤
          │                   └ 短期借款的账务处理
          │                      ┌ 应付票据的核算
          │                      │ 应付账款的核算
          │ 应付及预收款项的核算 ┤
          │                      │ 预收账款的核算
流动负债核算 ┤                      └ 其他应付款的核算
          │                      ┌ 职工薪酬概述
          │ 应付职工薪酬的核算 ┤
          │                      └ 应付职工薪酬的账务处理
          │                      ┌ 应交增值税的核算
          └ 应交税费的核算 ┤ 应交消费税的核算
                                 └ 其他应交税费的核算
```

知识准备

　　流动负债核算的主要会计科目包括：短期借款、应付利息、财务费用、应付票据、应付账款、预收账款、其他应付款、应付职工薪酬、应交税费等。

任务一 短期借款的核算

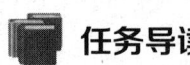 **任务导读**

负债按偿还期限的长短可分为流动负债和非流动负债。流动负债又称短期负债，是指将在1年或超过1年的一个营业周期内偿还的债务。流动负债的主要特点是偿还期短，举借流动负债的目的是满足流动资金周转的需要。流动负债包括短期借款、应付账款、应付票据、预收账款、应付职工薪酬、应交税费、其他应付款等。

一、短期借款的概述

短期借款是指企业向银行或其他金融机构等借入的期限在一年以下（含一年）的各种借款。短期借款一般是企业为了满足正常生产经营需要的资金或是为抵偿某项债务而借入的，具有金额小、时间短、利息低等特点。

二、短期借款的账务处理

（一）科目设置

企业在核算短期借款时，应设置"短期借款""财务费用""应付利息"等科目。可按借款种类、贷款人和币种进行明细分类核算。

企业借入的各种短期借款，借记"银行存款"科目，贷记"短期借款"科目；计提利息，借记"财务费用"科目，贷记"应付利息"科目；支付利息，借记"应付利息""财务费用"科目，贷记"银行存款"科目；归还借款，借记"短期借款"科目，贷记"银行存款"科目。

（二）账务处理

短期借款包括三种付息方式：按月支付利息、按季支付利息、到期连同本金一起归还利息。其中，按季支付利息、到期连同本金一起归还利息方式，月末应采用预提方式进行短期借款利息的核算。

1. 取得短期借款

【业务 8-1】 2024 年 7 月 1 日，振兴公司向工商银行白云支行借入一笔 600 000 元的流动资金，期限为 6 个月，年利率为 5%。账务处理如下：

借：银行存款　　　　　　　　　　　　　　　　　　　600 000
　　贷：短期借款——工商银行白云支行　　　　　　　　　　600 000

2. 发生短期借款利息

（1）按月支付利息

归还借款前每月计提利息、每季支付利息账务处理同上。

【业务 8-2】 沿用【业务 8-1】资料，假设 2024 年 7 月 1 日振兴公司的借款，按月支付利息。

账务处理如下：

月利息计算：600 000 × 5% ÷ 12 ＝ 2 500（元）

7月31日支付利息：

借：财务费用——利息　　　　　　　　　　　　　　　　　　2 500

　　贷：银行存款　　　　　　　　　　　　　　　　　　　　　　　　2 500

归还借款前每月支付利息账务处理同上。

（2）按季支付利息

按月计提利息，季末支付利息。

【业务8-3】　沿用【业务8-1】资料，假设2024年7月1日振兴公司的借款，按季支付利息。

账务处理如下：

① 7月31日预提利息：

借：财务费用——利息　　　　　　　　　　　　　　　　　　2 500

　　贷：应付利息——工商银行白云支行　　　　　　　　　　　　　　2 500

8月31日计提利息账务处理同上。

② 9月30日支付利息：

借：应付利息——工商银行白云支行　　　　　　　　　　　　5 000

　　财务费用——利息　　　　　　　　　　　　　　　　　　2 500

　　贷：银行存款　　　　　　　　　　　　　　　　　　　　　　　　7 500

归还借款前每月计提利息、每季支付利息账务处理同上。

（3）到期连同本金一起归还

按月计提利息，到期连同本金一起归还。

【业务8-4】　沿用【业务8-1】资料，假设2024年7月1日振兴公司的借款，到期一次性还本付息。账务处理如下：

① 7月31日计提利息：

借：财务费用——利息　　　　　　　　　　　　　　　　　　2 500

　　贷：应付利息——工商银行白云支行　　　　　　　　　　　　　　2 500

归还借款前每月计提利息账务处理同上。

② 12月31日支付利息：

借：应付利息——工商银行白云支行　　　　　　　　　　　12 500

　　财务费用——利息　　　　　　　　　　　　　　　　　　2 500

　　贷：银行存款　　　　　　　　　　　　　　　　　　　　　　　15 000

3. 归还短期借款

一般为年末归还本金。

【业务8-5】　沿用【业务8-1】资料，12月31日归还借款。

借：短期借款——工商银行白云支行　　　　　　　　　　600 000

　　贷：银行存款　　　　　　　　　　　　　　　　　　　　　　600 000

知识测试

一、单选题

1. 短期借款利息应记入（　　）科目。

A. "短期借款"　　　　B. "财务费用"　　　　C. "管理费用"　　　　D. "借款利息"

2. 资产负债表日，预提的短期借款利息，应贷记（　　）科目。

A. "短期借款"　　　　B. "财务费用"　　　　C. "管理费用"　　　　D. "应付利息"

二、多选题

1. 下列属于流动负债的是（　　）。

A. 应付账款　　　　B. 预付账款　　　　C. 预收账款　　　　D. 应交税费

2. 短期借款具有（　　）等特点。

A. 金额小　　　　B. 时间短　　　　C. 利息低　　　　D. 流动性强

三、判断题

1. "短期借款"科目可按借款种类、贷款人和币种进行明细分类核算。　　　（　　）

2. 短期借款是指企业向银行或其他金融机构等借入的期限在一年以下（不含一年）的各种借款。　　　　　　　　　　　　　　　　　　　　　　　　　　　　（　　）

任务二　应付及预收款项的核算

任务导读

应付款项指的是企业在日常经营活动中，因购买货物、接受服务或其他原因而形成的负债。这些负债是需要企业按照约定的时间节点，向供应商、服务商或其他相关单位支付的款项。预收款项是在企业销售交易成立以前，预先收取的部分货款。应付及预收款项包含应付票据、应付账款、预收账款和其他应付款等负债项目。这些负债项目活跃在企业资金流动中，企业需要合理规划和管理这些负债，确保资金的顺畅流动和信誉的维护。

一、应付票据的核算

应付票据是指出票人出票，并由承兑人允诺在一定时期内支付一定款项的书面证明。在我国，应付票据是在商品购销活动中由于采用商业汇票结算方式而发生的。按承兑人不同，分为商业承兑汇票和银行承兑汇票，商业承兑汇票承兑人是企业，银行承兑汇票承兑人是银行；按是否带息分为带息应付票据和不带息应付票据，目前我国常用的是不带息应付票据。

（一）应付票据的概述

应付票据是指企业购买材料、商品和接受劳务供应等而开出并承兑的商业汇票。我国商业汇票的付款期限最长不超过 6 个月，属于短期应付票据，因此，企业应将应付票据作为流动负债管理和核算。同时，由于应付票据的偿付时间较短，在会计实务中，一般按照开出、承兑的应付票据的面值入账。

企业应当设置"应付票据备查簿"，详细登记商业汇票的种类、号数、出票日期、到期日期、票面余额、交易合同号、收款人姓名或单位名称、付款日期和金额等资料。应付票据到期结清时，应当在备查簿内予以注销。

（二）科目设置

企业通过"应付票据"科目，核算应付票据的发生、偿付等情况。贷方登记开出、承兑汇票的面值及带息票据的预提利息，借方登记支付票据的金额，月末余额在贷方，表示企业尚未到期的商业汇票的账面价值。

（三）应付票据的账务处理

企业因购买材料、商品和接受劳务供应等而开出并承兑的商业汇票，应当按照其票面金额作为应付票据的入账金额，借记"在途物资""原材料""库存商品""应付账款""应交税费——应交增值税（进项税额）"等科目，贷记"应付票据"科目。

企业支付的银行承兑汇票手续费应当记入当期财务费用，借记"财务费用"科目，贷记"银行存款"科目。

【业务 8-6】　2024 年 6 月 1 日，南方公司向北方公司签发一张面值为 339 000 元，期限为 3 个月的不带息商业承兑汇票，用以采购一批 A 材料。增值税专用发票注明价款为300 000 元，增值税为 39 000 元，材料已验收入库。2024 年 9 月 1 日，南方公司如期支付票款。账务处理如下：

① 签发商业汇票：

借：原材料——A 材料	300 000
应交税费——应交增值税（进项税额）	39 000
贷：应付票据——商业承兑汇票	339 000

② 到期支付票款：

借：应付票据——商业承兑汇票	339 000
贷：银行存款	339 000

【业务 8-7】　沿用【业务 8-6】资料，假设上述商业汇票为银行承兑汇票，南方公司已缴纳承兑手续费 200 元，账务处理如下：

借：财务费用——手续费	200
贷：银行存款	200

应付商业承兑汇票到期，如企业无力支付票款，应付票据的账面余额转作应付账款，借记"应付票据"科目，贷记"应付账款"科目；应付银行承兑汇票到期，如企业无力支付票款，应将应付票据的账面余额转作短期借款，借记"应付票据"科目，贷记"短期借款"科目。

【业务 8-8】　沿用【业务 8-6】资料，假设南方公司签发的商业汇票为银行承兑汇票，该汇票到期时，该公司无力支付票款。账务处理如下：

借：应付票据——商业承兑汇票	339 000
贷：短期借款	339 000

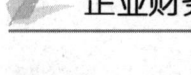 **知识拓展**

应付票据管理的注意事项

二、应付账款的核算

应付账款是企业的一项负债，是企业应付但还没有支付的款项。这是买卖双方在购销活动中，由于采购物资与支付货款在时间上存在不一致而产生的债务。但是，如果应付账款太多，说明短期内企业面临较大的还款压力，不利于企业经营。

（一）应付账款的概述

应付账款是指企业因购买材料、商品或接受劳务供应等经营活动应支付给供应单位的款项。应付账款一般应在与所购买物资所有权相关的主要风险和报酬已经转移，或者所购买的劳务已经接受时确认。

（二）科目设置

企业应通过"应付账款"科目，核算应付账款的发生、偿还、转销等情况。该科目贷方登记企业购买材料、商品和接受劳务等而发生的应付账款，借方登记偿还的应付账款，或开出商业汇票抵付应付账款的款项，或已冲销的无法支付的应付账款，余额一般在贷方，表示企业尚未支付的应付账款余额。本科目一般应按照债权人设置明细科目进行明细分类核算。

（三）应付账款的账务处理

企业购入材料、商品或接受劳务但货款尚未支付时，根据有关凭证，借记"在途物资""原材料""库存商品""应交税费——应交增值税（进项税额）"等科目，贷记"应付账款"科目。

【业务 8-9】 2024 年 7 月 3 日，南方公司从方达公司购入一批 A 材料，增值税专用发票注明价款为 120 000 元，增值税为 15 600 元。材料已验收入库，货款尚未支付。7 月 25 日支付货款。账务处理如下：

① 7 月 3 日购入材料：

借：原材料——A 材料　　　　　　　　　　　　　　　　120 000
　　应交税费——应交增值税（进项税额）　　　　　　　　15 600
　　　贷：应付账款——方达公司　　　　　　　　　　　　　135 600

② 7 月 25 日支付货款：

借：应付账款——方达公司　　　　　　　　　　　　　　135 600
　　　贷：银行存款　　　　　　　　　　　　　　　　　　135 600

【业务 8-10】 2024 年 7 月 30 日，南方公司从方圆公司采购一批 B 材料，增值税专用发票注明价款为 500 000 元，增值税为 65 000 元。同时，对方代垫运费 2 000 元，增值税为 180 元。材料已验收入库，货款尚未支付。账务处理如下：

借：原材料——B 材料　　　　　　　　　　　　　　　　　502 000
　　　　应交税费——应交增值税（进项税额）　　　　　　　65 180
　　　　贷：应付账款——方圆公司　　　　　　　　　　　　　　　567 180

　　企业接受供应单位提供劳务而发生的应付未付款项，根据供应单位的发票账单，借记"生产成本""管理费用"科目等，贷记"应付账款"科目。

　　企业开出商业汇票抵付应付账款时，借记"应付账款"科目，贷记"应付票据"科目。

　　【业务 8-11】 沿用【业务 8-10】资料，2024 年 8 月 17 日，开出一张期限为一个月的银行承兑汇票，用于抵付所欠方圆公司的货款。账务处理如下：

　　借：应付账款——方圆公司　　　　　　　　　　　　　　　567 180
　　　　贷：应付票据——方圆公司　　　　　　　　　　　　　　　567 180

　　无法支付的应付账款转让营业外收入，借记"应付账款"科目，贷记"营业外收入"科目。

　　【业务 8-12】 2024 年 8 月 31 日，南方公司确定一笔应付账款 6 000 元为无法支付的款项，应予转销。账务处理如下：

　　借：应付账款　　　　　　　　　　　　　　　　　　　　　6 000
　　　　贷：营业外收入　　　　　　　　　　　　　　　　　　　　　6 000

应付账款的管理和风险

三、预收账款的核算

　　预收账款是以买卖双方协议或合同为依据，由购货方预先支付一部分或全部货款给供应方而发生的一项负债，这项负债要用以后的商品或劳务来偿付。

（一）预收账款的概述

　　预收账款是指企业应按照合同的规定向购货单位预收的款项。与应付账款不同，预收账款所形成的负债不是以货币偿还，而是以货物或劳务偿付。预收账款向购货方预收的购货订金或部分货款，待实际出售货物、商品或提供劳务时再行冲减。

（二）科目设置

　　企业应通过"预收账款"科目，核算预收账款的取得、偿付等情况。贷方登记发生的预收账款的金额和购货单位补付账款的金额，借方登记企业向购货方发货后冲销的预收账款金额和退回购货方多付账款的金额。余额一般在贷方，反映企业向购货单位预收账款但尚未向购货方发货的金额；如余额在借方，反映企业应收的款项。企业应当按照购货单位设置明细科目进行明细分类核算。

（三）预收账款的账务处理

企业向购货单位预收款项时，借记"银行存款"科目，贷记"预收账款"科目。销售实现时，借记"预收账款"科目，按照实现的销售收入，贷记"主营业务收入"科目，按照增值税专用发票上注明的增值税税额，贷记"应交税费——应交增值税（销项税额）"等科目。企业收到购货单位补付的款项，借记"银行存款"科目，贷记"预收账款"科目。向购货单位退回其多付的款项时，借记"预收账款"科目，贷记"银行存款"科目。

【业务 8-13】 2024 年 9 月 13 日，南方公司与金诺工厂签订供货合同，向其出售一批丙产品。按合同规定，金诺工厂应向南方公司预付货款的 60%，剩余款项在交货后付清。9 月 18 日，南方公司收到金诺工厂交来的预付款为 360 000 元，9 月 25 日南方公司发出货物，并开具增值税专用发票。增值税专用发票注明价款为 600 000 元，增值税为 78 000 元。金诺工厂验收合格后，付清剩余货款。账务处理如下：

① 9 月 18 日，收到金诺工厂交来的预付款：

借：银行存款 360 000
 贷：预收账款——金诺工厂 360 000

② 9 月 25 日，向金诺工厂发出货物：

借：预收账款——金诺工厂 678 000
 贷：主营业务收入——丙产品 600 000
  应交税费——应交增值税（销项税额） 78 000

③ 9 月 25 日，收到金诺工厂补付的货款：

借：银行存款 318 000
 贷：预收账款——金诺工厂 318 000

如企业预收账款情况不多，也可不设置"预收账款"科目，将预收的款项记入"应收账款"科目的贷方。

知识拓展

预收账款：财富的提前到来？

四、其他应付款的核算

（一）其他应付款的概述

其他应付款是指与企业的主营业务没有直接关系的除应付票据、应付账款、应付职工薪酬、应付股利等以外的应付、暂收其他单位或个人的款项，如应付租入固定资产和包装物的租金、存入保证金（如商品质量保证金、招标保证金、经销商保证金、股权转让保证金）、应付统筹退休金、职工未按期领取的工资和预提费用（如预提广告费、运输费、管理费、销售折让）等。其他应付款反映的是企业期末应付未付的金额，属于一项负债。

（二）科目设置

企业应设置"其他应付款"科目进行核算。该科目属于负债类科目，贷方登记发生的各种应付、暂收款项，借方登记偿还或转销的各种应付暂收款项，月末，余额在贷方，表示企业应付、暂收的结存现金。本科目应按应付、暂收款项的类别设置明细科目。

（三）其他应付款的账务处理

企业发生的其他各种应付、暂收款项，借记"管理费用"等科目，贷记"其他应付款"科目；支付的其他各种应付、暂收款项，借记"其他应付款"科目，贷记"银行存款"等科目。

【业务8-14】2024年11月15日，南方公司向立白工厂出租一批包装木箱，收到现金押金5 000元。三个月后，南方工厂将该批包装木箱如数归还，南方公司于当天退还现金押金5 000元。账务处理如下：

① 收到押金：

借：库存现金　　　　　　　　　　　　　　　　　　　　　　5 000
　　贷：其他应付款——立白工厂　　　　　　　　　　　　　　　　5 000

② 退还押金：

借：其他应付款——立白工厂　　　　　　　　　　　　　　　5 000
　　贷：库存现金　　　　　　　　　　　　　　　　　　　　　　5 000

　知识拓展

其他应付款：潜藏的财务风险

　素养天地

预收账款：诚信与责任的基石

　　某公司A与客户B签订了一份合同，客户B需预先支付一部分款项作为订金。然而，在合同履行过程中，A公司遇到了一些困难，导致无法按时交付产品。此时，A公司面临着一个重要的选择：是诚实地告知B公司实际情况，还是选择隐瞒并寻找借口拖延？

　　在这个案例中，A公司选择了诚实。他们及时与B公司沟通，说明了困难，并提出了合理的解决方案。这种诚实的态度不仅赢得了B公司的理解和信任，也为A公司树立了良好的商业信誉。诚信是商业世界的基石，它不仅能够建立长期的合作关系，还能为企业带来更多的商业机会。通过诚实地面对问题，A公司展示了他们对客户的尊重和负责，同时也体现了他们自身的道德价值观。除了诚信，责任也是这个案例中的关键要素。A公司意识到，他们有责任按照合同约定履行义务。即使遇到困难，他们也没有选择逃避，而是积极寻求解决问题的方法，这种责任的担当有助于维护商业秩序。因此，在面对预收账款时，企业应该明白，这不仅是一笔款项，更是一份对客户的承诺和责任。

在日常生活中，我们也应该以诚信和责任为准则，无论是在商业领域还是在个人交往中。只有这样，才能建立起良好的人际关系和社会秩序。

知识测试

一、单选题

1. 以下情况中，企业会使用应付票据的是（　　）。

A．购买原材料　　　　　　　　　　　B．支付员工工资

C．偿还长期借款　　　　　　　　　　D．购买债券

2. 企业对确实无法支付的应付账款，应转入的会计科目是（　　）。

A．"其他业务收入"　　B．"资本公积"　　C．"盈余公积"　　D．"营业外收入"

3. 银行承兑汇票到期，企业无力支付票款的，借记"应付票据"科目，贷记（　　）科目。

A．"应付账款"　　　　B．"短期借款"　　　C．"其他应付款"　　D．"预付账款"

4. 下列各项中，不属于企业流动负债的是（　　）。

A．预收购货单位的款项　　　　　　　B．预付采购材料货款

C．应付采购商品货款　　　　　　　　D．购买材料开出的商业承兑汇票

5. 预收货款业务不多的企业，可以不设置"预收账款"科目，其所发生的预收货款，可以通过（　　）核算。

A．"应收账款"科目借方　　　　　　　B．"应付账款"科目借方

C．"应收账款"科目贷方　　　　　　　D．"应付账款"科目贷方

6. 下列各项中，属于"其他应付款"科目核算范围的是（　　）。

A．应付经营租赁固定资产的租金　　　B．应付供应商的货款

C．应付给职工的薪酬　　　　　　　　D．应付供应商代垫的运杂费

二、多选题

1. 下列应通过"应付票据"科目核算的有（　　）。

A．银行承兑汇票　　B．商业承兑汇票　　C．银行汇票　　D．现金支票

2. 到期无力支付的商业汇票，应把应付票据账面余额转入（　　）科目或（　　）科目。

A．"长期借款"　　　B．"应付账款"　　　C．"其他应付款"　　D．"短期借款"

3. 下列各项中，影响应付账款入账金额的有（　　）。

A．购买商品的价款　　　　　　　　　B．现金折扣

C．增值税进项税额　　　　　　　　　D．销货方代垫的运费

4. 下列各项中，引起"应付票据"科目金额发生增减变动的有（　　）。

A．开出商业承兑汇票购买原材料

B．转销已到期无力支付票款的商业承兑汇票

C．转销已到期无力支付票款的银行承兑汇票

D．支付银行承兑汇票手续费

5. 下列选项中，关于预收账款的说法正确的有（　　）。

A．预收账款是指企业按照合同规定向购货单位支付的款项

B．预收账款所形成的负债是以货币偿付的

C．企业应通过"预收账款"科目核算预收账款的取得、偿付等情况

D．期末贷方余额反映企业预收的款项

6．下列各项中，应通过"其他应付款"科目核算的有（　　　）。

A．客户存入的保证金 　　　　　　B．租入包装物支付的押金

C．应付租入包装物的租金 　　　　D．预收购货单位的货款

三、判断题

1．应付商业承兑汇票到期，企业无力支付票款的，应将应付票据按账面余额转入应付账款。　　　　　　　　　　　　　　　　　　　　　　　　　　　　（　　　）

2．预收账款业务不多的企业，可以不单独设置"预收账款"科目，其所发生的预收账款，可通过"预付账款"科目核算。　　　　　　　　　　　　　　　　（　　　）

3．应收及预收款是资产，应付及预付款是负债。　　　　　　　　　　（　　　）

4．企业向购货单位退回其多付的款项，借记"预付账款"科目，贷记"银行存款"科目。　　　　　　　　　　　　　　　　　　　　　　　　　　　　　　　（　　　）

5．企业发生其他各种应付、暂收款项时，通过"其他应付款"科目核算。（　　　）

任务三　应付职工薪酬的核算

📔 任务导读

职工薪酬是指企业为获得职工提供的服务，或者因解除劳动关系而给予的各种形式的报酬或补偿。应付职工薪酬，是企业根据有关规定应付给职工的各种薪酬。企业的职工薪酬主要指短期薪酬，包括职工工资、奖金、津贴和补贴，职工福利费，社会保险费，住房公积金，工会经费和职工教育经费等。

企业职工薪酬的分配和支付存在一定的时间差，因此构成企业的一项流动负债。每月底，企业计算应付工资，应付工资分配记入有关成本、费用账户，企业从应付工资中代扣代缴应由职工个人负担的款项，支付给职工的是实发工资。

一、职工薪酬概述

职工薪酬包括短期薪酬、离职后福利、辞退福利和其他长期职工福利。企业提供给职工配偶、子女、受赡养人、已故员工遗属及其他受益人的福利，也属于职工薪酬。

（一）职工的范围

职工薪酬中的"职工"，主要包括三类人员。一是与企业订立劳动合同的所有人员，含全职、兼职和临时职工；二是未与企业订立劳动合同，但由企业正式任命的企业治理层和管理层人员，如董事会成员、监事会成员等；三是在企业的计划和控制下，虽未与企业订立劳动合同或未由其正式任命，但向企业所提供服务与职工所提供服务类似的人员，也属于职工的范畴，包括通过企业与劳务中介公司签订用工合同而向企业提供服务的人员。

（二）职工薪酬的内容

1. 短期薪酬

短期薪酬是指企业在职工提供相关服务的年度报告期间结束后 12 个月内需要全部予以支付的职工薪酬，因解除与职工的劳动关系给予的补偿除外。短期薪酬具体包括如下内容。

（1）职工工资、奖金、津贴和补贴

职工工资、奖金、津贴和补贴是指构成工资总额的计时工资、计件工资、支付给职工的超额劳动报酬，以及增收节支的劳动报酬、为补偿职工特殊或额外的劳动消耗和因其他特殊原因支付给职工的津贴，还包括为保证职工工资水平不受物价影响支付给职工的物价补贴等。其中，企业按照短期奖金计划向职工发放的奖金属于短期薪酬，按照长期奖金计划向职工发放的奖金属于其他长期职工福利。

（2）职工福利费

职工福利费是指企业向职工提供的生活困难补助、丧葬补助费、抚恤费、职工异地安家费、防暑降温费等职工福利支出，以及按照国家规定开支的其他职工福利支出。

（3）社会保险费

社会保险费是指企业按照国家规定的基准和比例计算，向社会保险经办机构缴纳的医疗保险费、工伤保险费等。

（4）住房公积金

住房公积金是指企业按照国家《住房公积金管理条例》规定的基准和比例计算，向住房公积金管理机构缴存的住房公积金。住房公积金缴费基数，通常为职工上一年度的月平均工资，缴存额为缴费基数乘以职工住房公积金缴存比例，以当年的 7 月 1 日至次年的 6 月 30 日为一个年度单位进行调整。

（5）工会经费和职工教育经费

工会经费和职工教育经费是指企业为了改善职工文化生活，为职工学习先进技术及提高文化水平和业务素质，用于开展工会活动和职工教育及职业技能培训，根据国家规定的基准和比例，从成本费用中提取的金额。

（6）短期带薪缺勤

短期带薪缺勤是指职工虽然缺勤但企业仍向其支付报酬的安排，包括年休假、病假、婚假、产假、丧假、探亲假等。

（7）短期利润分享计划

短期利润分享计划是指因职工提供服务而与职工达成的基于利润或其他经营成果提供薪酬的协议。

（8）其他短期薪酬

其他短期薪酬是指除上述薪酬以外的其他为获得职工提供的服务而给予的短期薪酬。

2. 离职后福利

离职后福利，是指企业为获得职工提供的服务而在职工退休或与企业解除劳动关系后，提供的各种形式的报酬和福利，短期薪酬和辞退福利除外。离职后福利计划包括设定提存计划和设定受益计划。其中，设定提存计划是指向独立的基金缴存固定费用后，企业不再承担进一步支付义务的离职后福利计划。设定受益计划，是指除设定提存计划以外的离职后福利计划。

3. 辞退福利

辞退福利，是指企业在职工劳动合同到期之前解除与职工的劳动关系，或者为鼓励职工自愿接受裁减而给予职工的补偿。

4. 其他长期职工福利

其他长期职工福利是指除短期薪酬、离职后福利、辞退福利之外所有的职工薪酬，包括长期带薪缺勤、长期残疾福利、长期利润分享计划等。

 知识拓展

辞退福利：职场中的下课铃

（三）职工薪酬的计算

1. 计时工资的计算

在实行计时工资条件下，企业每月应付职工的计时工资，通常根据上月考勤记录登记的职工出、缺勤日数，按照每人的工资标准进行计算。我国计时工资一般采用月工资制。应付计时工资的计算通常可以采用以下两种方式：

$$应付计时工资 = 出勤日数 \times 日工资率$$
$$应付计时工资 = 月工资标准 - 缺勤日数 \times 日工资率$$

2. 计件工资的计算

在实行计件工资制的条件下，企业每月应付工人的计件工资，是根据有关产量记录和计件单价计算的。而计件单价是指完成单位产品所应支付的工资额，它根据单位产品所需要的时间定额和日（或小时）工资率加以制订。

 知识拓展

计时工资和计件工资，谁更胜一筹？

（四）应付职工薪酬的科目设置

企业应设置"应付职工薪酬"科目，核算应付职工薪酬的计提、结算、使用等情况。该科目的贷方登记已分配记入有关成本费用项目的职工薪酬，借方登记实际发放的职工薪酬，包括扣还的款项等；期末余额在贷方，反映企业应付未付的职工薪酬。

"应付职工薪酬"科目应按照"工资""职工福利费""社会保险费""住房公积金""工会经费""职工教育经费""非货币性福利""带薪缺勤""设定提存计划"等职工薪酬项目设置明细科目进行明细分类核算。

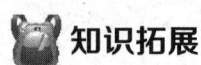

知识拓展

每月为啥只发 21.75 天工资？

二、应付职工薪酬的账务处理

（一）货币性职工薪酬

职工工资、奖金、津贴和补贴，大部分的职工福利费、社会保险费、住房公积金、工会经费和职工教育经费一般属于货币性短期薪酬。

企业工资的核算包括分配和结算两个环节。工资分配即计提工资，就是将当月的应付工资分配记入有关成本、费用账户，一般在本月底即可进行；工资结算就是将实发工资支付给每一个职工，一般在下个月上旬发放。

企业支付给职工的并不是应付工资，而是实发工资，实发工资一般委托开户银行发放到职工个人工资账户。有些应由职工个人负担的款项，由企业从应付工资中代扣代缴。因此，实发工资计算如下：

实发工资 = 应付工资 - 应由职工个人负担的款项

应由职工个人负担的款项包括代扣社会保险费、代扣住房公积金、代缴个人所得税、代垫房租、医药费等。

1. 职工工资、奖金、津贴和补贴

对于职工工资、奖金、津贴和补贴等货币性职工薪酬，企业应当在职工为其提供服务的会计期间，将实际发生的职工工资、奖金、津贴和补贴等，根据职工提供服务的受益对象，将应确认的职工薪酬，借记"生产成本""制造费用""管理费用""销售费用"等科目，贷记"应付职工薪酬——工资"科目。

【业务 8-15】2024 年 10 月，北方公司应付工资总额为 1 800 000 元。工资分配汇总如表 8-1 所示。

表 8-1　工资分配汇总表

单位名称：北方公司　　　　　　　　　2024 年 10 月　　　　　　　　　单位：元

部　门		应付工资
基本生产车间	甲产品生产工人	960 000
	车间管理人员	240 000
行政管理部门人员		480 000
销售部门人员		120 000
合计		1 800 000

账务处理如下：

借：生产成本——基本生产成本——甲产品（直接人工）　960 000

　　制造费用——工资　　　　　　　　　　　　　　　　240 000

管理费用——工资		480 000	
销售费用——工资		120 000	
贷：应付职工薪酬——工资			1 800 000

企业按照有关规定向职工支付工资、奖金、津贴、补贴等，借记"应付职工薪酬——工资"科目，贷记"银行存款""库存现金"等科目；企业从应付职工薪酬中扣还的各种款项（代垫的医药费、房租等），借记"应付职工薪酬"科目，贷记"其他应收款"科目。

【业务 8-16】 沿用【业务 8-15】资料，2024 年 11 月 10 日，北方公司根据"工资结算汇总表"，委托银行支付实发工资 1 259 700 元，并结转代扣款项。工资结算汇总如表 8-2 所示。

表 8-2　工资结算汇总表

单位名称：北方公司　　　　　　　　　　　　　　2024 年 10 月　　　　　　　　　　　　　单位：元

部 门	应付工资	代扣款项					代垫款项		实发工资
		养老保险（8%）	医疗保险（2%）	失业保险（1%）	住房公积金	个人所得税	房租	医药费	
甲产品	960 000	76 800	19 200	9 600	95 600	44 800	38 400	3 840	671 760
车间管理	240 000	19 200	4 800	2 400	23 800	11 200	9 600	960	168 040
管理部	480 000	38 400	9 600	4 800	47 900	22 400	19 200	1 920	335 780
销售部	120 000	9 600	2 400	1 200	11 800	5 600	800	480	84 120
合计	1 800 000	144 000	36 000	18 000	179 100	84 000	72 000	7 200	1 259 700

账务处理如下：

① 委托银行发放工资：

借：应付职工薪酬——工资	1 259 700	
贷：银行存款		1 259 700

② 结转代垫款项：

借：应付职工薪酬——工资	79 200	
贷：其他应收款——代垫职工房租		72 000
——代垫医药费		7 200

对于职工个人承担的社会保险费和住房公积金及个人所得税，由职工所在企业每月从其工资中代扣代缴，借记"应付职工薪酬——工资"科目，贷记"其他应付款——社会保险费、住房公积金""应交税费——应交个人所得税"科目。

③ 结转个人代扣款项：

借：应付职工薪酬——工资	461 100	
贷：其他应付款——社会保险费（医疗保险费）		36 000
——设定提存计划（基本养老保险）		144 000
——设定提存计划（失业保险费）		18 000
——住房公积金		179 100
应交税费——应交个人所得税		84 000

④ 缴纳由个人承担的社会保险费、住房公积金和个人所得税：

借：其他应付款——社会保险费（医疗保险费）	36 000

——设定提存计划（基本养老保险）	144 000
——设定提存计划（失业保险费）	18 000
——住房公积金	179 100
应交税费——应交个人所得税	84 000
贷：银行存款	461 100

2. 职工福利费

对于职工福利费，企业应当在实际发生时按照实际发生额记入当期损益或相关资产成本，借记"生产成本""制造费用""管理费用""销售费用"等科目，贷记"应付职工薪酬——职工福利费"科目。

【业务 8-17】 沿用【业务 8-15】资料，2024 年 10 月 31 日，北方公司按当月工资总额的 14%计提职工福利费。职工福利费计算如表 8-3 所示。

表 8-3　职工福利费计算表

单位名称：北方公司　　　　　　　　　　2024 年 10 月　　　　　　　　　　单位：元

部　门		应付福利费（14%）
基本生产车间	甲产品生产工人	134 400
	车间管理人员	33 600
行政管理部门人员		67 200
销售部门人员		16 800
合计		252 000

账务处理如下：

借：生产成本——基本生产成本——甲产品（直接人工）	134 400
制造费用——福利费	33 600
管理费用——福利费	67 200
销售费用——福利费	16 800
贷：应付职工薪酬——职工福利费	252 000

【业务 8-18】 向职工张辉发放困难补贴 1 000 元，以现金付讫。账务处理如下：

借：应付职工薪酬——职工福利费	1 000
贷：库存现金	1 000

3. 工会经费和职工教育经费

根据《中华人民共和国工会法》的规定，企业按每月全部职工工资总额的 2%向工会拨缴经费，在成本费用中列支，主要用于为职工服务和工会活动。

职工教育经费一般由企业按照每月工资总额的 8%计提（具体比例可能因地区和企业类型有所不同），主要用于职工接受岗位培训、继续教育等方面的支出。

期末，企业根据规定的计提基础和比例计算确定应付工会经费、职工教育经费，借记"生产成本""制造费用""管理费用""销售费用"等科目，贷记"应付职工薪酬——工会经费""应付职工薪酬——职工教育经费"等科目；实际上缴或发生实际开支时，借记"应付职工薪酬——工会经费""应付职工薪酬——职工教育经费"等科目，贷记"银行存款"等科目。

【业务 8-19】 沿用【业务 8-15】资料，2024 年 10 月 31 日，北方公司根据相关规定，分别按照应付工资总额的 2%和 8%的计提工会经费和职工教育经费。工会经费和职工教育经费分配表如表 8-4 所示。

表 8-4 工会经费和职工教育经费分配表

单位名称：北方公司　　　　　　　　　　　2024 年 10 月　　　　　　　　　　　单位：元

部　门		工会经费（2%）	职工教育经费（8%）
基本生产车间	甲产品生产工人	19 200	76 800
	车间管理人员	4 800	19 200
行政管理部门人员		9 600	38 400
销售部门人员		2 400	9 600
合计		36 000	144 000

账务处理如下：

① 计提工会经费：

借：生产成本——基本生产成本——甲产品（直接人工）　19 200
　　制造费用——工会经费　　　　　　　　　　　　　　4 800
　　管理费用——工会经费　　　　　　　　　　　　　　9 600
　　销售费用——工会经费　　　　　　　　　　　　　　2 400
　　　贷：应付职工薪酬——工会经费　　　　　　　　　　　　36 000

② 计提职工教育经费：

借：生产成本——基本生产成本—甲产品（直接人工）　76 800
　　制造费用——职工教育经费　　　　　　　　　　　 19 200
　　管理费用——职工教育经费　　　　　　　　　　　 38 400
　　销售费用——职工教育经费　　　　　　　　　　　　9 600
　　　贷：应付职工薪酬——职工教育经费　　　　　　　　　　144 000

【业务 8-20】 沿用【业务 8-15、8-19】资料，拨缴上月计提的工会经费 36 000 元。

借：应付职工薪酬——工会经费　　　　　　　　　　　36 000
　　　贷：银行存款　　　　　　　　　　　　　　　　　　　　360 000

4. 社会保险费和住房公积金

社会保险费包括医疗保险费、养老保险费、失业保险费、工伤保险费、生育保险费。企业承担的社会保险费，除养老保险费和失业保险费按规定确认为离职后福利外，其他的社会保险作为企业的短期薪酬。社会保险费分为职工所在企业为职工缴存和职工个人缴存两部分，由企业承担的部分，记入有关成本费用；由个人承担的部分，由企业从职工工资中代扣代缴。住房公积金由企业和职工个人共同缴纳，企业缴纳的部分记入成本费用，个人承担的部分由企业从职工工资中代扣代缴，全部收益属于职工个人。

期末，对于企业应缴纳的社会保险费和住房公积金，应按照规定的计提基础和比例，在职工提供服务期间根据受益对象记入当期损益或相关资产成本，并确认相应的应付职工薪酬金额，借记"生产成本""制造费用""管理费用""销售费用"等科目，贷记"应付职工薪酬——社会保险费、住房公积金、设定提存计划"科目。

【业务 8-21】 沿用【业务 8-15】资料，2024 年 10 月 31 日，北方公司根据规定的计提标准，计算应由企业承担的社会保险费、住房公积金（住房公积金按 2024 年 7 月调整数，计提比例设为 10%）），分配表如表 8-5 所示。

表 8-5 社会保险费及住房公积金分配表

单位名称：北方公司　　　　　　　　　　　　2024 年 10 月　　　　　　　　　　　　单位：元

部　门	应付工资	社会保险费及住房公积金						
		养老保险（20%）	医疗保险（10%）	失业保险（1.5%）	工伤保险（1%）	生育保险（0.8%）	住房公积金	合　计
甲产品	960 000	192 000	96 000	14 400	9 600	7 680	95 600	415 280
车间管理	240 000	48 000	24 000	3 600	2 400	1 920	23 800	103 720
管理部门	480 000	96 000	48 000	7 200	4 800	3 840	47 900	207 740
销售部门	120 000	24 000	12 000	1 800	1 200	960	11 800	51 760
合计	1 800 000	360 000	180 000	27 000	18 000	14 400	179 100	778 500

账务处理如下：

① 计提社会保险费：

借：生产成本——基本生产成本——甲产品（直接人工）　319 680

　　制造费用——社会保险费　79 920

　　管理费用——社会保险费　159 840

　　销售费用——社会保险费　39 960

　　贷：应付职工薪酬——社会保险费（医疗保险）　180 000

　　　　　　　　　　　　　　　　　（工伤保险）　18 000

　　　　　　　　　　　　　　　　　（生育保险）　14 400

　　　　　　　　　　——设定提存计划（养老保险）　360 000

　　　　　　　　　　　　　　　　　（失业保险）　27 000

② 计提住房公积金：

借：生产成本——基本生产成本——甲产品（直接人工）　95 600

　　制造费用——住房公积金　23 800

　　管理费用——住房公积金　47 900

　　销售费用——住房公积金　11 800

　　贷：应付职工薪酬——住房公积金　179 100

【业务 8-22】 沿用【业务 8-21】资料，2024 年 11 月 10 日，缴纳上月应由企业承担的社会保险费、住房公积金。账务处理如下：

① 缴纳社会保险：

借：应付职工薪酬——社会保险费（医疗保险）　180 000

　　　　　　　　　　　　　　　　（工伤保险）　18 000

　　　　　　　　　　　　　　　　（生育保险）　14 400

　　　　　　　　　　——设定提存计划（养老保险）　360 000

　　　　　　　　　　　　　　　　（失业保险）　27 000

　　贷：银行存款　599 400

② 缴纳住房公积金：

借：应付职工薪酬——住房公积金　　　　　　　　　　　179 100
　　贷：银行存款　　　　　　　　　　　　　　　　　　　　　　179 100

5. 短期带薪缺勤

带薪缺勤根据其性质及职工享有的权利分为累积带薪缺勤和非累积带薪缺勤。累计带薪缺勤带薪权利可以结转下期，本期尚未用完的权利可以在未来期间使用，有些累积带薪缺勤在职工离开企业时，对未行使的权利职工有权获得现金支付。非累积带薪缺勤带薪权利不能结转下期，本期尚未用完的权利将予以取消，且职工离开企业时无权获得现金支付。

企业应当在职工提供服务从而增加其未来享有的带薪缺勤权利时，确认相关的职工薪酬，以累积未行使权利而增加的预期支付金额计量，借记"生产成本""制造费用""管理费用""销售费用"等科目，贷记"应付职工薪酬——累积带薪缺勤"科目。

对于非累积带薪缺勤，在职工实际发生缺勤时确认相关职工薪酬，通常已包括在每期向职工发放的薪酬中，不必额外作相应的会计处理。

（二）非货币性职工薪酬

非货币性职工薪酬一般指非货币性福利，主要包括企业以其自产产品作为非货币性福利发放给职工，将企业拥有的资产无偿提供给职工使用，为职工无偿提供生活服务等。

企业以其自产产品作为非货币性福利发放给职工的，应当根据受益对象，按照该产品的含税公允价值记入相关资产成本或当期损益，同时确认应付职工薪酬，借记"生产成本""制造费用""管理费用"等科目，贷记"应付职工薪酬——非货币性福利"科目。按照税法的规定处理，确认收入和成本，借记"应付职工薪酬——非货币性福利"科目，贷记"主营业务收入、应交税费——应交增值税（销项税额）"，借记"主营业务成本"，贷记"库存商品"。

【业务 8-23】　2024 年 10 月，北方公司给每个职工发放自产的一台微波炉，每台微波炉的成本为 1 000 元，售价 1 800 元，增值税税率为 13%。公司职工共计 400 人，其中生产人员 340 人，管理人员 60 人。账务处理如下：

① 计提非货币性福利：

借：生产成本——基本生产成本——甲产品（直接人工）　　691 560
　　管理费用——福利费　　　　　　　　　　　　　　　　122 040
　　贷：应付职工薪酬——非货币性福利　　　　　　　　　　　813 600

② 发放微波炉并确认收入：

借：应付职工薪酬——非货币性福利　　　　　　　　　　813 600
　　贷：主营业务收入——微波炉　　　　　　　　　　　　　　720 000
　　　　应交税费——应交增值税（销项税额）　　　　　　　　93 600

③ 结转微波炉成本：

借：主营业务成本——微波炉　　　　　　　　　　　　　400 000
　　贷：库存商品——微波炉　　　　　　　　　　　　　　　　400 000

将企业拥有的房屋等资产无偿提供给职工使用的，应当根据受益对象，将该住房每期应计提的折旧记入相关资产成本或当期损益，同时确认应付职工薪酬，借记"生产成本""制造费用""管理费用"等科目，贷记"应付职工薪酬——非货币性福利"科目，并且同时借记"应付职工薪酬——非货币性福利"科目，贷记"累计折旧"科目。

租赁住房等资产供职工无偿使用的，应当根据受益对象，将每期应付的租金记入相关资产成本或当期损益，并确认应付职工薪酬，借记"生产成本""制造费用""管理费用"等科目，贷记"应付职工薪酬——非货币性福利"科目。难以认定受益对象的非货币性福利，直接记入当期损益和应付职工薪酬。

【业务 8-24】 2024 年 10 月，北方公司为各部门经理提供免费使用的轿车，同时为每位高管租赁一套住房免费使用。公司共有部门经理 25 名，高管人员 4 名。假定每辆轿车每月计提折旧 1 000 元；每套住房月租金 6 000 元。甲公司应编制如下会计分录：

① 确认提供轿车的非货币性福利：

借：管理费用——福利费   25 000

    贷：应付职工薪酬——非货币性福利   25 000

② 计提折旧：

借：应付职工薪酬——非货币性福利   25 000

    贷：累计折旧   25 000

③ 确认为企业高管租赁住房的非货币性福利：

借：管理费用——福利费   24 000

    贷：应付职工薪酬——非货币性福利   24 000

④ 每月支付高管人员住房租金：

借：应付职工薪酬——非货币性福利   24 000

    贷：银行存款   24 000

🌐 知识测试

一、单选题

1. 下列各项中，有关应付职工薪酬说法正确的是（   ）。

A. 为职工支付的住房公积金属于职工薪酬

B. 自产产品、外购产品发放给员工不属于职工薪酬

C. 因解除与职工的劳动关系给予的补偿不属于职工薪酬

D. 给员工买的商业保险不属于职工薪酬

2. 下列各项中，企业应记入"应付职工薪酬"科目贷方的是（   ）。

A. 发放职工工资

B. 确认因解除与职工劳动关系应给的补偿

C. 支付职工的培训费

D. 缴存职工基本养老保险

3. 2024 年 7 月，甲公司当月应发工资 1 000 万元。其中：生产部门生产工人工资 850 万元；生产部门管理人员工资 50 万元；管理部门人员工资 100 万元。根据甲公司所在地政府规定，甲公司应当按照职工工资总额的 10%和 8%计提并缴存医疗保险费和住房公积金。甲公司分别按照职工工资总额的 2%和 1.5%计提工会经费和职工教育经费。假定不考虑其他因素以及所得税影响。甲公司 2024 年 7 月应记入管理费用的金额为（   ）万元。

A. 1 215   B. 100   C. 182.25   D. 121.5

4. 下列项目中，不属于职工薪酬的是（　　）。

A. 管理部门职工工资   B. 为职工无偿提供的医疗保健服务

C. 职工失业保险费   D. 业务员张某预借的差旅费

5. 甲公司 2024 年应发工资为 1 500 万元，按照当地政府规定，需要按照应付工资的金额计提 10%的医疗保险费、2%的工会经费。不考虑其他因素的影响，甲公司 2024 年应确认的应付职工薪酬科目的金额是（　　）。

A. 1 320 万元   B. 1 500 万元   C. 1 650 万元   D. 1 680 万元

二、多选题

1. 下列各项中，属于企业短期职工薪酬内容的有（　　）。

A. 支付给职工张阳生活困难补助 5 000 元

B. 为职工缴纳 6 月份的工伤保险费 100 000 元

C. 支付给职工李华休产假期间的工资 15 000 元

D. 因辞退职工王明而支付的补偿金 30 000 元

2. 职工薪酬中所称的职工至少应当包括（　　）。

A. 与企业订立了固定期限、无固定期限的劳动合同的所有人员

B. 与企业订立了以完成一定工作为期限的劳动合同的所有人员

C. 未与企业订立劳动合同但由企业正式任命的人员，如所聘请的独立董事、外部监事等

D. 通过企业与劳务中介公司签订用工合同而向企业提供服务的人员

3. 下列各项中，应通过"应付职工薪酬"科目核算的有（　　）。

A. 支付职工的工资、奖金及津贴   B. 按规定计提的职工教育经费

C. 向职工发放的防暑降温费   D. 职工出差报销的差旅费

4. 下列各项中，生产部门人员的职工薪酬可能涉及的科目有（　　）。

A. 生产成本   B. 制造费用   C. 管理费用   D. 劳务成本

5. 下列各项中，应通过"应付职工薪酬"科目核算的有（　　）。

A. 发放给员工的生活困难补助   B. 报销员工出差的差旅费

C. 给员工支付的培训费   D. 离职后福利

6. 下列职工薪酬中，属于短期薪酬的有（　　）。

A. 工会经费和职工教育经费

B. 因解除与职工的劳动关系而给予的补偿

C. 非货币性福利

D. 医疗保险费、工伤保险费和生育保险费

7. 甲公司行政管理部门张某，2024 年 1 月份工资为 10 000 元；公司负担社会保险费 1 000 元，个人负担 500 元；扣除社会保险费后负担个人所得税 495 元；公司负担职工福利费 1 400 元。下列说法中正确的有（　　）。

A. 应借记"管理费用"科目 12 400 元

B. 应贷记"应付职工薪酬——社会保险费"科目 1 500 元

C．实发工资 9 005 元

D．实发工资 10 000 元

三、判断题

1．住房公积金分为职工所在单位为职工缴存和职工个人缴存两部分，但其全部属于职工个人所有。　　　　　　　　　　　　　　　　　　　　　　　　　　　（　　）

2．企业以自产产品作为非货币福利发给职工，应以账面价值计量该项非货币福利。

（　　）

3．辞退福利属于短期薪酬。　　　　　　　　　　　　　　　　　　　　（　　）

4．企业提供给职工配偶、子女、受赡养人、已故员工遗属及其他受益人等的福利，属于职工薪酬。　　　　　　　　　　　　　　　　　　　　　　　　　　　　（　　）

5．职工福利费、工会经费不属于职工薪酬范畴，不应通过"应付职工薪酬"科目核算。

（　　）

6．通过企业与劳务中介公司签订用工合同而向企业提供服务的劳务派遣人员不属于企业职工。　　　　　　　　　　　　　　　　　　　　　　　　　　　　　（　　）

任务四　应交税费的核算

任务导读

企业根据税法规定应缴纳的各种税费包括增值税、消费税、企业所得税、城市维护建设税、资源税、土地增值税、房产税、车船税、城镇土地使用税、教育费附加、印花税、耕地占用税、环境保护税、契税、车辆购置税等。

设置"应交税费"科目核算，借方登记实际缴纳的税费，贷方登记应缴纳的各种税费，期末余额一般在贷方，反映企业尚未缴纳的税费，如在借方，反映企业多缴或尚未抵扣的税费。按应交税费项目设置明细科目进行明细分类核算。企业缴纳的印花税、耕地占用税不通过"应交税费"科目核算。

一、应交增值税的核算

（一）应交增值税的概述

1．增值税的概念

增值税是以商品（含应税劳务、应税行为）在流转过程中实现的增值额作为计税依据而征收的一种流转税。所谓"增值"，是指纳税人在一定时期内销售产品或提供劳务（加工修理）所得的收入大于购进商品和取得劳务时所支付金额的差额，是纳税人在其生产经营活动中所创造的新增价值，相当于劳动所创造的价值金额。

从计税原理上说，增值税是对商品生产、流通、劳务服务中多个环节的新增价值或商品的附加值征收的一种流转税。实行价外税，也就是由消费者负担，有增值才征税没增值不征税。

根据经营规模大小及会计核算水平的健全程度，增值税纳税人分为一般纳税人和小规模纳税人。

增值税征税范围和纳税义务人

2. 增值税的计税方法

计税增值税的方法分为一般计税方法和简易计税方法。一般纳税人大多采用一般计税方法，小规模纳税人一般采用简易计税方法。一般纳税人发生财政部和国家税务总局规定的特定应税销售行为，也可以选择简易计税方式计税，但是不得抵扣进项税额。

（1）一般计税方法

一般计税方法，适用于一般纳税人。其计算公式为：

$$应纳税额 = 当期销项税额 - 当期进项税额$$

上述公式中的"当期销项税额"是指增值税纳税人销售货物、加工修理修配劳务、服务、无形资产或不动产时，按照销售额和适用税率计算并收取的增值税税额；"当期进项税额"是指纳税人购进货物、加工修理修配劳务、服务、无形资产或不动产时，支付或负担的增值税额。当期销项税额的计算公式为：

$$销项税额 = 销售额 \times 增值税税率$$

（2）简易计税方法

简易计税方法是按照销售额与征收率的乘积计算应纳税额。不得抵扣进项税额。其计算公式为：

$$应纳税额 = 销售额 \times 征收率$$

公式中的销售额不包括其应纳税额，如果纳税人采用销售额和应纳税额合并定价方法，则应按照公式"销售额 = 含税销售额 ÷ （1 + 征收率）"还原为不含税销售额计算。

（二）一般纳税人增值税的核算

1. 科目设置

为了核算企业应交增值税的发生、抵扣、缴纳、退税及转出等情况，应在"应交税费"科目下设置以下明细科目："应交增值税""已交税金""未交增值税""预交增值税""待抵扣进项税额""待认证进项税额""待转销项税额""增值税留抵税额""简易计税""转让金融商品应交增值税""代扣代交增值税"。

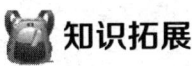

应交增值税的明细科目介绍

2. 账务处理

（1）销项税额、进项税额

销售货物时，借记"银行存款""库存现金""应收账款""应收票据"等科目，贷记"主营业务收入""其他业务收入""应交税费——应交增值税（销项税额）"等科目。购入货物时，借记"在途物资""原材料""库存商品""周转材料""应交税费——应交增值税（进项税额）"等科目，贷记"银行存款""库存现金""应付账款""应付票据"等科目。销项税额、进项税额的具体业务，在其他项目有介绍，这里不再重复。

（2）进项税额转出

相关税法规定，当一般纳税人购进货物、加工修理修配劳务、服务、无形资产或不动产等发生非正常损失及其他原因，不应从销项税额中抵扣、按规定转出进项税额。进项税额转出时，贷记"应交税费——应交增值税（进项税额转出）"科目。

【业务 8-25】 2024 年 11 月 2 日，南方公司库存 A 材料因管理不善造成损失，A 材料实际成本为 10 000 元，已记入销项税额的增值税税额为 1 300 元。账务处理如下：

 借：待处理财产损溢——待处理流动资产损溢   11 300
  贷：原材料——A 材料   10 000
   应交税费——应交增值税（进项税额转出）   1 300

（3）缴纳、结转多交（未交）增值税

预缴当月增值税，借记"应交税费——应交增值税（已交税金）"科目，贷记"银行存款"科目。月末，转出多交增值税，借记"应交税费——未交增值税"科目，贷记"应交税费——应交增值税（转出多交增值税）"科目；转出未交增值税，借记"应交税费——应交增值税（转出未交增值税）"科目，贷记"应交税费——未交增值税"科目。缴纳上月未交增值税，借记"应交税费——未交增值税"科目，贷记"银行存款"科目。

【业务 8-26】 南方公司为一般纳税人，2024 年 11 月 6 日，缴纳上月未交增值税 60 000 元。11 月购进材料等货物发生的进项税额为 1 350 000 元，销售商品等发生的销项税额为 1 980 000 元，因存货毁损发生的进项税额转出为 20 000 元。11 月 15 日预缴本月增值税 500 000 元。账务处理如下：

① 11 月 6 日缴纳上月未交增值税：

 借：应交税费——未交增值税   60 000
  贷：银行存款   60 000

② 11 月 15 日缴纳本月增值税：

 借：应交税费——应交增值税（已交税金）   500 000
  贷：银行存款   500 000

③ 11 月 30 日，转出未交增值税：

1 980 000 + 20 000 - 1 350 000 - 500 000 = 150 000（元）

 借：应交税费——应交增值税（转出未交增值税）   150 000
  贷：应交税费——未交增值税   150 000

【业务 8-27】 2024 年 12 月 7 日，南方公司缴纳上月未交增值税 150 000 元。12 月购进材料等货物发生的进项税额为 1 270 000 元，销售商品等发生的销项税额为 1 830 000 元。12 月 15 日预缴本月增值税 570 000 元。账务处理如下：

① 12 月 7 日缴纳上月未交增值税：

借：应交税费——未交增值税 150 000

　　贷：银行存款 150 000

② 12 月 15 日缴纳本月增值税：

借：应交税费——应交增值税（已交税金） 570 000

　　贷：银行存款 570 000

③ 12 月 31 日，转出多交增值税：

1 830 000 - 1 270 000 - 570 000 = -10 000（元）

借：应交税费——未交增值税 10 000

　　贷：应交税费——应交增值税（转出多交增值税） 10 000

（三）小规模纳税人增值税的核算

《中华人民共和国增值税暂行条例》规定，小规模纳税人发生应税销售行为，实行按照销售额和征收率计算应纳税额的简易办法，并不得抵扣进项税额。小规模纳税人的标准由国务院财政、税务主管部门规定。小规模纳税人增值税征收率为 3%，国务院另有规定的除外。

一般来说，小规模纳税人采用销售额和应纳税额合并定价的方法并向客户结算款项，销售货物、应税服务或应税行为后，应进行价税分离，确定不含税的销售额。计算公式如下：

不含税销售额 = 含税销售额 ÷（1 + 征收率）

应纳税额 = 不含税销售额 × 征收率

小规模纳税人进行账务处理时，只需在"应交税费"科目下设置"应交增值税"明细科目，该明细科目不再设置增值税专栏。

小规模纳税人发生购进货物、应税服务或应税行为，按照应付或实际支付的全部款项，借记"在途物资""原材料""库存商品"等科目，贷记"应付账款""应付票据""银行存款"等科目。发生销售货物、应税服务或应税行为，应按全部价款（包括应交的增值税税额），借记"银行存款"等科目，按不含税的销售额，贷记"主营业务收入"等科目，按应交增值税税额，贷记"应交税费——应交增值税"科目。

【业务 8-28】 长城公司为小规模纳税人，适用增值税征收率为 3%，原材料按实际成本核算。该公司 2024 年 10 月发生部分经济业务如下：购入一批 C 材料，取得增值税专用发票注明价款为 40 000 元，增值税为 5 200 元，款项已支付，材料已验收入库。销售一批甲产品，开具的普通发票注明货款（含税）为 61 800 元，款项已存入银行。用银行存款缴纳本月增值税共 5 400 元。账务处理如下：

① 购入原材料：

借：原材料——C 材料 45 200

　　贷：银行存款 45 200

② 销售产品：

不含税销售额 = 61 800 ÷（1 + 3%）= 60 000（元）

应纳增值税 = 60 000 × 3% = 1 800（元）

借：银行存款 61 800

      贷：主营业务收入——甲产品   60 000

            应交税费——应交增值税   1 800

③ 缴纳本月增值税：

借：应交税费——应交增值税   5 400

    贷：银行存款   5 400

二、应交消费税的核算

（一）应交消费税的概述

消费税属于价内税，是指在我国境内生产并委托加工和进口应税消费品的单位和个人，按其流转额缴纳的一种税。

消费税有三种征收方法，即从价定率、从量定额、从价定率和从量定额的复合计税（以下简称复合计税）。计算公式如下：

① 从价定率法：

$$应交消费税 = 应税消费品销售额 \times 适用税率$$

② 从量定额法：

$$应交消费税 = 应税消费品销售数量 \times 适用税额标准$$

③ 复合计税法：

$$应交消费税 = 应税消费品销售额 \times 适用税率 + 应税消费品销售数量 \times 适用税额标准$$

（二）应交消费税的账务处理

企业应在"应交税费"科目下设置"应交消费税"明细科目，核算应交消费税的发生、缴纳情况。贷方登记应交的消费税，借方登记已交的消费税，期末余额在贷方，反映企业尚未缴纳的消费税，期末余额在借方，反映企业多缴纳的消费税。

1. 销售应税消费品

企业销售应税消费品计算应交消费税，借记"税金及附加"科目，贷记"应交税费——应交消费税"科目。

【业务 8-29】 2024 年 12 月 3 日，西城公司销售其生产的高档化妆品，价款 800 000 元（不含增值税），开具的增值税专用发票注明增值税为 104 000 元，适用的消费税税率为 15%，款项已存入银行。账务处理如下：

① 取得价款和税款：

借：银行存款   904 000

    贷：主营业务收入——高档化妆品   800 000

        应交税费——应交增值税（销项税额）   104 000

② 计算应缴纳的消费税：

应纳消费税税额 = 800 000 × 15% = 120 000（元）

借：税金及附加   120 000

    贷：应交税费——应交消费税   120 000

2. 自产自用应税消费品

自产自用是企业将自己生产的应税消费品用于在建工程、职工福利等，视同销售、缴纳消费税。计算应交消费税，借记"在建工程""应付职工薪酬——职工福利"等科目，贷记"应交税费——应交消费税"科目。

【业务 8-30】 2024 年 12 月 22 日，西城公司领用一批高档化妆品，发放给职工作为福利。该产品的成本为 80 000 元，市场不含税售价为 100 000 元，适用的增值税税率为 13%、消费税税率为 15%。账务处理如下：

借：应付职工薪酬——职工福利　　　　　　　　　　　113 000
　　税金及附加　　　　　　　　　　　　　　　　　　 15 000
　　　贷：主营业务收入——高档化妆品　　　　　　　　　　100 000
　　　　　应交税费——应交增值税（销项税额）　　　　　 13 000
　　　　　　　　　　——应交消费税　　　　　　　　　　　 15 000

同时结转成本：

借：主营业务成本——高档化妆品　　　　　　　　　　 80 000
　　　贷：库存商品——高档化妆品　　　　　　　　　　　　 80 000

3. 委托加工应税消费品

企业应交消费税的委托加工物资，一般由受托方代收代缴消费税。计算公式如下：

$$组成计税价格 =（材料成本 + 加工费）÷（1 - 适用税率）$$

或：

$$组成计税价格 =（材料成本 + 加工费 + 委托加工数量 \times$$
$$适用税额标准）÷（1 - 适用税率）$$

委托加工物资收回后用于连续生产应税消费品的，按规定准予抵扣，借记"应交税费——应交消费税"科目，贷记"应付账款""银行存款"等科目。

委托加工物资收回后直接用于销售的，不再征收消费税，受托方代收代缴的消费税记入委托加工物资的成本，借记"委托加工物资"等科目，贷记"应付账款""银行存款"等科目。

【业务 8-31】 西城公司和嘉能公司均为一般纳税人。西城公司委托嘉能公司代为加工一批应交消费税的 H 材料（非金银首饰）。西城公司发出材料的成本为 200 000 元，加工费为 70 000 元，增值税为 9 100 元，由嘉能公司代收代缴的消费税为 47 647 元。材料加工完毕，西城公司收回并验收入库，加工费及相关税金已支付。西城公司采用实际成本法进行原材料的核算。账务处理如下：

（1）假设委托加工物资收回继续用于生产应税消费品

① 发出材料时：

借：委托加工物资——嘉能公司　　　　　　　　　　200 000
　　　贷：原材料——H 材料　　　　　　　　　　　　　　200 000

② 支付相关税费时：

组成计算不含税价格 =（200 000 + 70 000）÷（1 - 15%）≈ 317 647（元）
应交消费税 = 317 647 × 15% = 47 647（元）

借：委托加工物资——嘉能公司　　　　　　　　　　 70 000
　　应交税费——应交增值税（进项税额）　　　　　　　9 100

      ——应交消费税   47 647

    贷：银行存款   126 747

③ 委托加工物资收回并验收入库时：

借：原材料   270 000

  贷：委托加工物资   270 000

（2）假设委托加工物资收回直接对外销售

① 发出材料时：

借：委托加工物资——嘉能公司   200 000

  贷：原材料——H材料   200 000

② 支付相关税费时：

借：委托加工物资——嘉能公司   117 647

  应交税费——应交增值税（进项税额） 9 100

    贷：银行存款   126 747

③ 委托加工物资收回并验收入库时：

借：原材料   317 647

  贷：委托加工物资——嘉能公司   317 647

4. 进口应税消费品

  企业进口的应税消费品，于报关进口时缴纳消费税，进口应税消费品的消费税由海关代征。应交的消费税按照组成计税价格和规定的税率计算，消费税记入该项物资成本，借记"在途物资""原材料""库存商品"科目，贷记"银行存款"等科目。

 **知识拓展**

消费税的征税范围

三、其他应交税费的核算

（一）其他应交税费的概述

  其他应交税费主要是指除增值税、消费税以外的其他各种应交的税费，包括应交资源税、应交城市维护建设税、应交教育费附加、应交土地增值税、应交房产税、应交城镇土地使用税、应交车船税。企业应当在"应交税费"科目下设置相应的明细科目进行核算，贷方登记应交的有关税费，借方登记已缴纳的有关税费，期末贷方余额表示尚未缴纳的有关税费。

（二）应交资源税的账务处理

  资源税是对我国境内开采矿产品或生产盐的单位和个人征收的税，以各种应税自然资源为课税对象。《中华人民共和国资源税法》规定，资源税按照《税目税率表》实行从价计征或者从量计征。具体计征方式由省、自治区、直辖市人民政府提出，报同级人民代表大会常务委员会决定，并报全国人民代表大会常务委员会和国务院备案。计算公式如下：

① 从价计征：

$$应交资源税 = 应税资源产品销售额 × 适用税率$$

② 从量计征：

$$应交资源税 = 应税资源产品销售数量 × 适用税额标准$$

对外销售应税产品应交的资源税，借记"税金及附加"科目，贷记"应交税费——应交资源税"科目；自产自用应税产品应交的资源税，借记"生产成本""制造费用"等科目，贷记"应交税费——应交资源税"科目。

【业务 8-32】 海立公司 2024 年 12 月对外销售原油，售价 760 000 元，适用资源税税率为 6%。账务处理如下：

应交资源税 = 760 000 × 6% = 45 600（元）

借：税金及附加   45 600

    贷：应交税费——应交资源税   45 600

（三）应交城市维护建设税和应交教育费附加的账务处理

《中华人民共和国城市维护建设税法》规定，在中华人民共和国境内缴纳增值税、消费税的单位和个人，为城市维护建设税的纳税人，应当依照本法规定缴纳城市维护建设税。城市维护建设税以纳税人依法实际缴纳的增值税、消费税税额为计税依据。

城市维护建设税税率：①纳税人所在地在市区的，税率为 7%；②纳税人所在地在县城、镇的，税率为 5%；③纳税人所在地不在市区、县城或者镇的，税率为 1%。计算公式如下：

$$应交城市维护建设税 = （本期应交增值税 + 本期应交消费税） × 适用税率$$

按规定计算出应交的城市维护建设税，借记"税金及附加"等科目，贷记"应交税费——应交城市维护建设税"科目；缴纳城市维护建设税，借记"应交税费——应交城市维护建设税"科目，贷记"银行存款"科目。

凡缴纳增值税、消费税的纳税人，均为教育费附加的纳税义务人，就其实际缴纳的增值税、消费税征收的一种附加。征收率分别为 3%、2%，计算公式如下：

$$应交教育费附加 = （本期应交增值税 + 本期应交消费税） × 3\%$$

$$应交地方教育附加 = （本期应交增值税 + 本期应交消费税） × 2\%$$

按规定计算出应交的教育费附加，借记"税金及附加"等科目，贷记"应交税费——应交教育费附加"科目。缴纳教育费附加，借记"应交税费——应交教育费附加"科目，贷记"银行存款"科目。

【业务 8-33】 南方公司为一般纳税人，2024 年 12 月购进材料等货物发生的进项税额为 1 270 000 元，销售商品等发生的销项税额为 1 830 000 元，销售应税消费品发生消费税 21 000 元，城市维护建设税税率为 7%，教育费附加税率为 3%，地方教育附加和谐为 2%。账务处理如下：

① 计算应交城市维护建设税：

（1 830 000 - 1 270 000） + 21 000 = 581 000（元）

581 000 × 7% = 40 670（元）

借：税金及附加   40 670

    贷：应交税费——应交城市维护建设税   40 670

② 计算教育费附加：

581 000 × 3% = 17 430（元）

581 000 × 2% = 11 620（元）

借：税金及附加   29 050

  贷：应交税费——应交教育费附加   17 430

    ——应交地方教育附加   11 620

（四）应交土地增值税的账务处理

1. 土地增值税的计算

转让国有土地使用权、地上的建筑物及其附着物（以下简称转让房地产）并取得收入的单位和个人，为土地增值税的纳税义务人，应当缴纳土地增值税。计算公式如下：

$$应交土地增值税 = 土地增值额 × 适用税率 - 扣除项目金额 × 速算扣除率$$

$$土地增值额 = 转让收入 - 扣除项目金额$$

土地增值税实行四级超率累进税率：

① 增值额未超过扣除项目金额 50% 的部分，税率为 30%，速算扣除率为 0；

② 增值额超过扣除项目金额 50%、未超过扣除项目金额 100% 的部分，税率为 40%，速算扣除率为 5%；

③ 增值额超过扣除项目金额 100%、未超过扣除项目金额 200% 的部分，税率为 50%，速算扣除率为 15%；

④ 增值额超过扣除项目金额 200% 的部分，税率为 60%，速算扣除率为 35%。

2. 账务处理

企业转让的土地使用权连同地上建筑物及其附着物一并在"固定资产"科目核算的，转让时应交的土地增值税，借记"固定资产清理"科目，贷记"应交税费——应交土地增值税"科目；

房地产开发经营企业销售房地产应交的土地增值税，借记"税金及附加"科目，贷记"应交税费——应交土地增值税"科目。

土地使用权在"无形资产"科目核算的，借记"银行存款""累计摊销""无形资产减值准备"科目，按应交的土地增值税，贷记"应交税费——应交土地增值税"科目，同时冲销土地使用权的账面价值，贷记"无形资产"科目，按其差额，借记或贷记"资产处置损益"科目。

缴纳土地增值税，借记"应交税费——应交土地增值税"科目，贷记"银行存款"科目。

【业务 8-34】 南方公司对外转让一栋厂房，根据税法规定计算的应交土地增值税为 60 000 元。账务处理如下：

① 计算应交土地增值税：

借：固定资产清理   60 000

  贷：应交税费——应交土地增值税   60 000

② 缴纳土地增值税：

借：应交税费——应交土地增值税   60 000

  贷：银行存款   60 000

（五）应交房产税、城镇土地使用税和车船税的账务处理

房产税是国家对在城市、县城、建制镇和工矿区征收的由产权所有人缴纳的一种税。房产税依照房产原值一次减除10%～30%后的余额计算缴纳。没有房产原值作为依据的，由房产所在地税务机关参考同类房产核定；房产出租的，以房产租金收入为房产税的计税依据。

城镇土地使用税是以城市、县城、建制镇、工矿区范围内使用土地的单位和个人为纳税人，以其实际占用的土地面积和规定税额计算征收。

车船税是以车辆、船舶（以下简称车船）为课征对象，向车船的所有人或管理人征收的一种税。

企业计提应交的房产税、城镇土地使用税、车船税，借记"税金及附加"科目，贷记"应交税费——应交房产税、应交城镇土地使用税、应交车船税"科目。缴纳税金时，借记"应交税费——应交房产税、应交城镇土地使用税、应交车船税"科目，贷记"银行存款"科目。

【业务8-35】 南方公司按相关税法规定2024年应缴纳的房产税为120 000元、车船税为40 000元、城镇土地使用税为25 000元。账务处理如下：

① 计算应缴纳的上述税金：

借：税金及附加　　　　　　　　　　　　　　　185 000
　　贷：应交税费——应交房产税　　　　　　　　　120 000
　　　　　　　——应交城镇土地使用税　　　　　　 40 000
　　　　　　　——应交车船税　　　　　　　　　　 25 000

② 用存款缴纳上述税金：

借：应交税费——应交房产税　　　　　　　　　120 000
　　　　　　——应交城镇土地使用税　　　　　　 40 000
　　　　　　——应交车船税　　　　　　　　　　 25 000
　　贷：银行存款　　　　　　　　　　　　　　　185 000

 素养天地

税费与思政：一场奇妙的碰撞

小明是一名大学生，他在学习财会课程时，对税收产生了浓厚的兴趣。为了更深入地了解税收的意义和作用，他主动参加了学校组织的税收知识普及活动。在活动中，他了解到税收是国家财政收入的主要来源，用于提供公共服务、改善民生、促进经济发展等方面。

通过学习，小明认识到税收的重要性，他开始关注身边的税收现象。他发现，学校的建设、图书馆的资源、老师的工资等都离不开税收的支持。他意识到，自己也是税收的受益者，应该自觉履行纳税义务。

有一次，小明在购物时，发现商家没有给自己开具发票。他想起课堂上老师讲过的税收法律法规，知道这是一种不合法的行为。于是，他主动要求商家开具发票，并向商家讲解了税收的重要性和合法性。商家听后，认识到自己的错误，并及时给小明开具了发票。

　　这个案例告诉我们，应交税费不仅是一种经济行为，更是一种思政教育的契机。通过学习应交税费的相关知识，我们可以增强法治观念、责任意识和公民意识。同时，我们也应该将这些意识转化为实际行动，自觉遵守税收法律法规，积极履行纳税义务。

　　此外，学校、社会和政府也应该加强对应交税费的宣传和教育，让更多的人了解税收的意义和作用。只有大家都树立正确的税收观念，才能共同推动国家的发展和进步。

🖥 知识测试

一、单选题

1. 下列各项中，属于"应交税费——应交增值税"项的是（　　）。

A. 进项税额 　　　　　　　　　　B. 待认证进项税额

C. 待抵扣进项税额 　　　　　　　D. 代扣代缴增值税

2. 企业委托加工应税消费品收回后直接对外销售，下列各项中，属于由受托方代收代缴的消费税应记入的会计科目是（　　）。

A. "发出商品" 　　　B. "委托加工物资" 　　　C. "税金及附加" 　　　D. "应交税费"

3. 下列税种中，通过税金及附加核算的是（　　）。

A. 印花税 　　　　　　B. 个人所得税 　　　　C. 房产税 　　　　　D. 消费税

4. 企业当月预交当月增值税的科目是（　　）。

A. "应交税费——应交增值税（转出未交增值税）"

B. "应交税费——未交增值税"

C. "应交税费——应交增值税（转出多交增值税）"

D. "应交税费——应交增值税（已交税金）"

5. 某公司 2024 年 9 月销售自产产品为某型号手机，计算应交的增值税为 320 万元，销售礼品装白酒应交消费税为 380 万元，应交房产税为 23 万元，应交印花税 15 万元，应交车船税为 6 万元。该公司适用的城市维护建设税税率为 7%，教育费附加征收率为 3%。不考虑其他事项，则该公司当月利润表中应记入"税金及附加"科目的金额为（　　）万元。

A. 814 　　　　　　　　B. 404 　　　　　　　　C. 494 　　　　　　　　D. 479

6. 某一般纳税人企业 2024 年 6 月销项税额 60 万元，进项税额 80 万元，5 月末欠缴税款 30 万元尚未缴纳，则 6 月企业应做的账务处理为（　　）。

A. 借：应交税费——未交增值税　　　　　　　　　　　　　200 000

　　　贷：应交税费——应交增值税（转出多交增值税）　　　　　200 000

B. 借：应交税费——应交增值税（进项税额）　　　　　　　200 000

　　　贷：应交税费——未交增值税　　　　　　　　　　　　　200 000

C. 借：应交税费——未交增值税　　　　　　　　　　　　　100 000

　　　贷：应交税费——应交增值税（转出多交增值税）　　　　　100 000

D. 借：应交税费——应交增值税（进项税额）　　　　　　　200 000

　　　贷：应交税费——未交增值税　　　　　　　　　　　　　200 000

二、多选题

1. 下列税费中，应记入存货成本的有（　　）。

A．受托方代收代缴的委托加工直接用于对外销售的商品负担的消费税

B．由受托方代收代缴的委托加工继续用于生产应纳消费税的商品负担的消费税

C．进口原材料缴纳的进口关税

D．小规模纳税企业购买材料缴纳的增值税

2．下列各项中，应通过"应交税费"科目核算的有（　　　）。

A．应交土地增值税　　　　　　　　　B．应交个人所得税

C．应交印花税　　　　　　　　　　　D．应交房产税

3．下列事项发生后，应记入"应交税费——应交增值税（进项税额转出）"科目的有（　　　）。

A．将购进货物用于免征增值税项目　　B．将原材料用于对外投资

C．退回已销售货物应冲销的销项税额　　D．库存外购商品被盗

4．下列经济业务中，对一般纳税企业而言需计算增值税销项税额的有（　　　）。

A．将自产产品用于办公楼的建造　　　B．将自产产品对外捐赠

C．原材料发生自然灾害损失　　　　　D．以自产产品对外投资

5．下列各项中，关于企业进口应税物资在进口环节应交的消费税，可能涉及的会计科目有（　　　）。

A．"材料采购"　　　　　　　　　　　B．"固定资产"

C．"应交税费——应交消费税"　　　　D．"银行存款"

6．企业购进货物发生的下列相关税费中，应记入货物取得成本的有（　　　）。

A．签订购买合同缴纳的印花税

B．为购入货物支付的运杂费

C．进口商品支付的关税

D．一般纳税人购进生产用机械设备支付的增值税

三、判断题

1．企业代扣代缴的个人所得税，不通过"应交税费"科目进行核算。（　　　）

2．企业计提的房产税、土地增值税均通过"应交税费"科目核算。（　　　）

3．对于当月销项税额小于进项税额而形成的留抵税额，月末借记"应交税费——未交增值税"科目，贷记"应交税费——应交增值税（转出多交增值税）"科目。（　　　）

4．委托加工应税消费品收回后直接用于出售的，受托方代收代缴的消费税应计入"委托加工物资"科目。（　　　）

5．企业按规定计算出应缴纳的土地增值税，借记"税金及附加"等科目，贷记"应交税费——应交土地增值税"科目。（　　　）

6．城市维护建设税和教育费附加的征税依据是一致的。（　　　）

项目训练

一、凯瑞公司为一般纳税人，2024年发生下列短期借款业务。

1．2月1日，向工商银行前进路支行借入3个月的借款180 000元，年利率为4%。按借款合同规定，到期一次性还本付息。

2．5 月 1 日，向交通银行西湖支行借入 5 个月的借款 3 000 000 元，年利率为 4%。按借款合同规定，每月月末支付利息。

3．7 月 1 日，向中信银行广东支行借入 6 个月的借款 1 500 000 元，年利率为 4%。按借款合同规定，按季支付利息。

要求：根据上述资料，编写取得借款、计提利息、到期还本付息的会计分录。

二、凯瑞公司 2024 年 12 月的工资结算汇总表和工资分配表如表 8-6 和表 8-7 所示（住房公积金按 2024 年 7 月调整数）。

表 8-6　工资结算汇总表

单位名称：凯瑞公司　　　　　　　　　　　2024 年 12 月　　　　　　　　　　　单位：元

车间及部门		计时工资	计件工资	奖金	津贴	缺勤扣款	应付工资	代扣款项					实发工资
								养老保险	医疗保险	失业保险	住房公积金	个人所得税	
生产车间	生产工人（甲产品）	62 000	34 000	9 500	4 500	800	109 200	8 736	2 184	1 092	8 736	380	88 072
	生产工人（乙产品）	58 000	46 000	10 500	5 500	1 700	118 300	9 464	2 366	1 183	9 464	420	95 403
	管理人员	81 000	0	7 000	6 000	0	94 000	7 520	1 880	940	7 520	900	75 240
厂部管理人员		60 000	0	5 700	4 000	1 000	68 700	5 496	1 374	687	5 496	400	55 247
销售人员		80 000	0	6 000	2 000	1 000	87 000	6 960	1 740	870	6 960	800	69 670
合计		341 000	80 000	38 700	22 000	4 500	477 200	38 176	9 544	4 772	38 176	2 900	383 632

表 8-7　工资分配表

单位名称：凯瑞公司　　　　　　　　　　　2024 年 12 月　　　　　　　　　　　单位：元

项　　目			应分配记入工资			直接记入工资	合　计
			生产工时	分配率	分配的工资额		
生产成本	基本生产成本	甲产品	24 000		109 200		109 200
		乙产品	26 000		118 300		118 300
		小计	50 000	4.55	227 500		227 500
制造费用	车间管理人员					94 000	94 000
管理费用	厂部管理人员					68 700	68 700
销售费用	销售人员					87 000	87 000
合计					227 500	249 700	477 200

根据表 8-6 和表 8-7 编写会计分录，具体要求如下：

（1）分配具体人员工资；

（2）以银行存款发放职工工资；

（3）结转各种代扣款项；

（4）缴纳代扣代缴的个人所得税及由职工个人承担的社会保险费；

（5）按工资总额的 14% 计提职工福利费；

（6）分别按工资总额的 2%、8% 计提工会经费和职工教育经费。

三、凯瑞公司 2024 年 12 月各种社会保险费计算表如表 8-8 所示。

表 8-8 各种社会保险费计算表

单位名称：凯瑞公司　　　　　　　　　　　2024 年 12 月　　　　　　　　　　　单位：元

项目	分类	工资总数	养老保险	医疗保险	失业保险	工伤保险	住房公积金	小计
生产成本	基本生产成本（甲产品）	109 200	20 748	9 828	1 638	1 638	8 736	42 588
	基本生产成本（乙产品）	118 300	22 477	10 647	1 774.5	1 774.5	9 464	45 537
	小计	227 500	43 225	20 475	3 412.5	3 412.5	18 200	88 725
制造费用	车间管理人员	94 000	17 860	8 460	1 410	1 410	7 520	36 660
管理费用		68 700	13 053	6 183	1 030.5	1 030.5	5 496	26 793
销售费用		87 000	16 530	7 830	1 305	1 305	6 960	33 930
合计		477 200	90 668	42 948	7 158	7 158	38 176	186 108

根据表 8-8 编写会计分录，具体要求如下：

（1）计提单位承担的社保及住房公积金；

（2）缴纳单位承担的社保及住房公积金。

四、凯瑞公司为一般纳税人，2024 年 12 月 6 日，补缴 12 月未交增值税 15 000 元。12 月发生销项税额 780 000 元，进项税额 610 000 元，进项税额转出 60 000 元。12 月已缴纳增值税 236 000 元。

根据上述资料，编写会计分录，具体要求如下：

（1）缴纳 11 月未交增值税；

（2）预缴 12 月增值税；

（3）结转 12 月多交（或未交）增值税；

（4）按税率 7% 计算并结转城市维护建设税；

（5）分别按 3%、2% 的比例计算并结转应交教育费附加和应交地方教育附加；

（6）缴纳城市维护建设税、教育费附加和应交地方教育附加。

五、智新公司为一般纳税人，委托加工的应税消费品适用消费税税率为 10%，2024 年 12 月发生的委托加工业务如下。

1．6 日，发出委托加工一批 A 材料，实际成本为 960 000 元，委托奇瑞公司加工应税消费品 C 产品。C 产品加工完毕收回后直接用于销售。

2．8 日，发出委托加工一批 B 材料，实际成本为 300 000 元，委托江铃公司加工应税消费品 D 产品。D 产品加工完毕收回后用于连续生产应税消费品。

3．20 日，向江铃公司支付消费税、加工费，其中加工费 210 000 元，增值税 27 300 元。

4．21 日，智新公司收回加工完毕的 D 产品，并验收入库。

5．27 日，向奇瑞公司支付消费税、加工费，其中加工费 390 000 元，增值税 50 700 元。

6．28 日，智新公司收回加工完毕的 C 产品，并验收入库。

要求：根据上述资料，编写发出委托加工材料、支付消费税和加工费、加工完毕验收入库的会计分录。

项目九

非流动负债核算

知识目标

熟悉非流动负债的含义；

掌握长期借款的基本概念、长期借款的业务核算；

了解公司债券的分类、债券发行的方式、应付债券的基本分类，掌握应付债券发行、应计利息及还本付息的账务处理；

了解长期应付款的含义及其核算。

技能目标

能够对长期借款完整业务流程进行会计核算；

能够辨析债券发行价格的确定及相关业务的账务处理；

能够对长期应付款业务流程进行基本的账务处理、业务核算。

素养目标

树立正确的消费观，珍惜个人信用；遵守承诺履约付款，抵制诱惑；培养诚信守法的职业素养和风险意识。

 知识导图

非流动负债核算
- 长期借款核算
  - 长期借款的概述
  - 长期借款的账务处理
- 应付债券的核算
  - 应付债券概述
  - 应付债券的账务处理
- 长期应付款
  - 长期应付款概述
  - 长期应付款的账务处理

 知识准备

非流动负债核算主要会计科目包括：长期借款、应付利息、财务费用、应付债券、长期应付款等。

任务一 长期借款核算

 任务导读

非流动负债是指流动负债以外的负债，一般包括偿还期在一年或超过一年的一个营业周期的债务。这种负债的偿还不是用流动资产的资金来清偿的，而是用企业长期投资的收益或利用企业营业外收入来偿还的。因此，非流动负债与流动负债相比，具有债务金额大、偿还期限长的特点。主要包括长期借款、应付债券、长期应付款等。

一、长期借款的概述

长期借款是指企业向银行或其他金融机构借入的期限在一年以上（不包含一年）或超过一个营业周期的各种借款。主要用于企业长期资产的购建、改扩建工程等，它是企业长期负债的重要组成部分。

长期借款具有借款期限长，借款金额较大的特点。由于借款的期限长，资金占用时间久，因此利率通常会比短期借款的利率高。长期借款的还款方式可以根据企业的实际情况和借款合同的约定进行灵活调整，如分期还本付息、定期结息到期还本等。虽然长期借款为企业提供了稳定的资金来源，但也增加了企业的财务风险。如果企业无法按期偿还本息，则可能会面临信誉受损、资产被冻结或拍卖等风险。

企业需要设置"长期借款"科目核算长期借款的取得、归还等情况。"长期借款"属于负债类科目，贷方登记企业借入长期借款的本金和利息调整数及资产负债表日利息调整摊销数，借方登记归还长期借款的本金和利息调整摊销数；期末余额在贷方，反映企业尚未归还的长期借款金额。该科目可分别设置"本金""利息调整""应计利息"等明细科目进行明细分类核算。

二、长期借款的账务处理

长期借款的业务核算内容主要包括取得借款、利息计提与支付、归还借款等。

当企业从银行或其他金融机构取得长期借款时，根据实际收到的金额，借记"银行存款"科目，贷记"长期借款——本金"科目；如果实际借款金额与合同金额存在差额，则还需根据差额所在方向，借记或贷记"长期借款——利息调整"科目。

长期借款的利息费用需要在资产负债表日按照实际利率法计算确定，如合同利率与实际利率差异较小，也可以采用合同利率进行利息费用的计算。具体计提的金额取决于借款的本金、利率和期数。经过计算所确定的长期借款利息费用，一般可记入财务费用。如果长期借款用于购建固定资产的，则在固定资产达到预定可使用状态以前所发生的借款费用应当予以资本化，记入在建工程成本；待固定资产达到预定使用状态后，则不予以资本化处理，记入财务费用。

**知识拓展**

借款费用资本化条件包括如下内容。

（1）资产支出已经发生：资产支出包括为购建或生产符合资本化条件的资产，而以支付现金、转移非现金资产或承担带息债务形式发生的支出。

（2）借款费用已经发生。

（3）为使资产达到预定可使用或可销售状态，所必要的购建；或者生产活动已经开始。

长期借款确定的应付未付的利息根据借款合同中的还款方式不同，其账务处理也有所区别。分期付息、到期一次还本的，在计提利息、支付利息时，使用"应付利息"科目；到期一次还本付息的，在计提利息、支付利息时，使用"长期借款——应计利息"科目。

企业归还长期借款的本金时，应按归还的金额，借记"长期借款——本金"科目，贷记"银行存款"科目。支付利息时，则借记"应付利息"或"长期借款——应计利息"科目，贷记"银行存款"科目。

（一）按季付息，到期还本

【业务 9-1】 2023 年 1 月 1 日，南方公司向工商银行中山路支行借入期限为 2 年的借款 2 000 000 元用于企业的生产经营，年利率为 4.5%。按季付息，到期还本。账务处理如下：

① 2023 年 1 月 1 日取得长期借款：

借：银行存款　　　　　　　　　　　　　　　　　　　2 000 000
　　贷：长期借款——本金（工行中山路支行）　　　　　　　　2 000 000

② 2023 年 1 月 31 日计提利息：

按月预提利息、按季支付利息计算如下：

利息费 = 2 000 000 × 4.5% ÷ 12 = 7 500（元）

借：财务费用——利息　　　　　　　　　　　　　　　　7 500
　　贷：应付利息——工行中山路支行　　　　　　　　　　　　7 500

2023 年 2 月 28 日计提利息账务处理同上。

③ 2023 年 3 月 31 日支付利息：

借：财务费用——利息　　　　　　　　　　　　　　　　7 500
　　应付利息——工行中山路支行　　　　　　　　　　　15 000
　　贷：银行存款　　　　　　　　　　　　　　　　　　　　22 500

2023 年 4 月至 2024 年 12 月归还借款前每月计提利息、每季支付利息账务处理同上。

④ 2024 年 12 月 31 日到期归还本金：

借：长期借款——本金（工行中山路支行）　　　　　　2 000 000
　　贷：银行存款　　　　　　　　　　　　　　　　　　　　2 000 000

（二）到期一次性还本付息的核算

【业务 9-2】 2023 年 1 月 1 日，君泰公司向建行江南路支行借入 2 年期借款 2 000 000 元用于企业自营建造仓库，款项已收存银行，年利率为 4.5%。按借款合同规定，到期一次性还本付息。君泰公司在收到该笔借款后，于 2023 年 1 月 5 日购买了一批工程物资，取得增值税专用发票上注明物资款 1 750 000 元，增值税额为 227 500 元，工程物资当天收到并投入建造工程。已知自建的仓库于 2023 年 12 月 31 日完工达到预定可使用状态。君泰公司为一般纳税人。账务处理如下：

① 2023 年 1 月 1 日取得借款：

借：银行存款　　　　　　　　　　　　　　　　　　2 000 000
　　贷：长期借款——本金（建行江南路支行）　　　　　　2 000 000

② 2023 年 1 月 5 日购入工程物资：

借：工程物资　　　　　　　　　　　　　　　　　　1 750 000
　　应交税费——应交增值税（进项税额）　　　　　　227 500
　　贷：银行存款　　　　　　　　　　　　　　　　　　1 977 500

③ 2023 年 1 月 31 计提本月利息：

每月利息 = 2 000 000 × 4.5% ÷ 12 = 7 500（元）

借：在建工程——仓库　　　　　　　　　　　　　　7 500
　　贷：长期借款——应计利息（建行江南路支行）　　　　7 500

2023 年 2 月至 12 月每月计提利息账务处理同上。

④ 2024 年 1 月 31 日计提本月利息：

由于自建的仓库于 2023 年 12 月 31 日达到预定可使用状态，因此 2024 年起该借款费用按规定不予以资本化。

借：财务费用——利息费　　　　　　　　　　　　　7 500
　　贷：长期借款——应计利息（建行江南路支行）　　　　7 500

2024 年 2 月至 11 月每月计提利息账务处理同上。

⑤ 2024 年 12 月 31 日，归还借款本金及利息：

借：长期借款——本金（建行江南路支行）　　　　　　2 000 000
　　　　　　——应计利息（建行江南路支行）　　　　172 500
　　财务费用——利息费　　　　　　　　　　　　　7 500
　　贷：银行存款　　　　　　　　　　　　　　　　　　2 180 000

长期借款的借款费用记入成本或费用的要求，关键在于借款费用是否满足资本化条件。符合资本化条件的借款费用应记入相关资产成本，不符合资本化条件的借款费用应记入当期损益。在会计处理上，应根据借款费用的性质和用途进行相应的会计处理。

🌐 知识测试

一、单选题

1. 以下关于非流动负债的阐述，不正确的一项是（　　）。

A．偿还期限较长　　　　　　　　　　B．金额较大

C．通常在一年内偿还　　　　　　　　D．对企业长期经营有较大影响

2. 在计算长期借款利息时，如果采用复利计算方式，则利息的计算基础是（　　）。

A．本金　　　　　　　　　　　　　　B．本金加上前期累计利息

C．前期累计利息　　　　　　　　　　D．本金减去已还利息

3. 关于长期借款利息的计提，以下描述错误的是（　　　）。

A. 分期计提并支付利息时，利息记入"财务费用——利息支出"科目

B. 到期一次还本付息时，利息记入"长期借款——应计利息"科目

C. 无论哪种计息方式，利息均应在发生时记入当期损益

D. 利息计算可以采用单利或复利方法

4. 下列项目中，不属于借款费用的是（　　　）。

A. 借款手续费   B. 借款佣金

C. 发行公司债券的佣金   D. 发行公司股票的佣金

5. 长期借款利息的计算和支付，可通过以下（　　　）科目核算。

A. "应付利息"   B. "其他应付款"

C. "长期应付款"   D. "长期借款"

6. 企业为建造固定资产从银行借入长期借款，在固定资产达到预定可使用状态前发生的不符合资本化条件的借款利息，应记入的会计科目是（　　　）。

A. "财务费用"   B. "研发支出"   C. "制造费用"   D. "在建工程"

二、多选题

1. 非流动负债相对于流动负债，其特点主要体现在（　　　）。

A. 偿还期限较长，通常在一年以上

B. 金额通常较大，对企业财务结构有较大影响

C. 利息费用是其主要成本之一，可能影响企业利润

D. 偿还压力较小，因为期限较长

2. 下列关于长期借款的说法，正确的有（　　　）。

A. 长期借款是企业向银行或其他金融机构借入的期限超过一年（包括一年）的借款

B. 长期借款的利息费用可以根据借款用途和资本化条件判断是否资本化

C. 长期借款的偿还方式通常包括到期一次还本付息和分期付息到期还本

D. 长期借款的筹资成本通常高于短期借款

3. "长期借款"科目的借方反映的内容有（　　　）。

A. 借入的长期借款本金   B. 应计的长期借款利息

C. 偿还的长期借款本金   D. 偿还的长期借款利息

4. 企业的下列筹资方式中，属于长期负债的包括（　　　）。

A. 发行 3 年期公司债券   B. 发行 9 个月的公司债券

C. 向银行借入 2 年期的借款   D. 融资租入固定资产的租赁费

5. 以下选项中，确认长期借款的利息费用会计处理正确的有（　　　）。

A. 筹建期间的利息费用记入"财务费用"

B. 生产经营期间的利息费用记入"财务费用"

C. 如果长期借款用于购建固定资产等符合资本化条件的，则在资产尚未达到预定可使用状态前，所发生的利息支出数应当资本化

D. 如果长期借款用于购建固定资产等符合资本化条件的，则资产达到预定可使用状态后发生的利息支出，应当资本化

三、判断题

1. 长期借款的利息计提通常通过贷记"应付利息"或"长期借款——应计利息"账户进行核算。 （　　）

2. 长期借款费用一律在发生时直接记入当期损益。 （　　）

3. 长期借款的筹资风险相对较小，因为借款期限较长，企业有更充裕的时间来偿还。

（　　）

任务二　应付债券的核算

 任务导读

债券是一种有价证券，是企业按照法定程序发行的，为筹集资金而向债券投资者出具的，并承诺在未来某一日期按照约定条件偿还本金并支付利息的债权债务凭证。目前企业发行债券多为电子记录债券，债券通常按照面值发行，但也存在溢价、折价发行。对于非面值发行的债券，应当进行溢价摊销或折价摊销。根据企业会计准则规定，应付债券溢价、折价的摊销应当采用实际利率法。

一、应付债券概述

应付债券是企业为筹集长期资金而发行的一种债务工具，它代表了企业向债券投资者承诺在未来某一特定日期按照约定条件偿还本金并支付利息的债权债务关系。

企业债券的发行主要取决于债券面值、债券面值利率（名义利率）、发行时的市场利率，以及债券期限长短等原因。其发行价格主要取决于债券名义利率与发行时的市场利率是否一致，当债券名义利率等于市场利率时，债券发行的价格就是债券的面值，即面值发行；当债券名义利率高于市场利率时，债券发行的价格高于债券的面值，即溢价发行；反之，则是折价发行。

企业需要设置"应付债券"科目核算企业为筹集长期资金发行的债券的本金和利息。"应付债券"是负债类科目，贷方登记应付债券的本金和利息，借方登记归还的债券本金和利息。期末余额在贷方，反映企业尚未偿还的长期债券。该科目可分别设置"面值""利息调整""应计利息"等明细科目进行明细分类核算。

二、应付债券的账务处理

（一）按面值发行债券的核算

当企业按面值发行债券并收到债券款时，应按实际收到的金额借记"银行存款"等科目；同时，按债券票面金额贷记"应付债券——面值"科目。

企业应按期计提债券的利息，在每期采用票面利率计提利息时，应按照长期借款相一致的原则记入有关成本、费用科目，借记"财务费用""在建工程""研发支出"等科目；对于分期付息、到期一次还本的债券，每期按照票面利率计算确定的应付未付利息则贷记

"应付利息"科目；对于一次还本付息的债券，其按票面利率计算确定的应付未付利息则贷记"应付债券——应计利息"科目。

应付债券到期，企业支付债券本金和利息时，借记"应付债券——面值""应付债券——利息"或"应付利息"等科目，贷记"银行存款"等科目。

【业务 9-3】 2022 年 12 月 31 日，南方公司获批发行 3 年期、按年付息、到期还本的公司债券，面值为 1 000 万元，债券利息每年年末支付，票面利率为 5%，债券按面值发行（不考虑相关发行费用）。已知南方公司发行债券的目的是新建厂房，该厂房的建造时间为 2023 年 1 月 1 日至 2023 年 12 月 31 日。账务处理如下：

① 2022 年 12 月 31 日发行债券：

借：银行存款	10 000 000	
贷：应付债券——面值		10 000 000

② 2023 年 12 月计提第 1 年债券利息：

年利息额 = 10 000 000 × 5% = 500 000（元）

借：在建工程——厂房	500 000	
贷：应付利息——应计利息		500 000

③ 2023 年支付当年债券利息时：

借：应付利息——应计利息	500 000	
贷：银行存款		500 000

④ 2024 年和 2025 年计提、支付利息：

借：财务费用——利息	500 000	
贷：应付利息——应计利息		500 000
借：应付利息——应计利息	500 000	
贷：银行存款		500 000

⑤ 到期偿还债券本金时：

借：应付债券——面值	10 000 000	
贷：银行存款		10 000 000

（二）折价发行债券的核算

当企业折价发行债券并收到债券款时，应按实际收到的金额借记"银行存款"等科目；同时，按债券票面金额贷记"应付债券——面值"科目，然后根据发行价格与面值的差额，借记"应付债券——利息调整"科目。

企业发行的债券应在资产负债表日根据债券的面值和票面利率计算当期应计提的利息，摊销发行债券时实际收到的价款与债券面值的差额。这种差额的摊销实质就是将当期债券的应计利息调整为实际的利息费用。利息调整的摊销方法有直线摊销法和实际利率法两种。

1. 直线摊销法

直线摊销法是将利息调整平均分摊到债券存续期间的一种摊销方法，又称直线法。

【业务 9-4】 2022 年 12 月 31 日，南方公司获批发行 3 年期，按年付息，到期还本的公司债券，面值为 1 000 万元，债券利息每年年末支付，票面利率为 3%，债券实际利率为

5%，发行价格为 970 万元。已知南方公司发行债券的目的是新建厂房，该厂房的建造时间为 2023 年 1 月 1 日至 2023 年 12 月 31 日。债券折价采用直线摊销法摊销。账务处理如下：

① 发行债券时：

借：银行存款 9 700 000
　　应付债券——利息调整 300 000
　　贷：应付债券——面值 10 000 000

② 每年计提利息时：

年利息额 = 10 000 000 × 5% = 500 000（元）

年折价利息摊销额 = 300 000 ÷ 3 = 100 000（元）

2023 年 12 月 31 日计提利息时：

借：在建工程——厂房 600 000
　　贷：应付利息——应计利息 500 000
　　　　应付债券——利息调整 100 000

2023 年 12 月 31 日支付利息时：

借：应付利息——应计利息 500 000
　　贷：银行存款 500 000

2024 年和 2025 年计提利息时：

借：财务费用——利息 600 000
　　贷：应付利息——应计利息 500 000
　　　　应付债券——利息调整 100 000

2024 年和 2025 年支付利息时：

借：应付利息——应计利息 500 000
　　贷：银行存款 500 000

③ 到期归还债券本金时：

借：应付债券——面值 10 000 000
　　贷：银行存款 10 000 000

2. 实际利率法

实际利率法是以债券的期初摊余成本乘以实际利率计算确定债券的实际利息费用，并将债券的票面利息与实际利息的差额确定为该期利息调整摊销额的一种摊销方法。我国借款费用准则规定按实际利率法确定利息费用。

【业务 9-5】 2022 年 12 月 31 日，南方公司获批发行 3 年期、按年付息、到期还本的公司债券，面值为 500 万元，债券利息每年年末支付，票面利率为 3%，债券实际利率为 4%，发行价格为 486.1265 万元。已知南方公司发行债券的目的是新建厂房，该厂房的建造时间为 2023 年 1 月 1 日至 2023 年 12 月 31 日。债券折价采用实际利率法摊销。账务处理如下：

① 债券发行时：

借：银行存款 4 861 265
　　应付债券——利息调整 138 735
　　贷：应付债券——面值 5 000 000

② 实际利率法下计算每期利息费用，编制利息费用计算表如表 9-1 所示。

表 9-1　利息费用计算表

单位名称：南方公司　　　　　　　　　　　　　　　　　　　　　　　　　　单位：元

年　份	应付利息	实际利息	折价摊销	债券账面价值
2022	—	—	—	4 861 265
2023	150 000	194 450.6	44 450.6	4 905 715.6
2024	150 000	196 228.62	46 228.62	4 951 944.22
2025	150 000	198 055.78*	48 055.78*	5 000 000

*注：为避免出现误差，最后一年的折价摊销额用"倒挤"计算得出。

根据上表计算结果，每年计提利息（折价摊销）时：

2023 年 12 月 31 日计提利息（折价摊销）：

借：在建工程——厂房　　　　　　　　　　　　　194 450.6
　　贷：应付利息——应计利息　　　　　　　　　150 000
　　　　应付债券——利息调整　　　　　　　　　44 450.6

2024 年 12 月 31 日计提利息（折价摊销）：

借：财务费用——利息　　　　　　　　　　　　　196 228.62
　　贷：应付利息——应计利息　　　　　　　　　150 000
　　　　应付债券——利息调整　　　　　　　　　46 228.62

2025 年 12 月 31 日计提利息（折价摊销）：

借：财务费用——利息　　　　　　　　　　　　　198 055.78
　　贷：应付利息——应计利息　　　　　　　　　150 000
　　　　应付债券——利息调整　　　　　　　　　48 055.78

③ 归还债券本金：

借：应付债券——面值　　　　　　　　　　　　　5 000 000
　　贷：银行存款　　　　　　　　　　　　　　　5 000 000

 **知识拓展**

债券溢折价时的利息调整

（三）溢价发行债券的核算

当企业溢价发行债券并收到债券款时，应按实际收到的金额借记"银行存款"等科目；同时，按债券票面金额贷记"应付债券——面值"科目，然后根据发行价格与面值的差额，贷记"应付债券——利息调整"科目。

企业溢价发行的债券同样也在资产负债表日根据债券的面值和票面利率计算当期应计提的利息，摊销发行债券时实际收到的价款与债券面值的差额。这种差额的摊销实质就是将当期债券的应计利息调整为实际的利息费用。利息调整的摊销方法有直线摊销法和实际利率法两种。

1. 直线摊销法

【业务 9-6】 2022 年 12 月 31 日，北江公司获批发行 3 年期、按年计息、到期一次还本付息的公司债券，面值为 1 000 万元，债券利息每年年末支付，票面利率为 5%，债券实际利率为 3%，发行价格为 1 390 万元。已知北江公司发行债券的目的是扩大生产经营。债券溢价采用直线摊销法摊销。账务处理如下：

① 发行债券时：

借：银行存款　　　　　　　　　　　　　　　　　　13 900 000
　　贷：应付债券——面值　　　　　　　　　　　　　　　10 000 000
　　　　　　　　——利息调整　　　　　　　　　　　　　3 900 000

② 每年计提利息时：

年利息额 = 10 000 000 × 5% = 500 000（元）

年溢价摊销额 = 3 900 000 ÷ 3 = 130 000（元）

2023 年、2024 年、2025 年，每年计提利息：

借：财务费用——利息　　　　　　　　　　　　　　　　370 000
　　应付债券——利息调整　　　　　　　　　　　　　　130 000
　　贷：应付债券——应计利息　　　　　　　　　　　　　500 000

③ 到期一次归还债券本息时：

借：应付债券——面值　　　　　　　　　　　　　　　10 000 000
　　　　　　——应计利息　　　　　　　　　　　　　　1 500 000
　　贷：银行存款　　　　　　　　　　　　　　　　　　11 500 000

2. 实际利率法

【业务 9-7】 2022 年 12 月 31 日，北江公司获批发行 3 年期、按年计息、到期一次还本付息的公司债券，面值为 486 万元，债券利息每年年末支付，票面利率为 4%，债券实际利率为 3%，发行价格为 500 万元。已知北江公司发行债券的目的是扩大生产经营。债券溢价采用实际利率法摊销。账务处理如下：

① 发行债券时：

借：银行存款　　　　　　　　　　　　　　　　　　　5 000 000
　　贷：应付债券——面值　　　　　　　　　　　　　　　4 860 000
　　　　　　　　——利息调整　　　　　　　　　　　　　140 000

② 实际利率法下计算每期利息费用，编制利息费用计算表如表 9-2 所示。

表 9-2　利息费用计算表

单位名称：北江公司　　　　　　　　　　　　　　　　　　　　　　　　　　　单位：元

年　份	应付利息	实际利息	溢价摊销	债券账面价值
2022	—	—	—	5 000 000
2023	194 400	150 000	44 400	4 955 600
2024	194 400	148 668	45 732	4 909 868
2025	194 400	144 532*	49 868*	4 860 000

*注：为避免出现误差，最后一年的折价摊销额用"倒挤"计算得出。

根据上表计算结果，每年计提利息（溢价摊销）时：

2023 年 12 月 31 日计提利息（溢价摊销）：

借：财务费用　　　　　　　　　　　　　　　　150 000

　　应付债券——利息调整　　　　　　　　　　44 400

　　　贷：应付债券——应计利息　　　　　　　　　　194 400

2024 年 12 月 31 日计提利息（溢价摊销）：

借：财务费用　　　　　　　　　　　　　　　　148 668

　　应付债券——利息调整　　　　　　　　　　45 732

　　　贷：应付债券——应计利息　　　　　　　　　　194 400

2025 年 12 月 31 日计提利息（溢价摊销）：

借：财务费用　　　　　　　　　　　　　　　　144 532

　　应付债券——利息调整　　　　　　　　　　49 868

　　　贷：应付债券——应计利息　　　　　　　　　　194 400

③ 到期一次归还债券本息时：

借：应付债券——面值　　　　　　　　　　　4 860 000

　　　　　——应计利息　　　　　　　　　　583 200

　　　贷：银行存款　　　　　　　　　　　　　　　5 443 200

🌐 知识测试

一、单选题

1. 下列关于应付债券的表述中，正确的一项是（　　　）。

A. 应付债券是企业为筹集短期资金而发行的债券

B. 应付债券的发行价格总是等于其面值

C. 应付债券的利息费用应根据债券的发行价格与实际利率计算

D. 应付债券的偿还期限一般不超过一年

2. 企业发行债券时，若债券的票面利率低于市场利率，则债券的发行价格通常会（　　　）。

A. 高于面值　　　　　B. 等于面值　　　　　C. 低于面值　　　　　D. 无法确定

3. 在债券存续期内，企业按实际利率法计提的债券利息费用，应记入（　　　）会计科目。

A. "管理费用"　　　　B. "财务费用"　　　　C. "营业外支出"　　　　D. "投资收益"

4. 下列属于长期负债的科目是（　　　）。

A. "应付债券"　　　　B. "应付票据"　　　　C. "应付利润"　　　　D. "应付账款"

二、多选题

1. 债券到期时，企业可能需要进行的会计处理包括（　　　）。

A. 偿还债券本金　　　　　　　　　　　　B. 支付债券利息

C. 注销债券相关账户　　　　　　　　　　D. 调整债券溢价或折价余额

2. 下列关于应付债券的账务处理及核算，正确的有（　　　）。

A．企业发行债券时，若债券的发行价格高于面值，应将溢价部分记入"应付债券——利息调整"科目的借方

B．分期付息、到期一次还本的债券，其按票面利率计算确定的应付未付利息应通过"应付利息"科目核算

C．企业发行债券筹集的资金，若用于构建固定资产等长期资产，则相关的利息费用在满足资本化条件时应予以资本化

D．债券到期时，企业应支付的本金和利息应通过"银行存款"科目支付，并同时注销"应付债券"及其相关明细科目的余额

3．下列项目中会影响债券发行价格的有（　　　）。

A．债券的票面利率　　　　　　　　　　B．市场利率

C．债券的偿还期限　　　　　　　　　　D．企业的信用评级

4．下列各项中，属于长期负债的有（　　　）。

A．应付票据　　　　　　　　　　　　　B．长期借款

C．一年内到期应付债券　　　　　　　　D．融资租入固定资产应付款

5．"应付债券"科目贷方反映的内容为（　　　）。

A．溢价发行时产生的利息调整费用　　　B．折价发行时利息调整费用的摊销

C．期末计提应付债券利息　　　　　　　D．溢价发行期间利息调整费用的摊销

6．公司发行的债券作为一种书面凭证，其要素有（　　　）。

A．债券面值　　　　B．债券利率　　　　C．到期日　　　　D．付息日

7．企业发行长期债券，应在"应付债券"总账账户下设置（　　　）明细账户进行核算。

A．"面值"　　　　B．"债券溢价"　　　　C．"利息调整"　　　　D．"应计利息"

8．下列关于一般公司债券发行的表述中，正确的有（　　　）

A．债券面值与实际收到的款项之间的差额，应记入"应付债券——应计利息"科目

B．溢价或折价摊销是债券发行企业在债券存续期间内对利息费用的一种调整

C．溢价是企业以后各期多付利息而事先得到的补偿

D．折价是企业以后各期少付利息而预先给予投资者的补偿

三、判断题

1．分期付息、到期一次还本的债券，在债券存续期内，企业每期计提的利息费用均通过"财务费用"科目核算。　　　　　　　　　　　　　　　　　（　　　）

2．企业发行债券时，无论溢价发行还是折价发行，实际收到的金额与债券票面金额的差额均应记入"应付债券——利息调整"科目。　　　　　　　　　　（　　　）

3．债券到期时，企业应支付的本金和利息总额，在会计处理上应借记"应付债券"科目及其相关明细科目，贷记"银行存款"科目。　　　　　　　　　　（　　　）

4．债券溢价发行时，采用实际利率法对利息调整进行摊销，摊销的利息调整金额逐期减小，利息费用逐期增大。　　　　　　　　　　　　　　　　　（　　　）

5．企业发行的一般公司债券，应区别是面值发行，还是溢价或折价发行，分别记入"应付债券——一般公司债券（面值）、（溢价）或（折价）"科目。　　　　（　　　）

任务三　长期应付款

 **任务导读**

　　长期应付款作为企业的一项负债，其规模和结构将直接影响企业的财务状况和经营风险。一方面，长期应付款的增加将增加企业的负债总额和资产负债率，提高企业的财务风险；另一方面，合理的长期应付款结构可以为企业提供稳定的资金来源，支持企业的长期发展。因此，长期应付款是企业财务管理中的重要组成部分，企业需要充分了解其定义、特征、分类、会计处理及其对企业财务状况的影响等方面，并加强对其管理与控制。

一、长期应付款概述

　　长期应付款是指除长期借款、应付债券以外的其他长期应付款项。该负债是企业因购买长期资产或接受服务而形成的，需要在未来一年以上偿还的债务。

　　长期应付款的主要特征是付款期限在一年以上，且金额较大。这些款项的支付往往需要企业具备一定的财务实力和资金安排能力。长期应付款按照其形成原因和支付方式的不同，可以分为多种类型，如应付补偿贸易引进设备款、应付融资租入固定资产租赁费、分期付款购买固定资产或无形资产等。

　　企业需要设置"长期应付款"科目核算各项长期应付款的增减变动及结存情况。"长期应付款"属于负债类科目，贷方登记长期应付款的增加数，借方登记长期应付款的减少数，期末余额在贷方，表示尚未支付的长期应付款。该科目可按照长期应付款的种类和债权人进行明细分类核算。

　　企业设置"未确认融资费用"科目核算企业应当分期记入利息费用的未确认融资费用。该科目主要反映企业融资租入资产或长期借款所发生的应在租赁期内各期间进行分摊的未实现的融资费用。"未确认融资费用"属于负债类科目，贷方登记企业采用实际利率法分期摊销的未确认融资费用；借方登记企业采用租赁方式租入固定资产，在租赁开始日发生的未确认融资费用。期末余额在借方，反映企业未确认并分摊的融资费用金额。

二、长期应付款的账务处理

　　企业分期购入固定资产，实质即通过融资方式购入固定资产，应以购买价款的现值，借记"固定资产""在建工程"等科目；按应支付的实际价款总额，贷记"长期应付款"科目；按其差额，借记"未确认融资费用"科目。

　　【业务 9-8】2024 年 12 月 1 日，南方公司采用分期付款方式购入不需要安装的设备一台，具有融资性质，购买总价款为 400 万元，购买价款的现值为 365 万元。假定不考虑未确认融资费用的摊销。账务处理如下：

　　借：固定资产——融资租入固定资产　　　　　　　　　　　　3 650 000
　　　　未确认融资费用　　　　　　　　　　　　　　　　　　　350 000

贷：长期应付款——应付融资租赁款　　　　　　　　　　　4 000 000

企业应加强对长期应付款的管理与控制，确保能够按时、足额地支付到期款项，避免因逾期支付而引发的法律纠纷和信用风险。同时，企业还应根据自身的经营情况和市场环境，合理安排长期应付款的规模和结构，降低财务风险。

 知识测试

一、单选题

1. 企业在采用补偿贸易方式引进国外设备时，如果设备价款未付，按合同或协议规定应以未来产生的产品或其他商品偿付，则企业应将该笔债务确认为（　　）。

A．短期借款　　　　　B．长期借款　　　　　C．应付账款　　　　　D．长期应付款

2. 下列关于长期应付款的会计处理，正确的是（　　）。

A．企业融资租赁租入固定资产时，应将最低租赁付款额确认为长期应付款

B．企业延期支付购买固定资产的价款，如果延期支付的期限在一年以上，则应作为长期应付款处理

C．长期应付款的利息支出应记入营业外支出

D．企业通过售后回购方式销售商品时，回购价格与原销售价格之间的差额应确认为长期应付款

二、多选题

1. 下列项目中，可能导致企业产生长期应付款的有（　　）。

A．企业采用融资租赁方式租入固定资产

B．企业延期支付购买原材料的款项，且延期期限超过一年

C．企业向银行借入长期借款

D．企业采用补偿贸易方式引进国外设备

2. 关于长期应付款的核算，以下说法正确的是（　　）。

A．长期应付款的利息支出应按期计提并记入相关资产成本或财务费用

B．融资租赁方式下，长期应付款的入账价值通常包括设备价款、运输费、途中保险费及融资费用等

C．延期支付购买固定资产的价款，在支付前无需进行会计处理

D．售后回购方式下，回购价格与原销售价格之间的差额应在回购期间内分期确认

🌿 素养天地

合理利用非流动负债，优化企业资本结构

非流动负债，作为企业长期资金的重要来源，如同企业发展的稳定器，支撑着企业战略规划的实现与长远目标的追求。这要求我们在进行非流动负债的核算与管理时，不仅要遵循会计准则的严谨性，确保财务信息的真实、准确、完整，更要秉持诚信为本的职业操守，拒绝任何形式的财务造假与欺诈行为。

同时，对非流动负债的合理利用，也是企业优化资本结构、降低财务风险、实现可持续发展的关键。在会计实践中，要勇于创新，积极探索符合企业实际情况的融资策略与债务管理方案，为企业创造更大的价值。在此过程中，我们要始终牢记社会责任，确保企业的融资行为符合国家法律法规的要求，不损害社会公共利益和债权人的合法权益。

因此，学习"非流动负债"不仅是掌握一项专业技能，更是培养我们的诚信意识、责任感和社会担当。作为未来的会计从业者，我们要将专业知识学懂弄通，同时也要用实际行动践行会计人的职业道德与使命，为企业、为社会贡献我们的力量。

📝 项目训练

一、新北公司为一般纳税人，于 2023 年 11 月 30 日从建设银行华东支行借入 3 年期的借款 3 000 000 元，年利率为 4.8%（合同规定到期一次还本付息，单利计息）。所借款项已存入银行。公司用该借款于当日购买一台不需安装的设备，价款 2 000 000 元，增值税税额为 260 000 元，另支付保险等费用 100 000 元，设备已于当日投入使用。

要求：不考虑其他因素，根据上述资料，编写取得借款、支付设备款及保险费用、每月计提利息、到期归还借款并支付利息的会计分录。

二、万科公司为一般纳税人，于 2024 年 1 月 1 日从建设银行杨子路支行借入 2 年期的借款 5 000 000 元，用于建造办公楼，年利率为 4.8%（合同规定每年年末支付利息，单利计息）。办公楼于 2024 年 12 月完工，并投入使用。

要求：不考虑其他因素，根据上述资料，编写取得借款、计提利息、支付利息、到期归还借款的会计分录。

三、西部公司 2023 年 1 月 1 日发行面值总额为 40 000 万元的公司债券，发行价格总额为 41 730.8 万元。该公司债券的期限为 5 年、票面年利率为 6%，每年付息一次，从 2024 年起每年 1 月 5 日支付上一年度的债券利息，到期还本及最后一年利息。发行债券所得款项已收存银行，公司债券的市场利率为 5%。假定公司该债券利息不符合资本化条件，按实际利率法确定利息费用。

不考虑其他因素，根据上述资料，编写会计分录，具体要求如下：

（1）2023 年 1 月 1 日发行公司债券；

（2）2023 年 12 月 31 日计提公司债券利息；

（3）2024 年 1 月 5 日与支付公司债券利息；

（4）2024 年 12 月 31 日计提公司债券利息。

项目十

所有者权益核算

知识目标

熟悉所有者权益的构成内容;

掌握实收资本的概念、内容及核算账户;

掌握资本公积的概念及使用;

掌握留存收益的内容、计算及账务处理。

技能目标

能够对所有者权益的各个项目进行职业判断;

能够独立完成一般企业投入资本和股份有限公司股本的核算,以及资本(股本)变动的核算;

能够进行资本公积的核算;

能够进行留存收益的计算和账务处理。

素养目标

能够正确处理国家、单位和个人的利益关系,培养法律意识和法治观念,强化服务意识。

 知识导图

所有者权益核算 {
　实收资本(或股本)及资本公积的核算 {
　　实收资本(或股本)及资本公积的概述
　　实收资本(或股本)及资本公积的账务处理
　}
　留存收益的核算 {
　　留存收益的概述
　　盈余公积的账务处理
　}
}

 知识准备

所有者权益核算的主要会计科目包括:实收资本(股本)、资本公积、盈余公积、未分配利润、库存股。

任务一　实收资本（或股本）及资本公积的核算

任务导读

　　企业会计准则指出，所有者权益是指资产扣除负债后，由所有者享有的剩余权益。股份有限公司的所有者权益又称股东权益。所有者权益是所有者对企业资产的剩余索取权，它既可以反映所有者投入资本的保值增值情况，又体现了保护债权人的权益的理念。所有者权益由实收资本、资本公积、盈余公积、未分配利润、其他综合收益等组成。

　　实收资本和资本公积都属于投资者（或股东）投入企业的资本。企业的实收资本主要来源股东的投入，资本公积则主要是由股东投入形成的资本溢价所形成的。股东可以用货币出资，可以用实物资产、知识产权、土地使用权等出资，也可以用依法转让的股权或债权作价出资。一般纳税人收到股东非货币资产投入，如果取得增值税专用发票的，其对应的进项税额也可以抵扣。

一、实收资本（或股本）及资本公积的概述

（一）实收资本（或股本）

1. 实收资本（或股本）的概念

　　实收资本是指企业按照企业章程、合同或协议的约定，接受投资人投入企业的资本。实收资本的构成比例或股东的股份比例，是确定所有者在企业所有者权益中所占份额的基础，也是企业进行利润或股利分配的主要依据。对股份有限公司而言，实收资本称为股本，即发起人按照合同或协议约定投入的资本和社会公众在公司发行股票时认购股票缴入的资本。

　　《企业法人登记管理条例施行细则》规定，除国家另有规定外，企业的注册资金应当与实有资金相一致。企业法人实有资金比原注册资金数额增加或减少超过 20% 时，应持资金信用证明或验资证明，向原登记主管机关申请变更登记。投资主体可以分为国家资本、法人资本、个人资本、港澳台资本及外商资本等。

2. 出资方式

　　《中华人民共和国公司法》（以下简称《公司法》）第四十八条规定：股东可以用货币出资，也可以用实物、知识产权、土地使用权、股权、债权等可以用货币估价并可以依法转让的非货币财产作价出资；但是，法律、行政法规规定不得作为出资的财产除外。对作为出资的非货币财产应当评估作价，核实财产，不得高估或者低估作价。法律、行政法规对评估作价有规定的，从其规定。

　　货币出资是最常见和直接的投资方式；实物主要包括房屋、建筑物、机器设备、材料物资等，这些实物需要经过评估确认其价值，并依法办理财产权转移手续。

（二）资本公积

资本公积是企业收到投资者出资金额超出其在注册资本（或股本）中所占份额的部分和其他资本公积。资本公积的形成主要来源于资本（或股本）溢价。

1. 资本（或股本）溢价的确认与计量

资本溢价是指企业投资者投入的资金超过其在实收资本中按其投资比例所占份额的数额。股本溢价是指股份有限公司溢价发行股票时收到的款项超过股票面值总额的数额。

2. 其他资本公积

其他资本公积是指除资本溢价或股本溢价外，接受捐赠非现金资产准备、股权投资准备、拨款转入、外币资本折算差额、关联交易差价等各项来源形成的资本公积以外，因其他来源形成的资本公积，其中主要是记入所有者权益的利得和损失。

二、实收资本（或股本）及资本公积的账务处理

（一）科目设置

企业需设置"实收资本"科目核算企业接受投资者投入的资本。"实收资本"科目属于所有者权益类科目，贷方登记所有者投入企业资本的增加额，借方登记所有者投入企业资本的减少额；期末余额在贷方。该科目可按投资单位名称设置明细科目进行核算。

在股份有限公司，企业应设置"股本"科目核算企业通过发行股票接收投资者投资的股本。"股本"属于所有者权益类科目，贷方登记发行股票的面值，借方登记经批准核销的股票面值；期末余额在贷方，反映发行在外的股票面值。该科目可以按照股票的类别设置明细科目进行明细分类核算。

企业需设置"资本公积"科目核算企业收到投资者出资额超出其在注册资本或股本中所占份额的部分及直接记入所有者权益的利得和损失。"资本公积"属于所有者权益类科目，贷方登记各种原因增加的资本公积；借方登记因转增资本而减少的资本公积；期末余额在贷方。该科目可以按资本公积的来源不同设置"资本溢价""股本溢价""其他资本公积"进行明细分类核算。

（二）接受投资（包括资本溢价）

1. 接受现金资产投资

非股份制企业接受现金资产投资时，可以根据投资人的投资形式，借记"银行存款"等科目，贷记"实收资本""资本公积——资本溢价"科目。

【业务 10-1】 2024 年 9 月，甲、乙、丙共同投资设立东方公司，注册资本为 10 000 000 元。甲、乙、丙投入资本金分别为 5 000 000 元、3 000 000 元、2 000 000 元。东方公司已如期收到投资者一次缴足的投资款。账务处理如下：

```
借：银行存款                           10 000 000
    贷：实收资本——甲                         5 000 000
              ——乙                         3 000 000
              ——丙                         2 000 000
```

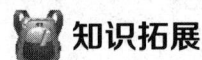

知识拓展

企业在接受投资时需要考虑哪些因素

股份有限公司接收货币资金投资的方式主要是发行股票，可分为平价发行、溢价发行及折价发行。折价发行在我国不被允许使用。

当股份有限公司平价或溢价发行股票时，要按发行股票的面值与股数的乘积作为股本，贷记"股本"科目，以实际收到的发行款项，借记"银行存款"科目，如果是溢价发行，则收到的发行款与股本之间的差额，贷记"资本公积——股本溢价"科目。

如果发行股票产生相关的手续费、佣金时，溢价发行的则冲减"资本公积——股本溢价"科目，如果平价发行，或溢价不足以支付的，则依次冲减"盈余公积""未分配利润"科目。

【业务 10-2】 2024 年 10 月 6 日，北方股份有限公司经批准，委托某证券公司代理发行普通股股票 5 000 万股，每股面值 1 元，发行价格 5 元。北方股份有限公司按发行收入的 3‰支付给证券公司发行手续费。账务处理如下：

借：银行存款　　　　　　　　　　　　　　　　　　249 250 000
　　贷：股本　　　　　　　　　　　　　　　　　　　　　50 000 000
　　　　资本公积——股本溢价　　　　　　　　　　　　199 250 000

2. 接受非现金资产投资

企业接受非现金资产投资时，可以根据投资人的投资形式，借记"原材料""库存商品""固定资产""无形资产""应交税费——应交增值税（进项税额）"等科目；贷记"实收资本""资本公积——资本溢价（或股本溢价）"科目。

（1）固定资产投入

企业接收投资者作价投入的房屋、建筑、机器设备等固定资产，应按投资合同或协议约定价值作为固定资产的入账价值，按投资合同或协议约定的投资者在企业注册资本（股本）中所占份额的那部分作为实收资本（或股本）入账，投资合同或协议约定的价值超过投资者注册资本（或股本）中所占份额的部分，记入资本溢价或股本溢价。

【业务 10-3】 2024 年 8 月 7 日，南方公司董事会决议通过，为扩大生产规模，吸收新的投资者北方公司和江南公司，增加资本金。8 月 12 日，收到北方公司投资的 10 台不需要安装的电子设备，合同约定价值为每台 100 000 元。增值税专用发票注明设备价款 1 000 000 元，增值税为 130 000 元。记入注册资本的出资额为 1 000 000 元。账务处理如下：

借：固定资产——电子设备　　　　　　　　　　　　　1 000 000
　　应交税费——应交增值税（进项税额）　　　　　　　130 000
　　贷：实收资本——北方公司　　　　　　　　　　　　　1 000 000
　　　　资本公积——资本溢价　　　　　　　　　　　　　130 000

（2）材料等物资投入

企业接受投资者作价投入的材料物资，应按投资合同或协议约定价值作为材料物资的入账价值，按投资合同或协议约定的投资者在企业注册资本（股本）中所占份额的那部分作为实收资本（或股本）入账，投资合同或协议约定的价值超过投资者注册资本（或股本）中所占份额的部分，记入资本溢价或股本溢价。

【业务10-4】2024年8月13日，南方公司收到江南公司作为资本投入的一批A材料，该批原材料投资的合同约定价值为300 000元。增值税专用发票注明材料价款为300 000元，增值税为39 000元。合同约定的价值与公允价值相符，不考虑其他因素。账务处理如下：

```
借：原材料——A材料                           300 000
    应交税费——应交增值税（进项税额）           39 000
    贷：实收资本——江南公司                              339 000
```

（3）无形资产投入

企业接收投资者作价投入的无形资产，应按投资合同或协议约定价值作为无形资产的入账价值，按投资合同或协议约定的投资者在企业注册资本（或股本）中所占份额的那部分作为实收资本（或股本）入账，投资合同或协议约定的价值超过投资者注册资本（或股本）中所占份额的部分，记入资本溢价或股本溢价。

【业务10-5】2024年8月16日，南方公司收到华联公司投入的一项专利权，双方协议确认价值为500 000元，增值税专用发票注明价款为471 698.11元，增值税为28 301.89元。合同约定的价值与公允价值相符。账务处理如下：

```
借：无形资产——专利权                         471 698.11
    应交税费——应交增值税（进项税额）           28 301.89
    贷：实收资本——华联公司                              500 000
```

（三）实收资本（或股本）增减变动

一般情况下，企业的实收资本是相对固定不变的，但在特定情况下，实收资本也会发生增减变化：一是经有关部门批准符合增资条件的增资；二是企业按照法定程序报经批准减少注册资本。

1. 实收资本（或股本）的增加

非股份有限公司增加资本的途径主要有：投资者追加投资、资本公积转增资本、盈余公积转增资本。其中，投资者追加投资的核算方法与投资者初次投入相同；企业采用资本公积转增资本或盈余公积转增资本时，应按转增的资本金额确认实收资本（或股本）。借记"资本公积（或股本）"或"盈余公积"科目，贷记"实收资本"科目。

【业务10-6】2024年12月13日，南方公司按有关规定办理增资手续，将资本公积1 000 000元转增资本。账务处理如下：

```
借：资本公积                                 1 000 000
    贷：实收资本                                        1 000 000
```

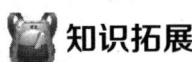 **知识拓展**

资本公积转增资本需要符合什么条件？

2. 实收资本（或股本）的减少

当企业出现资本过剩或发生重大亏损、缩小经营规模等原因时，可能会减少实收资本。通常非股份有限公司会按照法定程序报经批准减少注册资本，企业可以按照减少的金额，借记"实收资本"科目，贷记"银行存款"等科目。

由于股份有限公司筹集股本的方式是发行股票，因此减资的时候需要回购发行的股票。这种发行公司通过购入、赠予或其他方式重新获得可再行出售或注销的股票称为库存股，即公司将已经发行出去的股票，从市场中买回，存放于公司。库存股在回购后，由公司自己持有，在适当的时机再向市场出售或用于对员工的激励。

回购股票时，回购的价格有可能高于股票面值，也有可能低于股票面值。在核算回购股票业务时，首先，根据回购股票实际支付的金额，借记"库存股"科目，贷记"银行存款"等科目。减资时，按照股票面值和注销的股数计算注销股票的面值，借记"股本"科目，按注销库存股的账面余额，贷记"库存股"科目。

当股票回购价格高于股票面值时，根据"股本"与"库存股"的差额，借记"资本公积——股本溢价"科目，当股本溢价不足以冲减时，则依次冲减盈余公积、未分配利润，借记"盈余公积"或"利润分配——未分配利润"科目。

当股票回购价格低于股票面值时，根据"股本"与"库存股"的差额，贷记"资本公积——股本溢价"科目。

 **知识拓展**

公司减资的一般程序

【业务 10-7】 2024 年 12 月 31 日，欧特股份有限公司的股本为 30 000 000 元（每股面值 1 元），资本公积（股本溢价）余额为 6 000 000 元，盈余公积为 9 800 000 元。经股东大会批准，以每股 5 元的价格回购本公司股票 100 万股并注销。账务处理如下：

① 回购股票时：

借：库存股　　　　　　　　　　　　　　　　　5 000 000
　　贷：银行存款　　　　　　　　　　　　　　　　　5 000 000

② 注销本公司股票时：

借：股本　　　　　　　　　　　　　　　　　　1 000 000
　　资本公积——股本溢价　　　　　　　　　　　4 000 000
　　贷：库存股　　　　　　　　　　　　　　　　　5 000 000

知识测试

一、单选题

1. 某公司注册资本为 500 万元，其中甲投资者已投入 300 万元，乙投资者已投入 150 万元。现丙投资者拟加入并承诺投入 50 万元，若丙投资者实际投入 60 万元，超过其应享注册资本份额的部分应记入（　　　）。

　　A．实收资本　　　　　B．资本公积　　　　　C．盈余公积　　　　　D．营业外收入

　　2．关于所有者权益，下列说法正确的是（　　　）。

　　A．所有者权益仅包括实收资本和资本公积

　　B．所有者权益是企业资产扣除负债后的净额，但不包括企业投资者的投入

　　C．所有者权益是企业资产扣除负债后由所有者应享的剩余权益

　　D．所有者权益中的留存收益仅由未分配利润构成

　　3．下列关于资本公积的表述中，正确的（　　　）。

　　A．资本公积是企业收到的投资者投入的注册资本

　　B．资本公积来源于投资者投入的注册资本

　　C．资本公积主要用于转增资本和弥补亏损

　　D．资本公积是企业财务经营决策或进行利润分配的依据

　　4．下列关于资本公积的表述中，正确的是（　　　）。

　　A．股份有限公司在成立时一般都是平价发行股票，因此在成立之初，不会产生股本溢价

　　B．按面值发行的股票，企业取得收入，应全部作为股本处理

　　C．企业溢价发行股票取得的收入，等于面值的部分作股本处理，超过面值的部分作为其他资本公积

　　D．发行股票相关的手续费、佣金等交易费用，记入财务费用

　　5．甲公司为一般纳税人，收到乙公司作为资本投入的一批原材料，合同约定该批材料不含增值税的价值为 100 万元，增值税税额为 13 万元（由乙公司支付），甲公司已取得增值税专用发票。该批材料合同约定的价值与公允价值相符，乙公司享有甲公司注册资本的份额为 80 万元。不考虑其他因素，下列各项中，甲公司接受乙公司投资有关会计处理的表述正确的是（　　　）。

　　A．借记"原材料"科目 113 万元

　　B．贷记"实收资本"科目 100 万元

　　C．贷记"应交税费——应交增值税（进项税额）"科目 13 万元

　　D．贷记"资本公积——资本溢价"科目 33 万元

　　6．某企业公开发行普通股 100 万股，每股面值 1 元，每股发行价格为 10 元，按发行收入的 3%向证券公司支付佣金，扣除佣金后的股票发行款存入银行。不考虑其他因素，该企业发行股票记入"资本公积"科目贷方的金额为（　　　）万元。

　　A．970　　　　　　　　B．900　　　　　　　　C．870　　　　　　　　D．873

　　7．明光公司成立时收到 M 公司作为资本投入的一批应税消费品（消费税税率 20%），投资合同中约定其价值为 10 万元，并收到对方开具的增值税普通发票，增值税税率为 13%。假定不考虑其他因素，则下列表述中正确的是（　　　）。

　　A．该批材料的入账价值为 10 万元

　　B．该批材料的入账价值为 12.5 万元

　　C．明光公司接受 M 公司投入的应税消费品应按合同约定金额、消费税金额与增值税进项税额之和作为实收资本

D．实收资本的入账金额为 11.3 万元

二、多选题

1．某公司由甲、乙投资者分别出资 500 万元设立，为扩大经营规模，该公司的注册资本由 1 000 万元增加到 1 500 万元，丙企业以银行存款出资 500 万元享有公司 33.33%的注册资本。不考虑其他因素，该公司接受丙企业出资，相关会计处理结果正确的有（　　）。

A．贷记"实收资本"科目 500 万元　　　　B．贷记"盈余公积"科目 500 万元

C．贷记"资本公积"科目 0 万元　　　　D．借记"银行存款"科目 500 万元

2．下列各项中，会导致企业实收资本增加的有（　　）。

A．接受投资者追加投资　　　　　　　　B．资本公积转增资本

C．盈余公积转增资本　　　　　　　　　D．接受投资者捐赠的原材料

3．下列关于所有者权益的表述中，正确的有（　　）。

A．所有者权益是指企业资产扣除负债后由所有者享有的剩余权益

B．企业清算时，只有在清偿所有的负债后，所有者权益才返还给所有者

C．资本公积的主要用途为转增资本（或股本）

D．资本公积包括资本（或股本）溢价和其他资本公积等

三、判断题

1．企业接受新投资者会导致所有者权益总额增加。　　　　　　　　　　　（　　）

2．发行普通股时，发行收入超过股票面值的部分全部记入"实收资本"科目。

（　　）

3．某公司回购并注销库存股时，如果回购价格低于股票面值，差额应记入"利润分配——未分配利润"科目。　　　　　　　　　　　　　　　　　　　　　　　　　（　　）

4．企业接受投资者以非现金资产投资时，应按该资产的账面价值入账。　　（　　）

5．公司按面值发行股票时，发生的相关交易费用冲减"资本公积——其他资本公积"科目。　　　　　　　　　　　　　　　　　　　　　　　　　　　　　　　　　（　　）

6．除投资合同或协议价值不公允的以外，企业接受投资者作为资本投入的固定资产，应按投资合同或协议的约定价值确定其入账价值。　　　　　　　　　　　　　（　　）

7．企业溢价发行股票发生的相关手续费、佣金等交易费用，应记入财务费用。

（　　）

8．资本公积和其他综合收益都会引起企业所有者权益发生增减变动，直接影响企业的损益。　　　　　　　　　　　　　　　　　　　　　　　　　　　　　　　　　（　　）

9．发行股票相关的手续费、佣金等交易费用，若是溢价发行股票的，应从溢价中抵扣，冲减"资本公积——股本溢价"；金额不足以抵扣的，应将不足抵扣的部分直接记入当期损益。　　　　　　　　　　　　　　　　　　　　　　　　　　　　　　　　　（　　）

任务二　留存收益的核算

 任务导读

盈余公积和未分配利润同属于企业的所有者权益，且均来自企业实现的净利润，我们把盈余公积和未分配利润合称为"留存收益"。留存收益与实收资本的区别在于，实收资本和资本公积是由投资者投入产生的，留存收益则来源于企业的资本增值，是企业生产经营结果的积累。

一、留存收益的概述

留存收益是指企业从历年实现的净利润中，按照相关规定进行分配后，留存在企业内部的未分配利润。它是企业资本的组成部分，属于所有者权益的一部分，代表着企业过去的经营成果和积累。留存收益的来源是企业的生产经营活动所实现的净利润，反映了企业资本的历史积累。

（一）留存收益的构成

留存收益由盈余公积和未分配利润两部分构成，盈余公积具有特定的用途，而未分配利润则是企业可以自由支配的资金。企业在使用留存收益时，应遵循相关法律法规和会计准则的规定，确保资金使用的合法性和有效性。

（二）盈余公积的概念

盈余公积是指企业从税后利润中提取形成的、存留于企业内部、具有特定用途的收益积累。盈余公积分为法定盈余公积和任意盈余公积。

法定盈余公积：根据法律规定，企业必须按照一定比例从税后利润中提取的公积金。根据《公司法》的规定，公司分配当年税后利润时，应当提取税后利润的 10% 列入公司法定公积金。公司法定公积金累计额为注册资本的 50% 以上的，可以不再提取。

任意盈余公积：企业根据股东大会或类似机构的决议，从税后利润中自由提取的公积金。与法定盈余公积不同，任意盈余公积的提取比例由企业自行决定。

盈余公积的用途主要包括以下几个方面。

第一，弥补亏损。当企业发生亏损时，可以使用盈余公积来弥补。企业用盈余公积弥补亏损时，应当由公司董事会提议，并经股东大会或类似的权力机构批准。盈余公积用于弥补亏损后，该项盈余公积乃至所有盈余公积的余额不得低于转增前公司注册资本的 25%。

第二，转增资本。盈余公积可以转增资本，即增加企业的注册资本。企业用盈余公积转增资本时，必须经股东大会决议批准。而且，在实际将盈余公积转增资本时，要按股东原有持股比例结转。盈余公积转增资本时，转增后留存盈余公积的数额不得少于注册资本的 25%。

第三，发放股利。尽管盈余公积主要用于前两个目的，但在特定情况下，盈余公积也可以用于分配股利给股东。然而，这种使用通常是企业有充足的现金流和利润，且经过股东大会的批准后才能进行。

二、盈余公积的账务处理

（一）科目设置

企业需设置"盈余公积"科目核算企业从当年实现的净利润中提取的盈余公积及其使用情况。"盈余公积"属于所有者权益类科目，贷方登记实际提取的盈余公积增加额；借方登记用盈余公积弥补亏损或转增资本的减少额；期末余额在贷方，反映企业盈余公积的金额。该科目可按照"法定盈余公积"和"任意盈余公积"设置明细科目进行明细分类核算。

企业需设置"利润分配"科目核算企业利润的分配和历年分配后的余额。"利润分配"属于所有者权益类科目，贷方登记用盈余公积弥补的亏损额等其他转入数，以及年末从"本年利润"账户转入的净利润额；借方登记实际分配的利润额及年末从"本年利润"账户转入的净亏损额。该科目可以按照"提取法定盈余公积""任意盈余公积""应付现金股利""盈余公积补亏""未分配利润"等设置明细科目进行明细分类核算。除"未分配利润"期末可能有余额外，其他明细科目期末均无余额。

（二）提取盈余公积

企业当年实现的净利润，在弥补以前年度亏损后，按规定提取盈余公积。根据确定提取盈余公积，分别借记"利润分配——提取法定盈余公积"科目和"利润分配——提取任意盈余公积"科目；贷记"盈余公积——法定盈余公积"或"盈余公积——任意盈余公积"科目。

【业务 10-8】 南方公司 2024 年度净利润为 5 500 000 元。以前年度累计的未弥补亏损为 500 000 元，已超过以税前利润弥补亏损的期间。分别按 10% 与 5% 提取法定盈余公积和任意盈余公积。账务处理如下：

本年度应提取的法定盈余公积 =（5 500 000 - 500 000）× 10% = 500 000（元）

本年度应提取的任意盈余公积 =（5 500 000 - 500 000）× 5% = 250 000（元）

借：利润分配——提取法定盈余公积 500 000

　　　　　——提取任意盈余公积 250 000

　　贷：盈余公积——法定盈余公积 500 000

　　　　　——任意盈余公积 250 000

（三）盈余公积使用

1. 盈余公积补亏

企业经股东大会或类似机构决议，用以前年度提取的盈余公积弥补亏损时，应借记"盈余公积"，贷记"利润分配——盈余公积补亏"。企业在用盈余公积弥补亏损或转增资本（或股本）时，一般先使用任意盈余公积，在任意盈余公积不足时再使用法定盈余公积。

【业务 10-9】 2024 年 12 月 17 日，创意公司经股东大会批准，以前一年度提取的任意盈余公积弥补当期亏损 300 000 元。账务处理如下：

借：盈余公积——任意盈余公积 300 000

　　贷：利润分配——盈余公积补亏 300 000

2. 盈余公积转增资本

非股份有限企业经股东大会或类似机构决议，用盈余公积转增资本时，应借记"盈余公积"，贷记"实收资本"。若是股份有限公司用盈余公积派送新股时，根据派送新股的金额，借记"盈余公积"账户，根据派送新股的股票面值总额，贷记"股本"。当企业用法定盈余公积转增资本时，转增后留存的法定盈余公积不得少于注册资本的25%。

【业务10-10】2025年1月15日，欧特公司经股东大会批准，用以前年度提取的盈余公积派送新股100万股。公司原有普通股3 000万股，股票面值1元；盈余公积账面余额分别是法定盈余公积6 800 000元和任意盈余公积3 000 000元。公司决定用法定盈余公积800 000元和任意盈余公积1 200 000元派发新股。账务处理如下：

```
借：盈余公积——法定盈余公积          800 000
         ——任意盈余公积        1 200 000
    贷：股本                        2 000 000
```

3. 用盈余公积发放现金股利或利润

【业务10-11】2025年1月20日，东方公司董事会大会批准了用法定盈余公积向股东分配2024年现金股利1 200 000元，各股东的所持份额比例分别是甲投资者50%、乙投资者30%、丙投资者20%。账务处理如下：

```
借：盈余公积——法定盈余公积          1 200 000
    贷：应付利润——甲                  600 000
         ——乙                  360 000
         ——丙                  240 000
```

 **素养天地**

所有者权益是企业财务结构的基石

所有者权益作为企业财务结构的基石，它不仅是数字与金额的堆砌，更是企业责任、股东信任与社会责任的集中体现。所有者权益的变动不仅关乎股东的个人利益，更与企业的发展规划、战略决策紧密相连。在追求经济效益的同时，也要兼顾社会效益和环境保护，实现企业的可持续发展。所以，在核算过程中，我们要秉持高度的诚信原则，确保信息的真实、准确与完整。这不仅是会计法规的硬性要求，更是会计人员应有的道德自觉。

知识测试

一、单选题

1. 某公司年初未分配利润为500万元，本年实现净利润1 000万元，提取法定盈余公积100万元，提取任意盈余公积50万元，向投资者分配现金股利300万元。则该公司年末未分配利润为（   ）万元。

A. 1 000   B. 1 050   C. 1 100   D. 1 150

2. 下列选项中，会引起企业留存收益总额发生变化的是（   ）。

A．宣告分配股票股利   B．以资本公积转增资本

C．提取法定盈余公积   D．用盈余公积发放现金股利

3．某公司公开发行普通股 100 万股，每股面值 1 元，每股发行价为 10 元，按发行收入的 3% 向证券公司支付佣金，从发行收入中扣除，收到的款项已存入银行。不考虑其他因素，该公司发行股票应记入股本的金额为（　　）万元。

A．1 000   B．970   C．100   D．900

4．某企业年初未分配利润为借方余额 4 000 元，当年净利润为 70 000 元，按 10% 的比例提取盈余公积，该企业年末未分配利润为（　　）元。

A．59 400   B．66 000   C．69 700   D．67 000

5．某企业 2024 年 11 月 30 日所有者权益情况为：股本 150 万元，资本公积 30 万元，盈余公积 50 万元，未分配利润 29 万，该企业 2022 年 11 月 30 日留存收益为（　　）万元。

A．29   B．50   C．79   D．259

6．下列选项中，会导致盈余公积减少的是（　　）。

A．计提法定盈余公积   B．股东大会宣告发放股票股利

C．股东大会宣告发放现金股利   D．盈余公积转增资本

二、多选题

1．下列各项中，属于企业留存收益的有（　　）。

A．盈余公积   B．资本公积   C．未分配利润   D．营业收入

2．下列关于留存收益分配顺序的表述中，正确的有（　　）。

A．提取法定盈余公积后，再提取任意盈余公积

B．提取任意盈余公积后，再向投资者分配现金股利

C．提取任意盈余公积前，必须先提取法定盈余公积

D．当年实现的净利润在弥补以前年度亏损后，剩余部分才可用于分配

3．下列选项中，属于企业增加资本途径的有（　　）。

A．接受投资者追加   B．资本公积转增资本

C．盈余公积转增资本   D．未分配利润转增资本

4．下列各项中，期末需要转入"利润分配——未分配利润"科目的有（　　）。

A．"主营业务收入"   B．"本年利润"

C．"利润分配——提取法定盈余公积"   D．"利润分配——应付现金股利或利润"

5．下列选项中，不会引起企业所有者权益总额发生变动的有（　　）。

A．资本公积转增资本   B．盈余公积补亏

C．股东大会宣告分配现金股利   D．盈余公积发放现金股利

6．下列各项中，通过"利润分配——未分配利润"科目核算的有（　　）。

A．向所有者宣告分配现金股利   B．提取法定盈余公积

C．盈余公积转增股本   D．盈余公积弥补亏损

三、判断题

1．留存收益是企业从历年实现的利润中提取或形成的留存于企业的内部积累，包括盈余公积和未分配利润。   （　　）

2．企业向投资者分配现金股利时，会减少企业的留存收益和所有者权益总额。

（　　）

3．有限责任公司以资本公积或盈余公积转增资本，应当按照原出资者各自出资比例相应增加各出资者的出资金额。

（　　）

4．企业用当年实现的净利润弥补以前年度亏损，不需要单独进行账务处理。

（　　）

5．年末，"利润分配"科目除未分配利润明细科目外，其他明细科目均无余额。

（　　）

项目训练

一、甲公司为一般纳税人，2024 年 8 月，收到新鑫公司作为资本投入的不需安装的生产设备。投资合同约定设备价值为 400 万元（与公允价值相符），取得的增值税专用发票上注明的增值税税额为 52 万元。按合同约定，新鑫公司在甲公司注册资本中享有的份额为 350 万元。

要求：根据上述资料编写相关的会计分录。

二、2024 年 9 月 16 日，宜信公司接受光明公司的土地使用权作为投资，投资各方协议价为 900 万元，增值税为 81 万元，同时还接受以原材料 A 作为投资，投资协议价为 200 万元，增值税为 26 万元。光明公司占宜信公司注册资本 1 000 万元的 10%。

要求：根据上述资料编写相关的会计分录。

三、秉鑫公司 2025 年初资本公积为 1 000 万元，2025 年 2 月 1 日，经批准增发普通股股票 500 万股，每股面值 1 元，每股发行价格为 4 元，按照发行收入的 3% 支付手续费和佣金。股票已全部发行完毕，所收股款存入该公司开户银行。

要求：根据上述资料编写相关的会计分录。

四、2024 年 9 月 21 日，鼎益公司经股东大会批准，回购发行在外的股票。公司以每股 3 元的价格回购本公司股票 600 万股（每股面值 1 元），并在规定时间内注销回购的股票。

要求：根据上述资料编写相关的会计分录。

项目十一

收入、费用与利润核算

知识目标

掌握收入确认与计量的步骤、收入确认的可变对价；

掌握一般销售商品收入的核算；

熟悉费用的内容及其分类，掌握期间费用的核算；

熟悉利润的构成，掌握利润的核算。

技能目标

能够对一般销售商品业务收入、可变对价进行正确的账务处理；

能够对费用进行相应的账务处理；

能够对利润的构成进行正确的账务处理。

素养目标

培养客观公正、诚实守信、爱岗敬业的道德品质，在核算收入、费用与利润时，坚守会计职业道德，提高职业技能，不断更新业务知识。

 知识导图

收入、费用与利润核算
- 商品销售收入的核算
  - 收入的确认与计量
  - 一般商品销售收入的核算
  - 折让、折扣的核算
  - 在某一时段内履行履约义务的销售收入的核算
- 费用的核算
  - 费用的内容
  - 费用的确认与计量
  - 费用的账务处理
- 利润的核算
  - 利润的构成
  - 营业外收支核算
  - 本年利润的核算
  - 所得税费用的核算
  - 利润分配的核算

 **知识准备**

收入、费用与利润核算主要的会计科目包括：主营业务收入、其他业务收入、主营业务成本、其他业务成本、合同资产、合同负债、发出商品、营业外收入、营业外支出、管理费用、销售费用、财务费用、本年利润、利润分配等。

任务一　商品销售收入的核算

 **任务导读**

收入是指企业在日常活动中形成的、会导致所有者权益增加的、与所有者投入资本无关的经济利益的总流入。日常活动，是指企业为完成其经营目标所从事的经常性活动及与之相关的活动。

一、收入的确认与计量

收入的确认与计量大致分为以下五步。

（一）识别与客户订立的合同

合同是指双方或多方之间订立有法律约束力的权利义务的协议。合同可以是书面的、口头的或其他形式（如隐含在商业惯例或企业以往的习惯做法中等）。

合同需要同时满足以下条件：

① 合同各方已批准并承诺将履行各自义务；

② 合同明确了各方与所转让商品或提供劳务相关的权利和义务；

③ 合同有明确的与所转让商品相关的支付条款；

④ 具有商业实质，即履行该合同将改变企业未来现金流量的风险、时间分布或金额；

⑤ 企业因向客户转让商品而有权取得的对价很可能收回。

上述五个条件也是收入确认的前提条件。

（二）识别合同中的单项履约义务

合同开始日，企业应当对合同进行评估，识别该合同所包含的各单项履约义务，并确定各单项履约义务是在某一时段内履行，还是在某一时点履行，然后，在履行了各单项履约义务时分别确认收入。

履约义务，是指合同中企业向客户转让可明确区分商品的承诺。企业应当将向客户转让一系列实质相同且转让模式相同的、可明确区分商品的承诺作为单项履约义务。

例如一家企业销售商品并提供安装服务，且安装服务是可选的，或者安装服务可以由其他供应商提供，那么销售商品和安装服务就是两个单项履约义务。如果一家企业提供酒店管理服务，该服务包括房间清洁、前台接待、餐饮服务等，这些服务都是为了实现一个整体的服务目标，即为客户提供一个舒适的住宿环境。在这种情况下，虽然每项服务都是可辨认的，但它们是作为一个整体来提供和计价的，因此通常被视为一个单项履约义务。

（三）确定交易价格

交易价格，是指企业因向客户转让商品或提供服务而预期有权收取的对价金额。在确定交易价格时，需要考虑可变对价、合同中存在的重大融资成分、非现金对价、应付客户对价等因素的影响。

（四）将交易价格分摊至各单项履约义务

企业需要根据各单项履约义务的相对单独售价，将交易价格分摊至各单项履约义务计量收入。如果合同中包含两项或多项履约义务，并且这些义务不是在同一时点或时段内履行，那么就需要对交易价格进行分摊。

（五）履行各单项履约义务时确认收入

当企业履行了合同中的各单项履约义务后，即客户取得相关商品或服务的控制权时，企业应确认收入。收入金额应为分摊至该单项履约义务的交易价格。企业需要对合同中的各单项履约义务进行评估，并确定这些义务是在某一时段内履行还是在某一时点履行。对于在某一时段内履行的履约义务，企业应当选取恰当的方法确定履约进度；对于在某一时点履行的履约义务，企业应当综合分析商品控制权转移的迹象，判断其转移的时间点。

 **知识拓展**

收入的确认原则

二、一般商品销售收入的核算

（一）一般商品销售收入的确认

企业一般商品销售是属于在某一时点履行的履约义务。对于在某一时点履行的履约义务，企业应当在客户取得相关商品控制权的时点确认收入。

（二）现金结算方式销售收入的账务处理

企业以现金结算方式对外销售商品，并在客户取得相关商品控制权时，确认销售收入。

【业务 11-1】2024 年 8 月 1 日，南方公司向西北公司销售了一批成本为 700 000 元的 A 产品。增值税专用发票注明产品价款为 1 000 000 元，增值税为 130 000 元。产品已发出，并收到银行转来的收款通知。南方公司为一般纳税人。账务处理如下：

① 确认收入：

```
借：银行存款                            1 130 000
    贷：主营业务收入——A 产品                        1 000 000
        应交税费——应交增值税（销项税额）              130 000
```

② 结转销售商品的成本：

```
借：主营业务成本——A 产品                  700 000
    贷：库存商品——A 产品                            700 000
```

（三）委托收款方式销售收入的账务处理

企业以委托收款结算方式销售商品时，首先需要向开户银行填写委托收款凭证，并提供收款依据，如发票、铁路运单等，然后由银行审查受理委托收款以后，将委托收款凭证寄交购货单位开户银行。最后，在购货单位审查无误后，应在付款期内筹足资金并由其开户银行办理付款手续。企业应当在办妥委托收款手续且客户取得相关商品控制权时，确认收入。

【业务 11-2】 2024 年 8 月 4 日，南方公司向东北公司销售了一批成本为 900 000 元的
A 产品。增值税专用发票注明产品价款为 1 100 000 元，增值税为 143 000 元。产品已发出，
并以银行存款垫付了 1 050 元的运费。公司向开户银行提交委托收款有关资料，委托收款
手续已办妥。账务处理如下：

① 确认收入：

借：应收账款——东北公司   1 244 050

 贷：主营业务收入——A 产品   1 100 000

  应交税费——应交增值税（销项税额）   143 000

  银行存款   1 050

② 结转销售商品的成本：

借：主营业务成本——A 产品   900 000

 贷：库存商品——A 产品   900 000

（四）商业汇票结算方式销售收入的账务处理

企业以商业汇票结算方式对外销售商品，并在客户取得相关商品控制权时，确认销售
收入。

【业务 11-3】 2024 年 8 月 11 日，南方公司向南海公司销售了一批成本为 100 000 元的
B 产品。增值税专用发票注明产品价款为 150 000 元，增值税为 19 500 元。产品已发出，
收到南海工厂签发、面值为 169 500 元、期限为 3 个月的商业承兑汇票。账务处理如下：

① 确认收入：

借：应收票据——南海公司   169 500

 贷：主营业务收入——B 产品   150 000

  应交税费——应交增值税（销项税额）   19 500

② 结转销售商品的成本：

借：主营业务成本——B 产品   100 000

 贷：库存商品——B 产品   100 000

（五）赊销结算方式销售收入的账务处理

企业以赊销方式销售商品的业务，应在客户取得购入所有商品的控制权时确认收入。

【业务 11-4】 2024 年 8 月 16 日，南方公司向北江公司销售了一批成本为 150 000 元
的 A 产品。增值税专用发票注明产品价款为 195 000 元，增值税为 25 350 元。双方约定 2
个月内支付货款，产品已发出。账务处理如下：

① 确认收入：

借：应收账款——北江公司   220 350

 贷：主营业务收入——A 产品   195 000

  应交税费——应交增值税（销项税额）   25 350

② 结转销售商品的成本：

借：主营业务成本——A 产品   150 000

 贷：库存商品——A 产品   150 000

企业如果已经向客户转让了合同约定的部分商品，那么在客户实际支付合同对价之前，企业应当将因转让的部分商品而有权收取对价的权利列示为合同资产。因此，企业应当设置"合同资产"科目进行核算。

合同资产是指企业已向客户转让商品或提供服务而有权收取对价的权利，该权利仅取决于时间流逝之外的其他因素。合同资产属于资产类科目，借方登记因转让商品而有权收取对价的金额，贷方登记取得无条件收款权的金额。期末余额一般在借方。该科目可以按照合同设置明细科目进行明细分类核算。

【业务 11-5】 2024 年 8 月 19 日，南方公司与维迪公司签订销售合同，向维迪公司销售 C、D 两种产品。C 产品的不含税售价为 300 000 元，D 产品的不含税售价为 500 000 元，两种产品的合同售价为 780 000 元。合同约定，C 产品在签订合同时即交货，D 产品则在 20 天后交付，当两种商品都完成交货后，南方公司才有权收取 780 000 元的合同价款。C、D 产品的成本分别是 280 000 元和 460 000 元。假设两种产品分别构成单项履约义务，产品的控制权均在交货时转让。2024 年 9 月 8 日，南方公司交付 D 产品给维迪公司，并开具增值专用发票，发票注明产品价款为 780 000 元，增值税为 101 400 元。2024 年 9 月 12 日，收到银行转来的收款通知。账务处理如下：

① 分摊交易价格：

分摊至 C 产品的合同价款 = 300 000 ÷ 800 000 × 780 000 = 292 500（元）

分摊至 D 产品的合同价款 = 500 000 ÷ 800 000 × 780 000 = 487 500（元）

② 8 月 19 日交付 C 产品：

借：合同资产   292 500

  贷：主营业务收入——C 产品   292 500

借：主营业务成本——C 产品   280 000

  贷：库存商品——C 产品   280 000

③ 9 月 8 日交付 D 产品：

借：应收账款——维迪公司   881 400

  贷：合同资产   292 500

    主营业务收入——D 商品   487 500

    应交税费——应交增值税（销项税额） 101 400

借：主营业务成本——D 商品   460 000

  贷：库存商品——D 商品   460 000

④ 9 月 12 日收到货款：

借：银行存款   881 400

  贷：应收账款——维迪公司   881 400

 **知识拓展**

合同资产与应收账款的区别

（六）发出商品销售收入的账务处理

当企业向客户转让商品，但是并未达到收入的确认条件时，即使企业发出了商品，也不应确认收入。例如，某企业在发货前得知客户有资金困难，无法支付货款，但是依然发出商品。在这种情况下，企业应设置"发出商品"科目进行核算。

"发出商品"科目属于资产类科目，核算企业为满足收入确认条件但已经发出的商品的实际成本（或计划成本）。该科目借方登记企业发出的商品成本，贷方登记企业已销产品成本或退回入库的产品成本，期末余额在借方，反映发出商品的成本。该科目可按发出商品的种类设置明细科目进行核算。

【业务 11-6】 2024 年 9 月 5 日，南方公司以托收承付方式向华夏公司销售一批 E 产品，不含税售价为 42 000 元，成本为 35 000 元。南方公司在销售该批产品时已经得知华夏公司发生暂时资金困难，但为了减少存货积压，同时也为了维持两公司长期以来建立的商业关系，南方公司仍将商品发出。11 月 10 日，华夏公司经营情况好转，且承诺近期付款，南方公司随即开具一张增值税专用发票，发票注明价款为 42 000，增值税为 5 460 元，并办妥委托收款手续。账务处理如下：

① 发出商品：

借：发出商品——E 产品   35 000

    贷：库存商品——E 产品   35 000

② 华夏公司承诺近期付款：

借：应收账款——华夏公司   47 460

    贷：主营业务收入——E 产品   42 000

        应交税费——应交增值税（销项税额）   5 460

借：主营业务成本——E 产品   35 000

    贷：发出商品——E 产品   35 000

（七）销售退回的账务处理

销售退回是指企业因售出商品在质量、规格等方面不符合销售合同规定条款的要求，客户要求企业予以退货。企业销售商品发生退货，表明企业履约义务的减少和客户控制权及其相关的经济利益的丧失。已确认销售商品收入的售出商品发生销售退回的，企业收到退回的商品时，应退回货款或冲减应收款项，并冲减主营业务收入和增值税销项税额。

【业务 11-7】2024 年 8 月 5 日，南方公司销售给西北公司的 A 产品由于部分存在质量问题，发生销售退回，退回部分的产品售价为 100 000 元，增值税为 13 000 元，成本 70 000元。南方公司已通过银行办妥退回对应价税款的手续，并按规定向西北公司开具了增值税专用发票。账务处理如下：

借：主营业务收入——A 产品   100 000

    应交税费——应交增值税（销项税额）   13 000

    贷：银行存款   113 000

借：库存商品——A 产品   70 000

    贷：主营业务成本——A 产品   70 000

提示：如果已确认销售商品收入的售出商品发生的销售退回属于资产负债表日后事项

的，按照有关资产负债表日后事项的相关规定进行账务处理。

三、折让、折扣的核算

（一）销售折让的账务处理

销售折让是指企业出售的商品因规格、质量等不符合销售合同规定条款的要求，给予客户价格上的减让。已确认销售收入的商品发生销售折让的，企业在折让的当期，应退回折让款项，并冲减主营业务收入和增值税的销项税额。

【业务 11-8】 2024 年 8 月 20 日，南方公司收到北江公司来函，8 月 16 日销售给北江公司的 A 产品由于有部分不符合合同规格要求退货，该笔交易的售价为 195 000 元，增值税为 25 350 元。经协商，南方公司决定给予北江公司 10% 的销售折让后，北江公司不再退货。并按规定向北江公司开具增值税专用发票。账务处理如下：

```
借：主营业务收入——A 产品                          19 500
    应交税费——应交增值税（销项税额）              2 535
    贷：应收账款——北江公司                                22 035
```

如果已确认收入的销售商品发生折让时，属于资产负债表日后事项的，按照有关资产负债表日后事项的相关规定进行账务处理。

（二）销售折扣的账务处理

1. 商业折扣

商业折扣是指对商品价目单所列的价格给予一定的折扣，实际上是对商品报价进行"打折"。通常情况下，商业折扣可用百分比来表示，例如 10%、15%、20% 等。对于商业折扣的销售额，企业应当按照扣除折扣后的金额确认收入。

【业务 11-9】 2024 年 9 月 3 日，南方公司向东南公司销售一批 C 产品 1 000 件，C 产品标价每件 2 980 元，成本价每件 2 400 元。由于是成批销售，南方公司决定给予东南公司 10% 的商业折扣。南方公司根据折扣后的金额开出一张增值税专用发票，产品已发出，收到东南公司交来转账支票，已存入银行。账务处理如下：

```
借：银行存款                                      3 030 660
    贷：主营业务收入——C 产品                          2 682 000
        应交税费——应交增值税（销项税额）              348 660
借：主营业务成本——C 产品                          2 400 000
    贷：库存商品——C 产品                              2 400 000
```

2. 现金折扣

现金折扣是指企业为了鼓励客户尽快付款而提供的一种价格优惠。这种折扣通常发生在赊销交易中，即购货方在购货后的一定时间内付清货款，销货方按协议比例给予购货方一定的价格优惠。现金折扣的表示方式通常包括折扣率、折扣期限。例如，"2/10，1/20，n/30"这样的符号，其中"2/10"表示在 10 天内付款的购货方可以享受 2% 的折扣；"1/20"表示在 20 天内付款的购货方可以享受 1% 的折扣；而"n/30"则表示在 30 天内付款的购货方则没有折扣。

当企业与客户签订的销售合同中明确规定了现金折扣条款时，这部分现金折扣会导致交易价格有所不同，使得合同中存在可变对价。企业应按照期望值或最可能发生金额确定可变对价的最佳估计数，但包含可变对价的交易价格不应超过在相关不确定性消除时，累计已确认收入极可能不会发生重大转回的金额。因此，企业应设置"合同负债"科目进行核算。

【**业务 11-10**】 2024 年 9 月 16 日，南方公司向越秀公司销售一批 E 产品，成本价是 175 000 元，增值税专用发票注明价款为 200 000 元，增值税为 26 000 元，产品已发出。合同约定的现金折扣条件为 2/20，n/30，且采用总价法核算。2024 年 9 月 28 日，收到银行转来的收款通知。假设南方公司暂未执行《企业会计准则第 14 号——收入》。账务处理如下：

① 9 月 16 日销售，确认收入：

借：应收账款——越秀公司　　　　　　　　　　　　　　226 000
　　贷：主营业务收入——E 产品　　　　　　　　　　　　　　200 000
　　　　应交税费——应交增值税（销项税额）　　　　　　　　26 000
借：主营业务成本——E 产品　　　　　　　　　　　　　175 000
　　贷：库存商品——E 产品　　　　　　　　　　　　　　　175 000
② 9 月 28 日，收到货款：
借：银行存款　　　　　　　　　　　　　　　　　　　221 480
　　财务费用——现金折扣　　　　　　　　　　　　　　　4 520
　　贷：应收账款——越秀公司　　　　　　　　　　　　　　226 000

 **知识拓展**

可变对价

合同负债属于负债类科目，核算企业已收或应收客户对价而向客户转让商品的义务。贷方登记企业在向客户转让商品之前，已经收到或已经取得无条件收取合同对价权利的金额，借方登记企业向客户转让商品时冲销的金额，期末余额一般在贷方。该科目可以按合同设置明细科目进行明细分类核算。

 **知识拓展**

合同负债与预收账款的区别

【**业务 11-11**】 沿用【业务 11-10】资料，假设南方公司执行《企业会计准则第 14 号——收入》，在确认销售收入时，预计越秀公司将于 20 天内付清款项。账务处理如下：

① 9 月 16 日销售，确认收入：

借：应收账款——越秀公司　　　　　　　　　　　　　　226 000
　　贷：主营业务收入——E 产品　　　　　　　　　　　　　　196 000
　　　　合同负债——可变对价　　　　　　　　　　　　　　4 520

应交税费——应交增值税（销项税额）		25 480
借：主营业务成本——E产品	175 000	
贷：库存商品——E产品		175 000

② 9月28日，收到货款：

借：银行存款	221 480	
合同负债——可变对价	4 520	
贷：应收账款——越秀公司		226 000

四、在某一时段内履行履约义务的销售收入的核算

（一）在某一时段内履行履约义务销售收入的确认

对于在某一时段内履行的履约义务，企业应在该时间段内按照履约进度确认收入。满足下列条件之一的，属于某一时段内履行的履约义务：

① 客户在企业履约的同时即取得并消耗企业履约所带来的经济利益；

② 客户能够控制企业履约过程中在建的商品；

③ 企业履约过程中所产生的商品具有不可替代用途，且该企业在整个合同期间内有权就累计至今已完成的履约部分收取款项。

（二）在某一时段内履行履约义务销售收入确认的方法

对于在某一时段内履行的履约义务，企业应当在该段时间内按照履约进度确认收入，但是，履约进度不能合理确定的除外。企业可以根据自己的实际情况，选择投入法或产出法确认履约进度。

投入法是根据企业履行履约义务的投入确定履约进度的方法，通常可采用投入的材料数量、花费的人工工时或机器工时、发生的成本和时间进度等投入指标确定履约进度。

产出法主要是根据已转移给客户的商品对于客户的价值确定履约进度，主要包括按照实际测量的完工进度、评估已实现的结果、已达到的里程碑、时间进度、已完工或交付的产品等确定履约进度的方法。

（三）在某一时段内履行履约义务的销售收入的账务处理

1．科目设置

设置"合同履约成本"科目进行核算。"合同履约成本"科目核算企业为履行当前或预期取得的合同所发生的、不属于其他企业会计准则规范范围且按照本准则应当确认为一项资产的成本。企业因履行合同而产生的毛利不在本科目核算。

企业发生上述合同履约成本时，借记"合同履约成本"科目，贷记"银行存款""应付职工薪酬""原材料"等科目。对合同履约成本进行摊销时，借记"主营业务成本""其他业务成本"等科目，贷记"合同履约成本"科目。涉及增值税的，还应进行相应的处理。本科目期末借方余额，反映企业尚未结转的合同履约成本。本科目可按合同进行明细分类，例如设置"服务成本""工程施工"等科目进行明细分类核算。

2．账务处理

【业务11-12】 2024年10月20日，南方公司与力达公司签订了一项商品安装合同，

该合同不可撤销。双方签订合同注明安装期为 3 个月，总价款 600 000 元（不含税），至 2024 年底实际收到款项 460 000 元，实际发生成本 300 000 元，估计还会发生 100 000 元的成本。2025 年 1 月 15 日安装完毕。假设该安装工程属于在某一时段内履行的履约义务，采用投入法确定履约进度，增值税税率 13%。账务处理如下：

2024 年末，该项工程的完工进度 = 300 000 ÷（300 000 + 100 000）× 100% = 75%

2024 年末，应确认的收入 = 600 000 × 75% = 450 000 元

2024 年末，结转的成本 = 400 000 × 75% = 300 000 元

① 2024 年实际发生成本：

借：合同履约成本——服务成本	300 000	
贷：银行存款		300 000

② 2024 年末，确认收入，结转成本：

借：合同资产	450 000	
贷：主营业务收入——商品安装		450 000
借：主营业务成本——商品安装	300 000	
贷：合同履约成本——服务成本		300 000

③ 结算合同款项：

借：应收账款——力达公司	508 500	
贷：合同资产		450 000
应交税费——应交增值税（销项税额）		58 500

④ 实际收到款项：

借：银行存款	460 000	
贷：应收账款——力达公司		460 000

⑤ 2025 年 1 月 15 日，安装完毕，实际发生成本：

借：合同履约成本——服务成本	100 000	
贷：银行存款		100 000

⑥ 确认收入，结转成本：

借：合同资产	150 000	
贷：主营业务收入——商品安装		150 000
借：主营业务成本——商品安装	100 000	
贷：合同履约成本——服务成本		100 000

⑦ 结算合同款项：

借：应收账款——力达公司	169 500	
贷：合同资产		150 000
应交税费——应交增值税（销项税额）		19 500

⑧ 2025 年 1 月 18 日，收到剩余的款项：

508 500 + 169 500 − 460 000 = 218 000（元）

借：银行存款	218 000	
贷：应收账款——力达公司		218 000

🌐 知识测试

一、单选题

1. 下列关于收入确认时点的表述，正确的是（　　）。

　A. 对于附有商品退回条件的商品销售，企业应在商品退回期满时确认收入

　B. 采用托收承付方式销售商品的，应在办妥托收手续时确认收入

　C. 对于委托代销商品，无论采用何种代销方式，委托方均应在发出商品时确认收入

　D. 售后回购交易中，无论是否满足销售商品收入确认条件，企业均应在销售时确认收入

2. 下列项目中不属于在某一时段内履行的履约义务的是（　　）。

　A. 客户在企业履约的同时即取得并消耗企业履约所带来的经济利益

　B. 企业履约过程中所产出的商品具有不可替代用途，且企业有权就累计至今已完成的履约部分收取款项

　C. 企业提供为期一年的培训服务，按季度确认收入

　D. 企业销售一批商品，并承诺在未来一年内无条件退货

3. 关于合同负债的确认，以下说法正确的是（　　）。

　A. 企业预收客户款项时，无论是否已承担向客户转让商品的义务，均确认为合同负债

　B. 企业已收客户款项，但尚未开始履行合同中的转让商品义务时，应确认为预收账款而非合同负债

　C. 合同负债仅包括企业已收客户款项且已向客户转让部分商品的义务

　D. 企业已收或应收客户对价而应向客户转让商品的义务，应确认为合同负债

4. 下列各项中，属于制造业企业主营业务收入的是（　　）。

　A. 销售原材料　　　　　　　　　　　　B. 出租包装物租金收入

　C. 出售生产设备净收益　　　　　　　　D. 销售产品收入

5. 下列各项中，制造业企业应通过"主营业务收入"科目核算的是（　　）。

　A. 销售产品取得的收入　　　　　　　　B. 出售固定资产净收益

　C. 销售原材料　　　　　　　　　　　　D. 接受现金捐赠利得

6. 2024 年 3 月 1 日，甲公司向乙公司销售一批商品，开出的增值税专用发票上注明售价为 200 万元，增值税额为 26 万元。商品成本为 150 万元。乙公司收到该商品，甲公司以银行存款垫付运杂费 10 万元。假定不考虑其他因素，则甲公司应确认的销售商品收入为（　　）万元。

　A. 210　　　　　　B. 226　　　　　　C. 200　　　　　　D. 229

7. 某企业售出商品发生销售退回，该商品已确认收入且不属于资产负债表日后事项。该企业收到退回的商品贷记的会计科目是（　　）。

　A."发出商品"　　　　　　　　　　　B."应收账款"

　C."主营业务成本"　　　　　　　　　D."其他业务成本"

8. 2024 年 6 月，甲公司受乙公司委托代销商品 1 000 件，合同约定按每件 800 元的价格出售，按售价的 10% 收取手续费，当月对外销售商品 500 件并向客户开具增值税专用发票，月末向乙公司开具代销清单，同时付清扣除手续费后的货款，不考虑其他因素，6 月

甲公司应确认的代销手续费收入为（　　　　）元。

    A．400 000　　　　B．80 000　　　　C．800 000　　　　D．40 000

    9．甲公司为一般纳税人，适用的增值税税率为13%。2024年6月3日，甲公司向乙公司销售商品600件，每件标价为3 000元（不含增值税），实际成本为2 500元。按照约定，甲公司给予乙公司10%的商业折扣。当日商品发出，符合收入确认条件。6月18日，甲公司收到货款。假定不考虑其他因素，甲公司应确认的商品销售收入为（　　　　）元。

    A．1 620 000　　　B．1 895 400　　　C．1 500 000　　　D．1 800 000

    10．甲企业为一般纳税人，适用的增值税税率为13%。2024年7月1日，甲企业向乙企业销售产品500件，每件不含增值税销售价格为1 500元。现金折扣条件为2/10，n/30，计算现金折扣时不考虑增值税。甲企业基于对客户的了解，预计客户20天内付款的概率为90%，20天后付款的概率为10%。2024年7月1日，销售时应确认主营业务收入的金额为（　　　　）元。

    A．750 000　　　　B．735 000　　　　C．847 500　　　　D．830 550

二、多选题

    1．关于收入的确认条件，下列说法正确的是（　　　　）。

    A．收入的金额能够可靠地计量

    B．相关的经济利益很可能流入企业

    C．企业已将商品所有权上的主要风险和报酬转移给购货方

    D．企业在收到全部货款时确认收入

    2．根据《企业会计准则第14号——收入》，在满足下列项目（　　　　）时，企业应当在客户取得相关商品控制权时确认收入。

    A．合同各方已批准该合同并承诺将履行各自义务

    B．该合同明确了合同各方与所转让商品相关的权利和义务

    C．该合同有明确的与所转让商品相关的支付条款

    D．该合同具有商业实质，且企业因向客户转让商品而有权取得的对价很可能收回

    3．下列因素中可能影响企业确定交易价格的有（　　　　）。

    A．可变对价　　　　　　　　　　　B．合同中存在的重大融资成分

    C．非现金对价　　　　　　　　　　D．应付客户对价

    4．下列各项中，应按《企业会计准则第14号——收入》进行会计处理的有（　　　　）。

    A．销售商品　　　　　　　　　　　B．提供劳务

    C．出租无形资产收取的租金　　　　D．进行股权投资取得的现金股利

    5．下列各项中，制造业企业应通过"其他业务收入"科目核算的有（　　　　）。

    A．出租包装物实现的收入　　　　　B．对外提供运输服务取得的收入

    C．对外出租闲置设备取得的租金收入　　D．出售自产产品取得的销售收入

    6．对于在某一时点履行的履约义务，企业应当在客户取得相关商品控制权时确认收入。下列各项中，属于企业在判断客户是否取得商品的控制权时应当考虑的迹象有（　　　　）。

    A．客户已接受该商品

    B．客户就该商品负有限时付款义务

C. 客户已拥有该商品的法定所有权

D. 客户已取得该商品法定所有权上的主要风险和报酬

7. 甲公司向乙公司销售一批商品，开出增值税专用发票上注明的价款为 20 000 元，增值税额为 2 600 元；商品已经发出，并向银行办妥托收手续。该批商品成本为 12 000 元。不考虑企业因素，下列说法正确的是（　　　）。

A. 主营业务收入增加 22 600 元　　　　B. 主营业务收入增加 20 000 元

C. 主营业务成本增加 12 000 元　　　　D. 应收账款增加 20 000 元

8. 下列各项中，应作为单项履约义务的有（　　　）。

A. 企业与客户签订合同，向其销售商品并提供安装服务，该安装服务简单，除该企业外其他供应商也可以提供此类安装服务

B. 企业与客户签订合同，向其销售商品并提供安装服务，该安装服务复杂，且商品需要按客户定制要求修改

C. 酒店管理服务

D. 保洁服务

9. 下列各项关于采用支付手续费方式委托代销商品中，委托方会计处理正确的有（　　　）。

A. 委托方通常在收到受托方开出的代销清单时确认销售商品收入

B. 委托方发出商品时应按约定的售价记入"发出商品"科目

C. 委托方发出商品时应按发出商品的成本记入"发出商品"科目

D. 委托方发出支付给受托方的代销手续费记入"其他业务成本"科目

10. 甲企业为一般纳税人，适用增值税税率为 13%。2024 年 5 月 20 日，甲企业向乙企业销售一批商品，开具的增值税专用发票上注明售价为 1 000 000 元，增值税税额为 130 000 元，该批商品的成本为 600 000 元，合同中规定的现金折扣条件为：2/20，n/30。假定现金折扣不考虑增值税，预计客户 20 天内付款的概率为 95%，20 天后付款的概率为 5%。甲企业销售时，账务处理正确的有（　　　）。

A. 确认主营业务收入的金额 980 000 元

B. 确认主营业务收入的金额 1 000 000 元

C. 确认应交税费——应交增值税（销项税额）的金额 130 000 元

D. 确认应交税费——应交增值税（销项税额）的金额 127 400 元

三、判断题

1. 企业应当在履行了合同中的履约义务，即在客户取得相关商品控制权时确认收入。

（　　　）

2. 对于附有销售退回条款的销售，企业应当在客户取得相关商品控制权时，按照应向客户转让商品而预期有权收取的对价金额（即不包含预期因销售退回将退还的金额）确认收入。

（　　　）

3. 在合同开始日不符合收入确认条件的合同，企业在后续期间无需对其进行重新评估。

（　　　）

4. 企业与客户签订合同，向其销售商品并提供安装服务，若安装服务复杂且商品需要

按客户定制要求修改，则合同中销售商品和提供服务合并为单项履约义务。　（　　）

　　5．履约义务是指合同中企业向客户转让可明确区分商品或服务的承诺。　（　　）

　　6．确认和计量任何一项合同收入都必须经过五个步骤。　（　　）

　　7．企业应当在履行了合同中的履约义务，即在客户取得相关资产所有权时确认收入。
　　　　　　　　　　　　　　　　　　　　　　　　　　　　　　　　　　　（　　）

　　8．企业售出商品发生销售退回，对于已确认收入且不属于资产负债表日后事项的，应
冲减退回当期的销售收入和销售成本。　（　　）

　　9．对于在某一时段内履行的履约义务，当履约进度不能合理确定时，即使企业已发生
的成本预计能够得到补偿的，也不应确认收入。　（　　）

　　10．对于在某一时段内履行的履约义务，当履约进度不能合理确定时，企业已发生的
成本预计能够得到补偿的，应当按照已发生成本金额确认收入，直到履约进度能够合理确
定为止。　（　　）

任务二　费用的核算

 任务导读

　　费用是指企业在日常活动中发生的，会导致所有者权益减少的，与向所有者分配利润
无关的经济利益的总流出。这些经济利益的总流出表现为企业资产的减少或负债的增加，
最终导致企业所有者权益的减少。会计核算中所涉及的费用是狭义的，主要是企业为了销
售商品、提供劳务等日常活动而发生的，因此，与企业的生产经营活动密切相关。

一、费用的内容

　　费用主要包括营业成本、税金及附加、期间费用。

（一）营业成本

　　营业成本是指企业为生产产品、提供劳务等发生的可归属于产品成本、劳务成本等的
费用。企业应当在确认销售商品收入、提供劳务收入等时，将已销售商品、已提供劳务的
成本等记入当期损益。营业成本包括主营业务成本和其他业务成本。

（二）税金及附加

　　税金及附加是企业按照国家规定应缴纳的各种税费，包括消费税、城市维护建设税、
教育费附加、资源税、土地增值税、房产税、车船税、城镇土地使用税、印花税等，但不
包括企业所得税和允许抵扣的增值税。

（三）期间费用

　　期间费用是指企业日常活动发生的不能记入特定核算对象的成本，而应记入发生当期
损益的费用。这些费用与企业的日常运营和管理活动密切相关，期间费用主要包括销售费
用、管理费用和财务费用。

二、费用的确认与计量

费用的确认条件可以归纳为以下三个主要方面：

① 与费用相关的经济利益应当很可能流出企业；

② 经济利益流出企业的结果会导致资产的减少或负债的增加；

③ 经济利益的流出额能够可靠计量。

费用应按照权责发生制确认，凡应属于本期发生的费用，不论其款项是否支付，均确认为本期费用；反之，不属于本期发生的费用，即使其款项已在本期支付，也不确认为本期的费用。

三、费用的账务处理

（一）营业成本

营业成本是企业所销售商品或提供劳务的成本。营业成本应该与所销售的商品或所提供劳务而取得的收入进行配比。

【业务 11-13】 南方公司是制造业一般纳税人。2024 年 10 月 31 日，经汇总，南方公司本月销售材料共 1 900 千克，其中 X 材料 500 千克，Y 材料 1 000 千克，Z 材料 400 千克，三种材料的单价分别是 400 元、380 元、118 元。账务处理如下：

```
借：其他业务成本——X 材料                        200 000
            ——Y 材料                        380 000
            ——Z 材料                         47 200
    贷：原材料——X 材料                          200 000
          ——Y 材料                          380 000
          ——Z 材料                           47 200
```

（二）税金及附加

税金及附加是指企业日常主要经营活动应负担的相关税费。

【业务 11-14】 2024 年 10 月 31 日，南方公司本月实际缴纳增值税额 950 000 元，消费税额 350 000 元。当地所适用的城市维护建设税税率为 7%，教育费附加征收比例为 3%。账务处理如下：

计提的城市维护建设税额 =（950 000 + 350 000）× 7% = 91 000（元）

计提的教育费附加金额 =（950 000 + 350 000）× 3% = 39 000（元）

```
借：税金及附加                                 130 000
    贷：应交税费——应交城市维护建设税                  91 000
          ——应交教育费附加                     39 000
```

（三）期间费用

1. 销售费用

销售费用是指企业在进行销售商品和材料、提供劳务的过程中所产生的各种费用。这些费用主要用于支持企业的销售活动，确保商品或服务的顺利推广和销售等。

【业务 11-15】 2024 年 11 月 9 日，南方公司支付销售产品的运输费用共 4 360 元，取得增值税专用发票，款项已通过网银支付。账务处理如下：

　　借：销售费用——运输费　　　　　　　　　　　　　　　　4 000

　　　　应交税费——应交增值税（进项税额）　　　　　　　　 360

　　　　　贷：银行存款　　　　　　　　　　　　　　　　　　　　　　4 360

　　【业务 11-16】 2024 年 11 月 12 日，南方公司支付销售产品的广告费用共 19 080 元，取得增值税专用发票，款项已通过银行转账支付。账务处理如下：

　　借：销售费用——广告费　　　　　　　　　　　　　　　　18 000

　　　　应交税费——应交增值税（进项税额）　　　　　　　　1 080

　　　　　贷：银行存款　　　　　　　　　　　　　　　　　　　　　　19 080

　2. 管理费用

　　管理费用是指企业为了组织和管理企业生产经营发生的各种费用，包括企业在筹建期间内发生的开办费、董事会和行政管理部门在企业的经营管理中发生的费用，以及应由企业统一负担的公司经费、工会经费、董事会费、聘请中介机构费、咨询费、诉讼费、业务招待费、技术转让费、无形资产摊销、研究费用、存货盘亏或盘盈、高危行业安全生产费等。

　　【业务 11-17】 2024 年 11 月 15 日，南方公司支付行政部发生的业务招待费共 3 215 元，取得增值税普通发票，款项已通过单位信用卡账户支付。账务处理如下：

　　　借：管理费用——业务招待费　　　　　　　　　　　　　3 215

　　　　　贷：其他货币资金——信用卡存款　　　　　　　　　　　　3 215

　3. 财务费用

　　财务费用是指企业为筹集生产经营所需资金而发生的各项费用，包括企业生产经营期间发生的利息支出、汇兑损益，以及相关手续费、未确认的融资费用摊销、分期收款销售方式下"未实现融资收益"的摊销等。

　　【业务 11-18】 2024 年 11 月 18 日，南方公司收到银行活期存款账户的利息入账单共 217.21 元。账务处理如下：

　　　借：银行存款　　　　　　　　　　　　　　　　　　　　217.21

　　　　　贷：财务费用——利息收入　　　　　　　　　　　　　　　217.21

知识测试

一、单选题

1. 下列各项中，应记入企业营业成本的是（　　　）。

　A. 销售商品的成本　　　　　　　　　　　B. 行政管理人员的工资

　C. 自用无形资产的摊销　　　　　　　　　D. 处置固定资产的净损失

2. 下列关于期间费用的表述中，正确的是（　　　）。

　A. 期间费用包括生产成本和制造费用

　B. 期间费用是指企业为组织和管理生产经营活动而发生的各项费用

　C. 期间费用与产品成本没有直接关系

　D. 期间费用在发生时直接记入当期损益

3. 下列费用中，属于管理费用的是（　　　）。

A．销售部门人员的工资　　　　　　　B．生产车间设备的折旧费

C．行政管理部门的办公费　　　　　　D．专设销售机构的人员薪酬

4．下列各项中，不属于企业期间费用的是（　　　）。

A．办公室固定资产维修费　　　　　　B．聘请中介机构费

C．生产车间发生的直接人工　　　　　D．企业发生的广告费

二、多选题

1．下列各项中，应记入企业期间费用的有（　　　）。

A．管理费用　　　　B．销售费用　　　　C．财务费用　　　　D．生产成本

2．下列关于费用的表述，正确的有（　　　）。

A．费用是企业在日常活动中发生的经济利益的流出

B．费用可能表现为资产的减少或负债的增加

C．费用会导致所有者权益的减少

D．费用与向所有者分配利润无关

3．下列各项中，属于管理费用核算内容的有（　　　）。

A．行政管理部门人员的工资　　　　　B．董事会会费

C．无形资产摊销　　　　　　　　　　D．生产车间设备折旧

4．根据企业会计准则的规定，企业缴纳的下列各项税金不通过"税金及附加"账户核算的有（　　　）。

A．消费税　　　　　　　　　　　　　B．增值税

C．企业所得税　　　　　　　　　　　D．城市维护建设税

5．下列各项中，不应在发生时确认为销售费用的有（　　　）。

A．车间管理人员的工资

B．成本模式计量的投资性房地产的折旧额

C．专设销售机构固定资产的维修费

D．预计产品质量保证损失

三、判断题

1．管理费用是指企业为生产产品和提供劳务而发生的各项间接费用。（　　　）

2．税金及附加是指企业经营活动应负担的相关税费，包括增值税、消费税、城市维护建设税等。（　　　）

3．营业成本是企业为生产产品、提供劳务等日常活动所发生的全部成本。（　　　）

任务三　利润的核算

任务导读

利润是指企业在一定会计期间的经营成果，即收入减去费用后的净额。它包括直接记入当期利润的利得和损失，会导致所有者权益增加，与所有者投入资本无关的经济利益的

流入。利润的高低直接体现了企业的盈利能力，是衡量企业经营状况的重要指标。

一、利润的构成

利润按其形成过程可以分为营业利润、利润总额和净利润。

（一）营业利润

营业利润是指企业在日常活动中形成的，与经营业务直接相关的利润。它是企业最基本的经营活动成果，同时也是企业利润的主要来源。营业利润的计算公式如下：

营业利润 = 营业收入 - 营业成本 - 税金及附加 - 销售费用 - 管理费用 - 财务费用 - 信用减值损失 - 资产减值损失 + 公允价值变动收益（或损失）+ 投资收益（或损失）+ 资产处置收益（或损失）

（二）利润总额

利润总额又称税前会计利润，是指企业在营业利润的基础上，加上营业外收入，减去营业外支出后的利润。利润总额的计算公式如下：

利润总额 = 营业利润 + 营业外收入 - 营业外支出

（三）净利润

净利润又称税后利润，是指企业当期利润总额减去企业所得税费用后的金额。净利润的计算公式如下：

净利润 = 利润总额 - 所得税费用

二、营业外收支核算

（一）营业外收入

1. 营业外收入核算的内容

营业外收入是指企业发生的与其日常活动无直接关系的各项利得。营业外收入的具体内容可能包括：非流动资产毁损报废收益、与企业日常活动无关的政府补助、盘盈利得、捐赠利得等。

非流动资产毁损报废收益是指因自然灾害等发生毁损、已丧失使用功能而报废的非流动资产所产生的清理净收益。

与企业日常活动无关的政府补助是指企业从政府补偿取得的货币资产或非货币型资产，且与企业日常活动无关的利得。

盘盈利得是指企业对现金等资产清查盘点时发生盘盈，报经批准后记入营业外收入的金额。

捐赠利得是指企业接受捐赠产生的利得。

2. 营业外收入的账务处理

企业应设置"营业外收入"科目，核算营业外收入的取得及结转情况。贷方登记企业确认的营业外收入，借方登记期末转入"本年利润"科目的余额；期末无余额。"营业外收入"科目可根据营业外收入项目进行明细分类核算。

【业务 11-19】 南方公司生产车间和仓库遭受了洪涝灾害，政府部门对此发放了补助款 220 000 元。款项收存企业银行账户。账务处理如下：

  借：银行存款   220 000

   贷：营业外收入——政府补助   220 000

  【业务 11-20】 南方公司收到兄弟企业捐赠的全新生产设备一台，已知该设备的增值税专用发票上显示，设备价值 36 000 元，增值税税额为 4 680 元，设备已收到并投入使用。账务处理如下：

  借：固定资产——设备   36 000

    应交税费——应交增值税（进项税额）   4 680

   贷：营业外收入——捐赠利得   40 680

（二）营业外支出

1. 营业外支出核算的内容

  营业外支出是指企业发生的与其日常活动无直接关系的各项损失。这些损失不属于企业的主营业务成本或其他业务支出，而是由于一些特殊或非经常性事件导致的。主要包括：非流动资产毁损报废损失、捐赠支出、盘亏损失、非常损失、罚款支出等。

  非流动资产毁损报废损失是指因自然灾害发生毁损、已丧失使用功能而报废非流动资产所产生的清理损失。

  捐赠支出是指企业对外进行捐赠发生的支出。

  盘亏损失是指企业财产清查中盘亏的资产，查明原因并报经批准记入营业外支出的损失。

  非常损失是指企业对于因客观因素造成的损失（如自然灾害），扣除保险公司赔偿后应记入营业外支出的净损失。

  罚款支出是指企业支付的行政罚款、税务罚款，以及其他违反法律、合同协议等而支付的罚款、违约金、赔偿金等支出。

2. 营业外支出的账务处理

  企业应设置"营业外支出"科目，核算营业外支出的发生及结转情况。该科目借方登记企业发生的营业外支出的金额，贷方登记期末转入的"本年利润"科目的余额；期末该科目无余额。"营业外支出"科目可按营业外支出项目进行明细分类核算。

  【业务 11-21】 南方公司因未按时申报税费，被税务机关加收滞纳金 1 396 元，南方公司当即以银行存款支付税收滞纳金。南方公司的账务处理如下：

  借：营业外支出——罚款支出   1 396

   贷：银行存款   1 396

  【业务 11-22】 南方公司通过有关部门向山区希望小学捐赠 100 000 元，捐赠款项已从银行存款支付。账务处理如下：

  借：营业外支出——捐赠支出   100 000

   贷：银行存款   100 000

三、本年利润的核算

（一）结转本年利润的方法

  会计期末结转本年利润的方法主要包括两种：账结法和表结法。

1. 账结法

账结法是指每个会计期间（通常是每月）结束时，都需要编制转账凭证，将在账上结出的各损益类科目的余额转入"本年利润"科目。结转后，"本年利润"科目的本月余额反映当月实现的利润或发生的亏损，"本年利润"科目的本年累计数反映本年累计实现的利润或发生的亏损。

在账结法下，可以清晰地了解每月及本年累计的利润（或亏损）情况，但是增加了转账环节和工作量。

2. 表结法

表结法下，各损益类科目每月月末只需结计出本月发生额和月末累计余额，不结转到"本年利润"科目，只有在年末时才将全年累计余额结转入"本年利润"科目。但每月月末要将损益类科目的本月发生额合计数填入利润表的本月数栏，同时将本月月末累计余额填入利润表的本年累计数栏，通过利润表计算反映各期的利润（或亏损）。

在表结法下，年中损益类科目无需结转入"本年利润"科目，减少了转账环节和工作量，但不影响利润表的编制及有关损益指标的利用。

综上，账结法和表结法各有优缺点，企业可以根据自身的实际情况和需要选择适合的结转方法。在实务中，还需要注意遵循相关的会计准则和法规要求。

（二）结转本年利润的账务处理

期末结转利润时，应将损益类中核算收入、收益的相关科目的期末余额转入"本年利润"科目的贷方；同时将损益类中核算费用、损失的有关科目的期末余额转入"本年利润"科目的借方。

【业务 11-23】 嘉实公司 2024 年 12 月 31 日，有关损益类科目结账前余额如表 11-1 所示（采用表结法年末一次结转损益类科目）。

表 11-1 2024 年嘉实公司有关损益类科目结账前余额表　　　　单位：元

科目名称	借或贷	结账前余额
主营业务收入	贷	13 200 000
其他业务收入	贷	1 540 000
公允价值变动损益	贷	330 000
投资收益	贷	2 200 000
营业外收入	贷	110 000
主营业务成本	借	8 800 000
其他业务成本	借	880 000
税金及附加	借	176 000
销售费用	借	1 100 000
管理费用	借	1 694 000
财务费用	借	660 000
营业外支出	借	550 000

账务处理如下：

① 结转收益类科目：

借：主营业务收入　　　　　　　　　　　　　　　　13 200 000

　　其他业务收入　　　　　　　　　　　　　　　　　1 540 000

　　公允价值变动损益　　　　　　　　　　　　　　　　330 000

　　投资收益　　　　　　　　　　　　　　　　　　　2 200 000

　　营业外收入　　　　　　　　　　　　　　　　　　　110 000

　　贷：本年利润　　　　　　　　　　　　　　　　　17 380 000

② 结转支出类科目：

借：本年利润　　　　　　　　　　　　　　　　　　13 860 000

　　贷：主营业务成本　　　　　　　　　　　　　　　8 800 000

　　　　其他业务成本　　　　　　　　　　　　　　　　880 000

　　　　税金及附加　　　　　　　　　　　　　　　　　176 000

　　　　销售费用　　　　　　　　　　　　　　　　　1 100 000

　　　　管理费用　　　　　　　　　　　　　　　　　1 694 000

　　　　财务费用　　　　　　　　　　　　　　　　　　660 000

　　　　营业外支出　　　　　　　　　　　　　　　　　550 000

知识拓展

高新技术企业可享受的企业所得税优惠政策

四、所得税费用的核算

所得税费用是指企业经营利润应缴纳的所得税。所得税费用包括当期所得税和递延所得税两个部分，其中，当期所得税是指当期应交所得税。递延所得税包括递延所得税资产和递延所得税负债。

（一）所得税费用的计算

应交所得税是指企业按照税法规定计算确定的针对当期发生的交易和事项，应缴纳给税务部门的所得税金额。计算公式如下：

$$当期应交所得税＝应纳税所得额×适用税率$$

$$应纳税所得额＝税前会计利润（即利润总额）＋纳税调整增加额－纳税调整减少额$$

纳税调整增加额是企业在计算应纳税所得额时，根据税法规定对企业税前会计利润进行调整的金额。这些调整主要涉及两个方面：一是税法规定允许扣除项目中，企业已记入当期费用但超过税法规定扣除标准的金额；二是企业已记入当期损失但税法规定不允许扣除项目的金额。

　**素养天地**

扣除项目及其标准

　　根据企业所得税法及其他相关条例规定，企业发生的合理的职工工资、薪金支出允许据实扣除；职工福利费支出，税法规定的扣除标准为不超过工资薪金总额的14%；工会经费支出，税法规定的扣除限额为不超过工资薪金总额的2%；职工教育经费支出，税法规定的扣除限额为工资薪金总额的8%，但需注意，虽然超出部分可在以后年度扣除，但当年需作为纳税调整增加额。业务招待费支出，税法规定按照实际发生额的60%税前扣除，但不得超过当年销售（营业）收入的5‰，超过部分需调增应纳税所得额。广告费和业务宣传费支出，税法准予扣除的限额为当年销售（营业）收入的15%，超出部分需调增应纳税所得额。公益性捐赠支出，税法准予扣除的金额不超过年度利润总额的12%，超出部分当年需调增应纳税所得额。

　　此外，税法规定企业已记入当期损失的税收滞纳金、罚金、罚款等不允许扣除，需全额调增应纳税所得额。

　　纳税调整减少额主要包括按税法规定允许弥补的亏损和准予免税的项目，如前五年内未弥补的亏损和国债利息收入等。

　　【业务11-24】 嘉实公司2024年度利润总额（税前会计利润）为3 520 000元，其中包括本年实现的国债利息收入20 000元，适用的所得税率为25%。2024年度实发工资、薪金总额为400 000元，职工福利费60 000元，工会经费10 000元，职工教育经费42 000元；营业外支出中有24 000元为税收滞纳罚金。假设不考虑其他因素，嘉实公司2024年度应交所得税是多少？

　　根据上述业务资料，嘉实公司在计算2024年度应纳税所得额时，可以扣除工资、薪金支出400 000元，扣除职工福利费56 000元（400 000×14%），扣除工会经费8 000元（400 000×2%），扣除职工教育经费32 000（400 000×8%），不得扣除税收滞纳罚金24 000，国债利息收入20 000元可以免税。2024年度当期所得税额计算如下：

　　应纳税所得额 = 3 520 000 + （60 000 - 56 000）+（10 000 - 8 000）+（42 000 - 32 000）+ 24 000 - 20 000 = 3 540 000（元）

　　当期应交所得税 = 3 540 000 × 25% = 885 000（元）

（二）所得税费用的账务处理

1. 计算所得税费用

　　根据企业会计准则的规定，企业计算确定的当期所得税和递延所得税之和，即为应从当期利润总额中扣除的所得税费用。公式表示为：

$$所得税费用 = 当期应交所得税 + 递延所得税$$

　　递延所得税 =（递延所得税负债的期末余额 - 递延所得税负债的期初余额）-（递延所得税资产的期末余额 - 递延所得税资产的期初余额）

　　递延所得税负债，是指当企业的账面价值大于其计税基础时，形成的应纳税暂时性差异。这意味着在当前的税法规定下，企业不需要为这部分差异支付所得税，但在未来某个时间点，当这种差异消失或转回时，企业可能需要支付所得税。因此，企业需要为此确认递延所得税负债，以反映未来可能增加的税负。

递延所得税资产，是指当企业的账面价值小于其计税基础时，会形成可抵扣暂时性差异。这意味着在未来的某个时间点，当这种差异消失或转回时，企业可以减少应纳税所得额，从而少缴所得税。为了反映这种未来可能减少的税负，企业可以为此确认递延所得税资产。

【业务 11-25】 2024 年度嘉实公司应交所得税税额为 885 000 元，递延所得税负债年初数为 42 100 元，年末数为 50 400 元；递延所得税资产年初数为 24 980 元，年末数为 21 100 元。2024 年度所得税费用的计算如下：

递延所得税 =（50 400 - 42 100）-（21 100 - 24 980）= 12 180（元）

所得税费用 = 885 000 + 12 180 = 897 180（元）

账务处理如下：

借：所得税费用　　　　　　　　　　　　　　　　897 180

　　贷：应交税费——应交企业所得税　　　　　　　885 000

　　　　递延所得税负债　　　　　　　　　　　　　　8 300

　　　　递延所得税资产　　　　　　　　　　　　　　3 880

2. 缴纳所得税

缴纳所得税为核算企业实际应交的企业所得税。

【业务 11-26】 2025 年 2 月 26 日，嘉实公司缴纳 2024 年度的所得税费用。账务处理如下：

借：应交税费——应交企业所得税　　　　　　　　885 000

　　贷：银行存款　　　　　　　　　　　　　　　　885 000

注意：这里并没有涉及递延所得税负债和资产的直接支付或收款，因为它们代表的是未来可能产生或抵消的所得税影响，而不是当前需要支付的金额。因此，在实际缴纳企业所得税时，不需要对递延所得税负债和递延所得税资产进行额外的账务处理。

3. 结转所得税费用

结转所得税费用是企业在会计期末将所得税费用从当期利润中扣除，并结转到"本年利润"科目的过程。按照会计准则的要求，所得税费用作为当期损益的一部分，需要在期末进行结转。通过结转所得税费用，可以准确反映企业在扣除所得税后的实际利润情况。

【业务 11-27】 沿用业务【11-25】数据，2024 年 12 月 31 日，嘉实公司结转当年计提的所得税费用。账务处理如下：

借：本年利润　　　897 180

　　贷：所得税费用　　　897 180

 **素养天地**

合法经营、依法纳税对企业的影响

一、企业信誉与声誉提升

遵守税收法规是企业合法经营的重要组成部分。通过依法纳税，企业展示出其遵纪守法的形象，这有助于提升企业的社会信誉和声誉。

二、税务风险规避

按照税收法规规定申报纳税，可以确保企业不会因偷税、漏税等行为而面临法律制裁，为企业创造了稳定的经营环境，使企业能够专注核心业务和创新能力的提升。

三、经济效益与竞争力提升

在合法合规的前提下，企业通过优化税务结构，提高税务效率，可以实现税负的最小化，从而降低企业的税收负担，增加盈利空间。诚信经营和依法纳税是企业核心竞争力的重要组成部分，有助于企业在市场上赢得更多的机会和份额。

四、法律保障与权益维护

依法纳税使企业在遭遇税务纠纷时能够得到法律保障。企业可以依据相关税收法规维护自己的合法权益，避免因税务问题而受到不公正对待。同时，还有助于企业更好地享受地方政府提供的各项优惠政策和支持措施，从而降低企业的运营成本，提高经济效益。

五、社会责任与形象塑造

依法纳税是企业履行社会责任的重要体现。通过纳税，企业为国家的公共事业和民生福祉做出了贡献，展现了企业的社会责任感，并且树立正面形象和良好口碑，提升企业的品牌形象和市场影响力。

合法经营、依法纳税对一个企业的影响深远且多方面，直接影响到企业的声誉和信誉、企业的稳定运营、税务风险、经济效益、市场竞争力及法律保障等方面。因此，企业应高度重视依法纳税工作，确保在遵守税收法规的前提下实现健康、稳定的发展。

五、利润分配的核算

利润分配是指企业按照国家财务制度制定的分配形式和分配顺序，对已实现的净利润在企业和投资者之间进行分配。

（一）利润分配的顺序

按照我国公司法的有关规定，利润分配按规定的顺序进行：弥补以前年度亏损、提取法定盈余公积、提取任意盈余公积、向投资者分配利润。上述分配顺序中的提取法定盈余公积、提取任意盈余公积、向投资者分配利润均是以可供分配利润作为基础进行分配。

可供分配利润的计算公式如下：

可供分配利润＝当年实现的净利润（或净亏损）＋年初未分配利润（或－年初为弥补亏损）＋其他转入

（二）利润分配的账务处理

1. 弥补亏损

我国财务制度规定，企业发生年度利润亏损后，可以用下一年度的税前利润弥补，若下一年的利润不足弥补的，可以在 5 年内连续弥补。若 5 年以内还没有以税前利润将亏损弥补足额，从第 6 年开始，只能以税后利润弥补亏损。如果净利润还不够弥补亏损，也可以用发生亏损以前计提的盈余公积来弥补。

【业务 11-28】 西北公司 2020 年度发生亏损 2 000 000 元。在年度终了时，应当结转本年发生的亏损。西北公司的账务处理如下：

借：利润分配——未分配利润　　　　　　　　　　2 000 000
　　贷：本年利润　　　　　　　　　　　　　　　　　　2 000 000

【业务 11-29】 假设西北公司 2021 年至 2025 年度每年实现税前利润 500 000 元，西北公司在 2021 年至 2024 年均可在税前进行亏损弥补，在每年终了时，账务处理如下：

借：本年利润　　　　　　　　　　　　　　　　　500 000
　　贷：利润分配——未分配利润　　　　　　　　　　500 000

2. 计提法定盈余公积

企业计算的可供分配利润大于零时，则应按照规定的比例提取盈余公积。法定盈余公积按净利润的 10% 的比例提取。当公司法定盈余公积金累计额达到公司注册资本的 50% 以上时，可以不再提取。公司法定公积金不足以弥补以前年度亏损的，在依照规定提取法定盈余公积金之前，应当先用当年利润弥补亏损。

【业务 11-30】 沿用【业务 11-24、业务 11-27】资料，嘉实公司结转 2024 年度的净利润。假设不考虑其他因素，账务处理如下：

2024 年度净利润 = 3 520 000 - 897 180 = 2 622 820（元）

借：本年利润　　　　　　　　　　　　　　　　2 622 820
　　贷：利润分配——未分配利润　　　　　　　　　　2 622 820

【业务 11-31】 嘉实公司根据 2024 年度净利润的 10%，提取法定盈余公积。账务处理如下：

借：利润分配——提取法定盈余公积　　　　　　　262 282
　　贷：盈余公积——法定盈余公积　　　　　　　　　262 282

3. 提取任意盈余公积

任意盈余公积按照公司股东大会决议，从企业税后利润中提取。提取比例企业可以根据实际情况确定。

【业务 11-32】 嘉实公司根据 2024 年度净利润的 5%，计提任意盈余公积。账务处理如下：

借：利润分配——提取任意盈余公积　　　　　　　131 141
　　贷：盈余公积——任意盈余公积　　　　　　　　　131 141

4. 分配利润或股利

企业当年的净利润再扣除弥补以前年度亏损和提取盈余公积以后的数额，加上年初未分配利润即成为当年可以向投资者分配的利润。企业可以在此限额内，决定向投资者分配利润的具体数额。

【业务 11-33】 嘉实公司股东大会决议通过，向投资者宣告分配现金股利 200 000 元。账务处理如下：

借：利润分配——应付股利　　　　　　　　　　　200 000
　　贷：应付股利——应付现金股利　　　　　　　　　200 000

5. 结转利润分配各明细账

企业应当将本年已经分配的利润分别从"利润分配"的各明细账户中，转入"利润分配——未分配利润"账户的借方。结转后，"利润分配"的其余明细账户均无余额，而"利润分配——未分配利润"如有余额在贷方，则表示企业有未分配的利润；如余额在借方，则表示企业未弥补的亏损。

【业务 11-34】 嘉实公司结转 2024 年度利润分配的明细账。账务处理如下：

借：利润分配——未分配利润 593 423

　　贷：利润分配——提取法定盈余公积 262 282

　　　　　　　　——提取任意盈余公积 131 141

　　　　　　　　——应付股利 200 000

知识测试

一、单选题

1. 利润计算中，下列项目中不属于营业利润计算范围的是（　　）。

A．营业收入　　　　B．营业成本　　　　C．投资收益　　　　D．营业外收入

2. 在利润分配时，企业应首先进行的是（　　）。

A．提取任意盈余公积　　　　　　　B．向投资者分配利润

C．弥补以前年度亏损　　　　　　　D．提取法定盈余公积

3. 下列关于利润核算的表述中，正确的是（　　）。

A．利润是企业在一定会计期间内所有经济活动的总成果

B．利润仅包括营业收入减去营业成本后的净额

C．利润是企业在一定会计期间内经营活动的最终成果

D．利润是资产与负债的差额

二、多选题

1. 下列关于利润核算的表述中，正确的有（　　）。

A．利润是企业在一定会计期间的经营成果

B．利润包括收入减去费用后的净额及直接记入当期利润的利得和损失

C．营业利润是利润的主要组成部分，但不包括营业外收入和营业外支出

D．净利润是利润总额减去所得税费用后的余额

2. 下列各项中，应记入营业外支出的有（　　）。

A．固定资产处置净损失　　　　　　B．公益性捐赠支出

C．债务重组损失　　　　　　　　　D．诉讼费用

3. 下列关于企业利润分配的表述中，正确的有（　　）。

A．利润分配是将企业实现的净利润，按照国家财务制度规定的分配形式和分配顺序，在企业和投资者之间进行的分配

B．利润分配的顺序首先是提取法定盈余公积，然后是向投资者分配利润

C．在提取法定盈余公积之前，企业应先弥补以前年度的亏损

D．任意盈余公积的提取比例由企业自行决定，但必须符合法律、行政法规的规定

4. 企业发生的下列交易或事项会影响当期利润总额的是（　　）。

A．出售存货结转的成本　　　　　　B．因台风损毁产品的净损失

C．捐赠利得　　　　　　　　　　　D．计提无形资产减值准备

三、判断题

1. 企业在分配当年实现的净利润时，可以优先向投资者分配利润，而不考虑其他分配顺序。　　　　　　　　　　　　　　　　　　　　　　　　　　　（　　）

2. 利润表中的"净利润"项目，反映的是企业在一定会计期间内经营活动的最终成果。　　　　　　　　　　　　　　　　　　　　　　　　　　　　　（　　）

3. 当法定盈余公积累计额达到注册资本的50%时，可以不再提取。　（　　）

项目训练

一、甲公司为一般纳税人，销售商品增值税率为13%，2024年12月发生以下部分业务。

1. 2日，向A公司销售一批商品，销售价款为360 000元，销售成本总额为300 000元。甲公司给予A公司现金折扣条件为2/10，n/30，计算现金折扣时不考虑增值税。甲企业基于对客户的了解，预计客户20天内付款的概率为90%，20天后付款的概率为10%。当日，甲公司发出商品并开具增值税专用发票，A公司确认购买的商品符合合同要求验收入库。乙公司于12月9日付款。

2. 5日，因质量问题，B公司将上月从甲公司购入的一批商品全部退回，该批商品价款总额为100 000元，增值税税额为13 000元，成本总额为60 000元，货款已结清。甲公司同意退货，于退货当日支付了退货款，并按规定向B公司开具了红字增值税专用发票。

3. 10日，因调整经营战略，甲公司将积压的原材料出售，开具增值税专用发票上注明的销售价格为200 000元，增值税税额为26 000元，款项已由银行收妥。该批材料的实际成本为120 000元。

要求：根据上述资料，假定不考虑其他因素，分析回答下列问题（答案中的金额单位用元表示）。

（1）根据业务1，编写12月2日向A公司销售商品并结转销售商品成本的会计分录。

（2）根据业务1，编写12月9日收到A公司支付的货款及增值税的会计分录。

（3）根据业务1，编写假设12月31日A公司支付的货款及增值税的会计分录。

（4）根据业务2，编写12月5日发生销售退回业务的相关会计分录。

（5）根据业务3，编写12月10日销售原材料并结转销售原材料成本的会计分录。

二、乙公司为一般纳税人，适用的增值税税率为13%。该公司主营业务为经销W产品并按实际成本核算，W产品的售价中不包含增值税，确认收入的同时结转销售成本。2024年该公司发生以下部分经济业务。

1. 3月2日，向A公司销售一批W产品，按产品价目表上的标价计算其总价为1 000 000元，由于是成批销售，甲公司给予乙公司10%的商业折扣，当日开出增值税专用发票，价款及增值税收到存入银行。发出的商品符合收入确认条件，该批产品成本总额为800 000元。

2. 9月10日，向B公司赊销一批W产品，开出的增值税专用发票上注明价款为2 000 000元，增值税税额为260 000元，价款及增值税尚未收到，该批产品成本为1 500 000元。该销售业务符合收入确认条件。

3. 10月15日，B公司发现上述产品存在质量问题，要求给予10%的销售折让，甲公司同意后开出增值税专用发票（红字）。

4．12月15日，委托B公司销售W产品200件，每件商品的实际成本为600元。该商品已于当月发出，按照双方协议约定，B公司按照每件800元对外销售商品，甲公司按照售价（不含税）的10%向B公司支付手续费。12月31日，收到B公司开出的代销清单，实际销售100件商品。同时收到B公司因提供代销服务开具的增值税专用发票，增值税专用发票上注明的价款为8 000元，增值税税额为480元。

要求：根据上述资料，假定不考虑其他因素，分析回答下列问题（答案中的金额单位用元表示）。

（1）根据业务1，编写3月2日向A公司销售商品并结转销售商品成本的会计分录；

（2）根据业务2，编写9月10日向B公司销售商品并结转销售商品成本的会计分录；

（3）根据业务3，编写10月15日发生销售折让的会计分录；

（4）根据业务4，编写12月15日发出委托代销商品的会计分录；

（5）根据业务4，编写12月31日收到B公司开来的代销清单的相关业务会计分录。

三、丙公司为一般纳税人，在销售商品的同时还提供设备安装服务，销售商品、提供设备安装服务分别构成单项履约义务，均为公司的主营业务。销售商品适用的增值税税率为13%，提供设备安装服务增值税税率为9%。该公司经销的M产品在确认收入的同时按实际成本结转已销商品成本。W产品的售价中不包含增值税，确认收入的同时结转销售成本。2024年该公司发生以下部分经济业务。

1．10月25日，向A公司销售M产品800件，预收乙公司货款300 000元，存入银行。

2．11月30日，根据合同向A公司发出M产品800件，增值税专用发票注明的价款为800 000元，增值税额为104 000元，A公司验收合格，余款A公司当日支付甲公司收讫存入银行，该批商品成本为500 000元。

3．12月10日，与B公司签订为期6个月的设备安装服务劳务合同，合同不含税总价款为400 000元，设备安装费用每月月末按完工进度收取。至12月31日，实际发生劳务成本50 000元（均为职工薪酬），估计为完成该合同还将发生劳务成本150 000元，公司按实际发生的成本占估计总成本的比例确定劳务的履约进度，12月31日履约进度为25%。

要求：根据上述资料，假定不考虑其他因素，分析回答下列问题（答案中的金额单位用元表示）。

（1）根据业务1，编写10月25日预收A公司货款的会计分录；

（2）根据业务2，编写11月30日向A公司发出M产品确认收入的会计分录；

（3）根据业务3，编写12月提供设备安装服务发生劳务成本的会计分录；

（4）根据业务3，编写12月提供设备安装服务收到并确认劳务收入的会计分录；

（5）根据业务3，编写结转提供设备安装服务成本的会计分录。

项目十二
财务报表编制

知识目标

掌握资产负债表的概念、结构和编制方法；

掌握利润表的概念、结构和编制方法；

掌握现金流量表的概念、结构和编制方法。

熟悉财务报表附注的主要内容。

技能目标

能根据企业实际需要正确编制资产负债表、利润表和现金流量表。

素养目标

培养社会主义核心价值观，培养踏实认真、一丝不苟、实事求是的工作作风，不做假账，为财务报告的使用者提供真实公允的会计信息。

知识导图

```
                        ┌ 资产负债表的编制 ┌ 资产负债表的概述
                        │                 └ 资产负债表的编制
                        │
                        │ 利润表的编制    ┌ 利润表的概述
                        │                 └ 利润表的编制
          财务报表编制 ─┤
                        │ 现金流量表的编制 ┌ 现金流量表的概述
                        │                 └ 现金流量表的编制
                        │
                        └ 财务报表附注    ┌ 附注的概述
                                          └ 附注的主要内容
```

知识准备

财务报表编制包括：资产负债表、利润表、现金流量表三大报表，以及附注的编制及披露

任务一　资产负债表的编制

 任务导读

　　财务报表是对企业财务状况、经济成果和现金流量的结构性表述。一套完整的财务报表至少应该包括资产负债表、利润表、所有者权益（或股东权益）变动表及附注。

　　资产负债表、利润表和现金流量表是企业财务报表中三大重要的组成部分，以数字的形式详细准确地记录和披露企业的财务状况、经营结果和现金流量情况，为企业内部、相关监管部门、投资者及债权人提供了重要的数据信息。

　　企业会计准则规定了资产负债表的格式和内容，包括资产、负债和所有者权益的分类和披露要求，这是编制资产负债表的基本法律框架。

一、资产负债表的概述

（一）资产负债表的概念

　　资产负债表是反映企业在某一特定日期财务状况的报表，是企业经营活动的静态反映。它是根据"资产＝负债＋所有者权益"这一平衡公式，依照一定的分类标准和顺序，将企业某一特定日期的资产、负债和所有者权益的具体项目予以适当地排列编制而成。某一特定日期分别指会计年度的年末，或者月末、季末、半年末等。

　　通过资产负债表，可以反映企业在某一特定日期所拥有或控制的经济资源、所承担的现时义务和所有者对净资产的要求权，帮助财务报表使用者全面了解企业的财务状况、分析企业的偿债能力等情况，从而为其经济决策提供依据。

（二）资产负债表的结构

　　资产负债表一般由表头、表体两部分组成。表头主要包括资产负债表的名称、编制单位、编制日期、报表编号和计量单位；表体是资产负债表的主体和核心，主要包括资产、负债和所有者权益各项目的年初余额和期末余额。

　　资产负债表的格式分为报告式和账户式两种。报告式资产负债表是上下结构，是将资产负债表的项目自上而下排列，上半部分列示资产各项目，下半部分列示负债和所有者权益各项目。账户式资产负债表是左右结构，左边列示资产各项目，按照各项资产流动性的大小或变现能力的强弱进行排列，流动性越大、变现能力越强的资产项目越往前排，反之越往后排；右边列示负债和所有者权益各项目，负债按照要求清偿期限的先后顺序排列，负债列于所有者权益之前。不管采取什么格式，资产各项目的合计一定等于负债和所有者权益各项目的合计。我国会计制度规定，企业的资产负债表采用账户式。

二、资产负债表的编制

（一）资产负债表项目的填列方法

1. 资产负债表项目填列的基本原则

资产负债表各项目均需按"年初余额"和"期末余额"两栏分别填列。其中各项目"年初余额"需按上年末资产负债表相应项目的"期末余额"填列，如果本年度资产负债表规定的各个项目的名称和内容同上年度不一致，应对上年年末资产负债表各项目的名称和数字按照本年度的规定进行调整，填入本年度资产负债表"年初余额"栏内。

"期末余额"栏主要有以下几种填列方法。

（1）根据总账科目余额填列

资产负债表中的有些报表项目，可直接根据对应的总账科目余额填列，如"交易性金融资产""短期借款""应付票据""实收资本（或股本）""资本公积""盈余公积"等项目，直接根据其总账科目的期末余额填列。

有些报表项目则需根据几个总账科目的期末余额计算填列，如"货币资金"项目，需根据"库存现金""银行存款""其他货币资金"三个总账科目的期末余额的合计数填列；"其他应付款"项目，应根据"其他应付款""应付利息""应付股利"三个总账科目的期末余额的合计数填列。

（2）根据明细账科目余额计算填列

如"应付账款"项目，需要根据"应付账款"和"预付款项"两个科目所属的相关明细账科目的期末贷方余额计算填列；如"开发支出"项目，应根据"研发支出"科目中所属的"资本化支出"明细账科目期末余额计算填列；"预收款项"项目，应根据"预收账款"和"应收账款"两个科目所属的相关明细账科目的期末贷方余额计算填列；"应付职工薪酬"项目，应根据"应付职工薪酬"科目的明细账科目期末余额计算填列。

（3）根据总账科目和明细账科目余额分析计算填列

如"长期借款"项目，应根据"长期借款"总账科目期末余额扣除"长期借款"科目所属明细账科目中将在一年内到期且企业不能自主地将清偿义务展期的长期借款后的金额计算填列。

（4）根据总账科目期末余额减去备抵科目余额后的净额填列

如"固定资产"项目，应根据"固定资产"和"固定资产清理"两个科目的期末余额，减去"累计折旧"和"固定资产减值准备"等备抵科目的期末余额后的净额填列；"无形资产"项目，应根据"无形资产"科目的期末余额，减去"累计摊销"和"无形资产减值准备"等备抵科目的期末余额后的净额填列；如"长期股权投资"项目，应当根据"长期股权投资"科目的期末余额减去"长期股权投资减值准备"科目余额后的净额填列；"投资性房地产"项目，应当根据"投资性房地产"科目的期末余额减去"投资性房地产累计折旧""投资性房地产减值准备"等科目余额后的净额填列。

（5）综合运用上述填列方法分析填列

如"存货"项目，应根据"材料采购""在途物资""原材料""发出商品""库存商品""周转材料""材料成本差异""委托加工物资""生产成本""受托代销商品"等科目的期末余额合计，减去"受托代销商品款""存货跌价准备"科目期末余额后的金额填列。

2. 资产负债表项目填列方法汇总

资产负债表主要项目填列方法汇总表，如表 12-1 所示。

表 12-1 资产负债表主要项目填列方法汇总表

报表项目	填列方法
一、资产类	
货币资金	根据"库存现金""银行存款""其他货币资金"科目期末余额合计数填列
交易性金融资产	根据"交易性金融资产"科目的相关明细账科目期末余额分析填列。自资产负债表日起超过一年到期且预期持有的以公允价值计量且其变动记入当期损益的非流动金融资产的期末账面价值，在"其他非流动金融资产"项目反映
应收票据	根据"应收票据"科目的期末借方余额，减去"坏账准备"科目中相关坏账准备的期末余额后填列
应收账款	根据"应收账款"和"预收账款"科目所属各明细账的期末借方余额合计数，减去"坏账准备"科目中有关应收账款计提的坏账准备期末余额后填列
应收款项融资	反映企业资产负债表以公允价值计量且其变动记入其他综合收益的应收票据和应收账款等
预付款项	根据"预付账款"和"应付账款"科目所属各明细账的期末借方借方余额合计数，减去"坏账准备"科目中有关预付账款计提的坏账准备期末余额后填列
其他应收款	根据"应收利息""应收股利""其他应收款"科目的期末借方余额合计数，减去"坏账准备"科目中相关坏账准备的期末余额后填列
存货	根据"原材料""库存商品""委托加工物资""周转材料""材料采购""在途物资""发出商品""受托代销商品""生产成本"等总账科目期末余额的合计数，减去"存货跌价准备""受托代销商品款"科目期末借方余额后的净额填列。采用计划成本核算的企业，还应加或减材料成本差异、商品进销差价的金额
合同资产	根据"合同资产"相关明细账科目期末余额分析填列。同一合同下的合同资产和合同负债应当以净额填列。其中净额为借方余额的，根据其流动性在"合同资产"和"其他非流动资产"填列，并减去已计提的"合同资产减值准备"科目中相关期末余额后的金额填列；净额为贷方余额的，根据其流动性在"合同负债"和"其他非流动负债"填列
持有待售资产	根据"持有待售资产"科目的期末余额，减去"持有待售资产减值准备"科目的期末余额后填列
一年内到期的非流动资产	反映企业预计自资产负债表日起一年内变现的非流动资产。本项目根据将于一年内到期的"债权投资""其他债权投资""长期应收款"以及摊销期在一年以内的"长期待摊费用"金额合计填列
债权投资	根据"债权投资"科目的相关明细账科目期末余额，减去"债权投资减值准备"中相关减值准备的期末余额后填列。 自资产负债表日起一年内到期的长期债权投资的期末账面价值，在"一年内到期的非流动资产"项目反映。企业购入的以摊余成本计量的一年内到期的债权投资的期末账面价值，在"其他流动资产"项目反映
其他债权投资	根据"其他债权投资"科目的相关明细账科目余额分析填列。企业购入的以公允价值计量且其变动记入其他综合收益的一年内到期的债权投资期末账面价值，在"其他流动资产"项目反映
长期应收款	根据"长期应收款"科目的期末余额，减去"未实现融资收益"和"坏账准备"科目中所属相关明细账期末余额后填列
长期股权投资	根据"长期股权投资"科目的期末余额，减去"长期股权投资减值准备"科目的期末余额后填列

（续表）

报表项目	填列方法
其他权益工具投资	根据"其他权益工具投资"科目期末余额填列
其他非流动金融资产	自资产负债表日起超过一年到期且预期持有超过一年的以公允价值计量且其变动记入当期损益的非流动金融资产
投资性房地产	根据"投资性房地产"科目期末余额，减去"投资性房地产累计折旧""投资性房地产累计摊销""投资性房地产减值准备"科目的期末余额后填列（采用成本模式计量）
固定资产	根据"固定资产"科目的期末余额，减去"累计折旧""固定资产减值准备"科目的期末余额，以及"固定资产清理"科目的期末余额填列
在建工程	根据"在建工程""工程物资"科目的期末余额，减去"在建工程减值准备""工程物资减值准备"科目的期末余额后填列
使用权资产	根据"使用权资产"科目的期末余额，减去"使用权资产累计折旧""使用权资产减值准备"科目的期末余额后填列
无形资产	根据"无形资产"科目的期末余额，减去"累计摊销""无形资产减值准备"科目的期末余额后填列
开发支出	根据"研发支出"科目所属的"资本化支出"明细账科目期末余额填列
长期待摊费用	根据"长期待摊费用"科目余额，减去将于一年内（含一年）摊销的数额后的金额分析填列
递延所得税资产	根据"递延所得税资产"科目的期末余额填列
其他非流动资产	反映企业除上述非流动资产以外的其他非流动资产。根据有关非流动资产科目的期末余额填列
二、负债类	
短期借款	根据"短期借款"科目期末余额填列
交易性金融负债	根据"交易性金融负债"科目的相关明细账科目期末余额填列
应付票据	根据"应付票据"科目期末余额填列
应付账款	根据"应付账款""预付账款"科目的相关明细账科目的期末贷方余额合计数填列
预收款项	根据"预收账款""应收账款"科目的相关明细账科目的期末贷方余额合计数填列
合同负债	根据"合同负债"科目的相关明细账科目期末余额分析填列
应付职工薪酬	根据"应付职工薪酬"科目的所属各明细账科目的期末贷方余额分析填列
应交税费	根据"应交税费"余额性质分析填列： （1）"应交税费"科目下的"应交增值税""未交增值税""待抵扣进项税额""待认证进项税额""增值税留抵税额"等明细账科目的期末借方余额应根据情况，在资产负债表中的"其他流动资产"或"其他非流动资产"项目列示； （2）"应交税费——待转销项税额"等科目的期末贷方余额应根据情况，在资产负债表中的"其他流动负债"或"其他非流动负债"项目列示； （3）"应交税费"科目下的"未交增值税""简易计税""转让金融商品应交增值税""代扣代缴增值税"等明细账科目的期末贷方余额应在资产负债表中的"应交税费"项目列示
其他应付款	根据"应付利息""应付股利""其他应付款"科目的期末余额合计数填列
持有待售负债	根据"持有待售负债"科目的期末余额填列
一年内到期的非流动负债	反映企业非流动负债中将于资产负债表日后一年内到期的部分。根据有关科目期末余额分析填列，如将于一年内偿还的长期借款

（续表）

报表项目	填列方法
长期借款	根据"长期借款"科目的期末余额，减去一年内到期且企业不能自主地将清偿义务展期的长期借款填列
应付债券	根据"应付债权"科目的期末余额分析填列，包括企业在资产负债表日发行的分类为金融负债的金融工具
租赁负债	反映资产负债表日承租人企业尚未支付的租赁付款额的期末账面价值。根据"租赁负债"科目的期末余额填列。自资产负债表日起一年内到期应予以清偿的租赁负债的期末账面价值，在"一年内到期的非流动负债"项目反映
长期应付款	根据"长期应付款"科目的期末余额，减去"未确认融资费用"科目的期末余额后的金额，以及"专项应付款"科目的期末余额填列
预计负债	根据"预计负债"科目的期末余额填列。对贷款承诺等项目计提的损失准备，应当在本项目中填列
递延收益	根据"递延收益"科目的期末余额填列。本项目中摊销期限只剩一年或不足一年的，或预计在一年内（含一年）进行摊销的部分，不得归类为流动负债，仍在本项目中填列，不转入"一年内到期的非流动负债"项目
递延所得税负债	根据"递延所得税负债"科目的期末余额填列
其他非流动负债	根据有关科目期末余额，减去将于一年内（含一年）到期偿还数后的余额分析填列
三、所有者权益类	
实收资本（或股本）	根据"实收资本（或股本）"科目的期末余额填列
其他权益工具	反映企业资产负债表日发行在外的除普通股外分类为权益工具的金融工具的期末账面价值
资本公积	根据"资本公积"科目的期末余额填列
其他综合收益	根据"其他综合收益"科目的期末余额填列
专项储备	根据"专项储备"科目的期末余额填列
盈余公积	根据"盈余公积"科目的期末余额填列
未分配利润	根据"本年利润""利润分配"科目的期末余额计算填列，未弥补的亏损在本项目以"-"号填列

（二）资产负债表编制应用

【业务 12-1】 2024 年 12 月 31 日，睿智机械制造厂有关总账科目和明细账科目余额如表 12-2 所示，编制睿智机械制造厂 2024 年 12 月 31 日的资产负债表。

表 12-2 总账科目和明细账科目余额表

单位名称：睿智机械制造厂　　　　　　　　　　2024 年 12 月 31 日　　　　　　　　　　单位：元

总账科目	明细账科目	借方余额	贷方余额	总账科目	明细账科目	借方余额	贷方余额
库存现金		8 000		无形资产		1 080 000	
银行存款		1 648 200		累计摊销			100 000
交易性金融资产		280 000		短期借款			500 000
应收票据		132 000		应付票据			200 000
应收账款		916 400		应付账款			1 650 000
	A 公司	400 000			F 公司		900 000

（续表）

总账科目	明细账科目	借方余额	贷方余额	总账科目	明细账科目	借方余额	贷方余额
	B 公司		80 000		G 公司	200 000	
	C 公司	596 400			H 公司		950 000
坏账准备			100 000	预收账款			257 600
预付账款		200 000			I 公司		500 000
	D 公司	240 000			J 公司	242 400	
	E 公司		40 000	其他应付款			100 000
其他应收款		10 000		应付职工薪酬			160 000
原材料		490 000		应交税费			53 400
生产成本		164 600		应付利息			184 600
周转材料		76 000		长期借款			3 000 000
库存商品		4 473 200		实收资本			9 000 000
长期股权投资		900 000		资本公积			250 000
固定资产		6 218 000		盈余公积			399 400
累计折旧			240 000	利润分配			251 400
固定资产清理		40 000		本年利润			130 000
固定资产减值准备			60 000				

备注：①"坏账准备"按"应收账款"余额计提；②"长期借款"中有 1 000 000 元将于一年内偿还；③"应交税费"贷方余额 53 400 元为其明细账科目"未交增值税"的期末余额。

资产负债表的主要项目计算如下：

"货币资金"项目 = 8 000 + 1 648 200 = 1 656 200（元）

"交易性金融资产"项目 = 280 000（元）

"应收票据"项目 = 132 000（元）

"应收账款"项目 =（400 000 + 596 400）+ 242 400 − 100 000 = 1 138 800（元）

"预付款项"项目 = 240 000 + 200 000 = 440 000（元）

"其他应收款"项目 = 10 000（元）

"存货"项目 = 490 000 + 164 600 + 76 000 + 4 473 200 = 5 203 800（元）

"长期股权投资"项目 = 900 000（元）

"固定资产"项目 = 6 218 000 − 240 000 − 60 000 + 40 000 = 5 958 000（元）

"无形资产"项目 = 1 080 000 − 100 000 = 980 000（元）

"短期借款"项目 = 500 000（元）

"应付票据"项目 = 200 000（元）

"应付账款"项目 =（900 000 + 950 000）+ 40 000 = 1 890 000（元）

"预收款项"项目 = 500 000 + 80 000 = 580 000（元）

"应付职工薪酬"项目 = 160 000（元）

"应交税费"项目 = 53 400（元）

"其他应付款"项目 = 184 600 + 100 000 = 284 600(元)

"一年内到期的非流动负债" = 1 000 000(元)

"长期借款"项目 = 3 000 000 - 1 000 000 = 2 000 000(元)。

"实收资本"项目 = 9 000 000(元)

"资本公积"项目 = 250 000(元)

"盈余公积"项目 = 399 400(元)

"未分配利润"项目 = 251 400 + 130 000 = 381 400(元)

根据上述资料编制资产负债表,如表 12-3 所示。

表 12-3 资产负债表   会企 01 表

单位名称:睿智机械制造厂   2024 年 12 月 31 日   单位:元

资　产	期末余额	年初余额	负债和所有者权益(或股东权益)	期末余额	年初余额
流动资产:			流动负债:		
货币资金	1 656 200	1 147 435	短期借款	500 000	330 000
交易性金融资产	280 000		交易性金融负债		
衍生金融资产			衍生金融负债		
应收票据	132 000	137 000	应付票据	200 000	300 000
应收账款	1 138 800	850 000	应付账款	1 890 000	1 002 550
应收款项融资			预收款项	580 000	350 000
预付款项	440 000	80 000	合同负债		
其他应收款	10 000	6 000	应付职工薪酬	160 000	170 000
存货	5 203 800	3 803 480	应交税费	53 400	63 500
合同资产			其他应付款	284 600	174 630
持有待售资产			持有待售负债		
一年内到期的非流动资产			一年内到期的非流动负债	1 000 000	500 000
其他流动资产			其他流动负债		
流动资产合计	8 860 800	6 023 915	流动负债合计	4 668 000	2 890 680
非流动资产:			非流动负债:		
债权投资			长期借款	2 000 000	1 670 000
其他债权投资			应付债券		
长期应收款			其中:优先股		
长期股权投资	900 000	528 000	永续债		
其他权益工具投资			租赁负债		
其他非流动金融资产			长期应付款		
投资性房地产			预计负债		
固定资产	5 958 000	6 961 347	递延收益		
在建工程			递延所得税负债		

（续表）

资　产	期末余额	年初余额	负债和所有者权益（或股东权益）	期末余额	年初余额
生产性生物资产			其他非流动负债		
油气资产			非流动负债合计	2 000 000	1 670 000
使用权资产			负债合计	6 668 000	4 560 680
无形资产	980 000	795 000	所有者权益（或股东权益）：		
开发支出			实收资本（或股本）	9 000 000	9 000 000
商誉			其他权益工具		
长期待摊费用			其中：优先股		
递延所得税资产			永续债		
其他非流动资产			资本公积	250 000	234 732
非流动资产合计	7 838 000	8 284 347	减：库存股		
			其他综合收益		
			专项储备		
			盈余公积	399 400	212 850
			未分配利润	381 400	300 000
			所有者权益（或股东权益）合计	10 030 800	9 747 582
资产总计	16 698 800	14 308 262	负债和所有者权益（或股东权益）总计	16 698 800	14 308 262

知识测试

一、单选题

1."预付账款"科目明细账中若有期末贷方余额，应将其记入资产负债表中的（　　）项目。

A."应收账款"　　　B."预收款项"　　　C."应付账款"　　　D."预付款项"

2.资产负债表中"未分配利润"项目应根据（　　）计算填列。

A."未分配利润"科目余额

B."本年利润"科目余额

C."利润分配"科目余额

D."本年利润"科目和"利润分配"科目余额

3.下列资产负债表项目中，根据有关科目余额减去其备抵科目余额后的净额填列的是（　　）。

A."预收款项"　　　B."短期借款"　　　C."无形资产"　　　D."长期借款"

4."应付账款"科目明细账中若有贷方余额，应将其记入资产负债表中的（　　）项目。

A."应收账款"　　　B."预收款项"　　　C."应付账款"　　　D."预付款项"

5.资产负债表是仅反映企业在某一（　　）的报表。

A．特定日期的财务状况　　　　　　　B．特定期间的财务状况

C．特定日期的经营成果　　　　　　　D．特定期间的经营成果

二、多选题

1．以下报表项目中直接根据总账科目余额填列的是（　　　）。

A．"交易性金融资产"　　　　　　　B．"短期借款"

C．"应付票据"　　　　　　　　　　D．"资本公积"

2．不考虑其他因素，下列根据明细账科目余额计算填列的有（　　　）项目。

A．"应付账款"　　　　　　　　　　B．"其他应付款"

C．"开发支出"　　　　　　　　　　D．"交易性金融资产"

3．下列各项中，关于资产负债表项目填列正确的有（　　　）。

A．"短期借款"项目根据"短期借款"总账科目期末余额直接填列

B．"实收资本"项目根据"实收资本"总账科目期末余额直接填列

C．"开发支出"项目根据"研发支出"科目所属"资本化支出"明细账科目期末余额填列

D．"长期借款"项目根据"长期借款"总账科目及其明细账科目期末余额分析计算填列

4．下列资产减值准备相关科目余额中，不在资产负债表上单独列示的有（　　　）科目。

A．"长期股权投资减值准备"　　　　B．"存货跌价准备"

C．"坏账准备"　　　　　　　　　　D．"固定资产减值准备"

5．以下说法正确的有（　　　）。

A．"固定资产"项目，应根据"固定资产"和"固定资产清理"两个科目的期末余额，减去"累计折旧"和"固定资产减值准备"等备抵科目的期末余额后的净额填列

B．"无形资产"项目，应根据"无形资产"科目的期末余额，减去"累计摊销"和"无形资产减值准备"等备抵科目的期末余额后的净额填列

C．"长期股权投资"项目，应当根据"长期股权投资"科目的期末余额减去"长期股权投资减值准备"科目期末余额后的净额填列

D．"投资性房地产"项目，应当根据"投资性房地产"科目的期末余额减去"投资性房地产累计折旧""投资性房地产减值准备"等科目期末余额后的净额填列

三、判断题

1．"实收资本（或股本）""盈余公积"项目，直接根据其总账科目的期末余额填列。

（　　　）

2．"长期股权投资"项目，根据"长期股权投资"科目的期末余额填列。　　（　　　）

3．"应付账款"项目，需要根据"应付账款"和"预付款项"两个科目所属的相关明细账科目的期末贷方余额计算填列。　　　　　　　　　　　　　　　　（　　　）

4．资产负债表中确认的资产都是企业拥有所有权的资产。　　　　　　　（　　　）

5．财务报表的编制基础是指财务报表是在持续经营基础上编制的。　　　（　　　）

任务二　利润表的编制

 任务导读

通过编制利润表，可以反映企业在一定会计期间收入、费用、利润（或亏损）的金额和构成情况，为财务报表使用者全面了解企业的经营成果、分析企业的获利能力及盈利增长趋势、投资信贷决策、内部经营决策和绩效考核等提供依据。

一、利润表的概述

（一）利润表的概念

利润表，又称损益表、收益表，是反映企业在一定会计期间（如年度、季度、月份）的经营成果的财务报表，是动态报表。利润表是根据会计核算的配比原则，把一定时期内的收入和相对应的成本费用配比，根据"收入－费用＝利润"的会计平衡公式计算出企业一定时期的各项利润指标。

（二）利润表的结构

利润表的结构有单步式和多步式两种。我国企业会计制度规定采用多步式利润表。

1. 单步式利润表

单步式利润表是用企业当期全部收入抵减当期全部支出，一次计算出当期损益的一种利润表。单步式利润表的优点是收入、费用归类清楚，经营成果的确认比较直观，报表编制简单；不足之处是对收入和费用的性质不加区分，不能揭示利润中各要素之间的内在联系，不便于对企业经营成果进行分析和评价。

2. 多步式利润表

多步式利润表是通过对当期的收入、费用、支出按项目性质加以归类，按利润形成的主要环节列示一些中间性利润指标，如营业利润、利润总额、净利润，分步计算当期净损益。利润表各个项目的排列顺序实际上反映了净利润形成的过程。同时，每个项目通常又分别填列为"本期金额"和"上期金额"两栏。

多步式利润表的优点是按利润的性质分步计算利润，反映了净利润各要素之间的内在联系，便于报表使用者对企业进行盈利分析和预测企业的盈利能力。

我国企业会计制度规定采用多步式利润表。不管是哪种利润表，利润表一般都由表头和表体两部分组成。其中，表头包括报表名称、编制单位、编制日期、报表编号、计量单位等；表体是利润表的主体，列示形成经营成果的各个项目和计算过程。

二、利润表的编制

（一）利润表项目的填列方法

为了便于财务报表使用者通过不同期间利润的实现情况，判断企业经营的未来发展趋势，企业需要提供比较利润表。为此，利润表金额栏分为"本期金额"和"上期金额"两栏分别填列。"上期金额"栏内各项数字，应根据上一年度该期利润表的"本期金额"栏内所列数字填列。如果上年度利润表规定的各个项目的名称和内容同本年度不相一致，应对上一年度利润表各项目的名称和数字按本年度的规定进行调整，填入利润表"上期金额"栏。

"本期金额"栏内数字，除"基本每股收益"和"稀释每股收益"项目外，应当根据损益类科目和所有者权益类有关科目的发生额分析填列，具体填列方法如表 12-4 所示。

表 12-4 利润表主要项目填列方法汇总表

报表项目	内　　容	填列方法
营业收入	反映企业经营主要业务和其他业务所确认的收入总额	应根据"主营业务收入"和"其他业务收入"科目的发生额分析填列
营业成本	反映企业经营主要业务和其他业务所发生的成本总额	应根据"主营业务成本"和"其他业务成本"科目的发生额分析填列
税金及附加	企业经营业务应负担的消费税、城市维护建设税、教育费附加、资源税、土地增值税、房产税、车船税、城镇土地使用税、印花税等相关税费	应根据"税金及附加"科目的发生额分析填列
销售费用	企业在销售商品过程中发生的包装费、广告费等费用和为企业销售商品专设的销售机构的职工薪酬、业务费等	应根据"销售费用"科目的发生额分析填列
管理费用	企业为组织和管理生产发生的费用	应根据"管理费用"科目的发生额分析填列
研发费用	企业研究与开发过程中发生的费用化支出和记入管理费用的自行开发无形资产的摊销	应根据"管理费用"科目下的"研发费用""无形资产摊销"明细账科目的发生额分析填列
财务费用	企业为筹集生产经营所需资金等而发生的筹集费用。 其中，"利息费用"明细账科目反映企业为筹集生产经营所需资金等而发生应予费用化的利息支出；"利息收入"明细账科目反映企业确认的利息收入	根据"财务费用"科目的相关明细账科目分析填列
其他收益	企业计入其他收益的政府补助和其他与日常活动有关且计入其他收益的项目	根据"其他收益"科目的发生额分析填列
投资收益	企业对外投资取得的收益	根据"投资收益"科目的发生额分析填列。若为（借方）投资损失，本项目以"－"填列
净敞口套期收益	反映净敞口套期下被套期项目累计公允价值变动转入当期损益的金额或现金流量套期储备转入当期损益的金额	根据"净敞口套期损益"科目的发生额分析填列。若为套期损失，本项目以"－"填列
公允价值变动收益	企业计入当期损益的资产或负债公允价值变动收益	根据"公允价值变动损益"科目的发生额分析填列。如为净损失，本项目以"－"号填列
信用减值损失	企业按照会计准则要求计提的各项金融工具信用减值准备所确认的信用损失	根据"信用减值损失"科目的发生额分析填列
资产减值损失	企业有关资产发生的减值损失	根据"资产减值损失"科目的发生额分析填列

（续表）

报表项目	内　容	填列方法
资产处置收益	① 反映企业出售划分为持有待售的非流动资产（金融工具、长期股权投资、投资性房地产除外）或处置组（子公司和业务除外）时确认的处置利得或损失； ② 反映处置未划分为持有待售的固定资产、在建工程、生产性生物资产、无形资产而产生的处置利得或损失； ③ 债务重组中因处置非流动资产（金融工具、长期股权投资、投资性房地产除外）产生的利得或损失； ④ 非货币性资产交换中换出非流动资产（金融工具、长期股权投资、投资性房地产除外）产生的利得或损失	根据"资产处置损益"科目的发生额分析填列。如为处置损失，本项目以"-"号填列
营业利润	企业实现的营业利润	如为亏损，本项目以"-"号填列
营业外收入	企业发生的除营业利润外的收益	根据"营业外收入"科目的发生额分析填列
营业外支出	企业发生的除营业利润外的支出	根据"营业外支出"科目的发生额分析填列
利润总额	企业实现的利润	如为亏损，本项目以"-"号填列
所得税费用	企业应从当期利润总额中扣除的所得税费用	根据"所得税费用"科目的发生额分析填列
净利润	企业实现的净利润	如为亏损，以"-"号填列
（一）持续经营净利润	反映净利润中与持续经营相关的净利润	按照企业会计准则的相关规定分别填列，如为净亏损，以"-"号填列
（二）终止经营净利润	反映净利润中与终止经营相关的净利润	按照企业会计准则的相关规定分别填列，如为净亏损，以"-"号填列
其他综合收益的税后净额	根据企业会计准则规定未在损益中确认的各项利得和损失扣除所得税影响后的净额	
综合收益总额	企业净利润与其他综合收益（税后净额）的合计金额	净利润加其他综合收益的税后净额
每股收益	包括基本每股收益和稀释每股收益两项指标。反映普通股或潜在的普通股已公开交易的企业，以及正处在公开发行普通股或潜在普通股过程中的企业的每股收益信息	
基本每股收益	指企业应当按照属于普通股股东的当期净利润，除以发行在外普通股的加权平均数从而计算出的每股收益	按照归属于普通股股东的当期净利润除以当期实际发行在外普通股的加权平均数计算确定。发生亏损的企业，每股收益以"-"号列示
稀释每股收益	以基本每股收益为基础，假设企业所有发行在外的稀释性潜在普通股（如公司发行的可转债）均已转换为普通股，从而分别调整归属于普通股股东的当期净利润以及发行在外普通股的加权平均数计算而得的每股收益	计算稀释每股收益时，当期发行在外普通股的加权平均数应当为计算基本每股收益时普通股的加权平均数与假定稀释性潜在普通股转换为已发行普通股而增加的普通股股数的加权平均数之和

（二）利润表编制应用

【业务 12-2】 卡纳公司 2024 年损益类科目的本年累计发生额如表 12-5 所示。

表 12-5 损益类科目本年累计发生额

单位名称：卡纳公司 　　　　　　　　　　2024 年 　　　　　　　　　　单位：元

科目名称	本年借方累计发生额	本年贷方累计发生额
主营业务收入		4 000 000
其他业务收入		120 000
主营业务成本	2 800 000	
其他业务成本	80 000	
税金及附加	6 000	
销售费用	212 000	
管理费用	196 000	
财务费用	38 000	
资产减值损失	30 000	
投资收益		100 000
营业外收入		50 000
营业外支出	5 200	
所得税费用	270 200	

备注："财务费用"中，利息费用 10 000 元；"利息收入" 6 000 元。

利润表的主要项目计算如下：

"营业收入"项目 = 4 000 000 + 120 000 = 4 120 000（元）

"营业成本"项目 = 2 800 000 + 80 000 = 2 880 000（元）

"税金及附加"项目 = 6 000（元）

"销售费用"项目 = 212 000（元）

"管理费用"项目 = 196 000（元）

"财务费用"项目 = 38 000（元）

"投资收益"项目 = 100 000（元）

"资产减值损失"项目 = 30 000（元）

"营业利润"项目 = 4 120 000 − 2 880 000 − 6 000 − 212 000 − 196 000 − 38 000 − 30 000 + 100 000 = 858 000（元）

"营业外收入"项目 = 50 000（元）

"营业外支出"项目 = 5 200（元）

"利润总额"项目 = 858 000 + 50 000 − 5 200 = 902 800（元）

"所得税费用"项目 = 270 200（元）

"净利润"项目 = 902 800 − 270 200 = 632 600（元）

"综合收益总额"项目 = 632 600（元）

根据上述资料编制利润表，如表 12-6 所示。

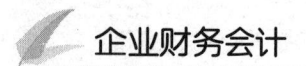

企业财务会计

表 12-6　利润表

2024 年

单位名称：卡纳公司　　　　　　　　　　　　　　　　　　　　　　　　　　　　　　会企 02 表

　　　　　　　　　　　　　　　　　　　　　　　　　　　　　　　　　　　　　　　单位：元

项　目	本期金额	上期金额（略）
一、营业收入	4 120 000	
减：营业成本	2 880 000	
税金及附加	6 000	
销售费用	212 000	
管理费用	196 000	
研发费用		
财务费用	38 000	
其中：利息费用	10 000	
利息收入	6 000	
加：其他收益		
投资收益（损失以"－"号填列）	100 000	
其中：对联营企业和合营企业的投资收益		
以摊余成本计量的金融资产终止确认收益（损失以"－"号填列）		
净敞口套期收益（损失以"－"号填列）		
公允价值变动收益（损失以"－"号填列）		
信用减值损失（损失以"－"号填列）		
资产减值损失（损失以"－"号填列）	−30 000	
资产处置收益（损失以"－"号填列）		
二、营业利润（亏损以"－"号填列）	858 000	
加：营业外收入	50 000	
减：营业外支出	5 200	
三、利润总额（亏损总额以"－"号填列）	902 800	
减：所得税费用	270 200	
四、净利润（净亏损以"－"填列）	632 600	
（一）持续经营净利润（净亏损以"－"号填列	632 600	
（二）终止经营净利润（净亏损以"－"号填列		
五、其他综合收益的税后净额		
（一）不能重分类进损益的其他综合收益		
1．重新计量设定收益的其他综合收益		
2．权益法下不能转损益的其他综合收益		
3．其他权益工具投资公允价值变动		
4．企业自身信用风险公允价值变动		
……		
（二）将重分类进损益的其他综合收益		

（续表）

项　目	本期金额	上期金额（略）
1．权益法下可转损益的其他综合收益		
2．其他债权投资公允价值变动		
3．金融资产重新分类记入其他综合收益的金额		
4．其他债权投资信用减值准备		
5．现金流量套期储备		
6．外币财务报表折算差额		
……		
六、综合收益总额	632 600	
七、每股收益		
（一）基本每股收益		
（二）稀释每股收益		

知识测试

一、单选题

1．下列各项中，不属于企业利润表项目的是（　　）。

A．"综合收益总额"　　　　　　　　　　B．"未分配利润"

C．"每股收益"　　　　　　　　　　　　D．"公允价值变动收益"

2．2024 年 12 月，某企业"主营业务收入"科目贷方发生额为 2 000 万元，"其他业务收入"科目贷方发生额为 500 万元，"投资收益"科目贷方发生额为 800 万元，结转本年利润前上述科目均没有借方发生额。不考虑其他因素，该企业 2024 年 12 月利润表中"营业收入"项目"本期金额"的填列金额为（　　）万元。

A．2 800　　　　　　B．2 500　　　　　　C．800　　　　　　D．2 000

3．2024 年 12 月，某企业发生的财务费用资料如下：收到开户银行转来的活期存款利息收入 300 元，发生汇兑收益 400 元，计提本月短期借款利息费用 2 000 元。不考虑其他因素，该企业本月利润表中"财务费用"项目"本期金额"的填列金额为（　　）元。

A．2 100　　　　　　B．1 700　　　　　　C．1 300　　　　　　D．1 600

4．2024 年 12 月，某企业"主营业务成本"科目发生额合计为 1 000 万元，"其他业务成本"科目发生额合计为 200 万元；当月发生销售退回商品成本为 50 万元，该企业 2024 年 12 月利润表中"营业成本"项目"本期金额"的填列金额为（　　）万元。

A．1 200　　　　　　B．1 250　　　　　　C．1 050　　　　　　D．250

5．2024 年 12 月，某企业"营业利润"为 5 000 万元，"营业外收入"为 200 万元，"营业外支出"为 100 万元，该企业 2024 年 12 月利润表中"利润总额"项目"本期金额"的填列金额为（　　）万元。

A．5 300　　　　　　B．5 000　　　　　　C．5 200　　　　　　D．5 100

二、多选题

1. 下列各项中，关于利润表项目本期金额填列方法表述正确的有（　　）。

A. "管理费用"项目应根据"管理费用"科目的本期发生额分析填列，不需扣除记入"研发费用"的相关明细账科目发生额

B. "营业利润"项目应根据"本年利润"科目的本期发生额分析填列

C. "税金及附加"项目应根据"应交税费"科目的本期发生额分析填列

D. "营业收入"项目应根据"主营业务收入"和"其他业务收入"科目的本期发生额分析填列

2. "销售费用"包含有（　　）。

A. 企业在销售商品过程中发生的包装费

B. 企业在销售商品过程中发生的广告费

C. 为企业销售商品专设的销售机构的职工工资

D. 生产工人工资

3. 税金及附加包含下面哪些项目（　　）。

A. 消费税　　　　　B. 城市维护建设税　　C. 土地增值税　　　　D. 车船税

4. 利润表的格式主要有（　　）。

A. 多步式　　　　　B. 单步式　　　　　　C. 账户式　　　　　　D. 报告式

5. 下列影响利润表中"营业利润"的项目有（　　）。

A. 公允价值变动收益　　　　　　　　　　B. 资产减值损失

C. 投资收益　　　　　　　　　　　　　　D. 营业外收入

三、判断题

1. 车船税应在利润表的"税金及附加"项目下列示。　　　　　　　　　（　　）

2. 企业利润表中的"综合收益总额"项目，应根据企业当年的"净利润"和"其他综合收益的税后净额"的合计数计算填列。　　　　　　　　　　　　　　（　　）

3. 利润表反映的是特定企业在某一时期的经营成果，是静态报表。　　　（　　）

4. 利润表根据"收入－费用＝利润"的会计平衡公式来计算企业的各项利润指标。
　　　　　　　　　　　　　　　　　　　　　　　　　　　　　　　　（　　）

5. 我国企业会计制度规定采用单步式利润表。　　　　　　　　　　　　（　　）

任务三　现金流量表的编制

任务导读

现金流量表反映企业的现金流量，其作用是评价企业未来产生现金净流量的能力；评价企业偿还债务、支付投资利润的能力，谨慎判断企业财务状况；分析净收益与现金流量间的差异，并解释差异产生的原因；通过对现金投资与融资、非现金投资与融资的分析，全面了解企业财务状况。

一、现金流量表的概述

（一）现金流量表的概念

现金流量表是按照收付实现制原则编制，反映企业在一定会计期间内有关现金和现金等价物的流入和流出信息的财务报表，表明企业获得现金和现金等价物的能力，是动态报表。

现金是指企业库存现金及可随时用于支付的存款，包括库存现金、银行存款和其他货币资金（如外埠存款、银行汇票存款、银行本票存款等）等。银行存款中不能随时支取的定期存款等，不应作为现金，而应列作投资；提前通知金融企业便可支取的定期存款，则应包括在现金内。

现金等价物是指企业持有的期限短（一般指从购买日起，3 个月内到期）、流动性强、易于转换为已知金额现金、价值变动风险很小的投资。现金等价物通常包括三个月内到期的债券投资等。权益性投资变现的金额通常不确定，因而不属于现金等价物。不同企业现金及现金等价物的范围可能不同。企业应当根据经营特点等具体情况，确定现金及现金等价物的范围，一经确定不得随意变更。如果发生变更，应当按照会计政策变更处理。

 知识拓展

现金流量的概述及现金流量表的作用

（二）现金流量表的结构

我国企业现金流量表采用报告式结构，由表头、主表和补充资料三部分组成。其中，表头部分包括报表名称、编制单位、报表所涵盖的日期、报表编号和货币单位及计量单位。主表部分是以"现金流入 - 现金流出 = 现金流量净额"公式为基础，采取多步式，分项报告企业的现金流入量和流出量。现金流量表补充资料部分又细分为三部分，分别是将净利润调节为经营活动产生的现金流量、不涉及现金收支的投资与筹资活动、现金及现金等价物的净增加情况。

根据企业业务活动的性质和现金流量的来源，现金流量表主表在结构上将企业在一定期间产生的现金流量分为三类。

1. 经营活动产生的现金流量

经营活动是指与销售商品、提供劳务有关的活动，包括除企业投资活动和筹资活动以外的所有交易和事项，包括销售商品或提供劳务、经营性租赁、购买货物、接受劳务、制造产品、广告宣传、推销产品、缴纳税款等。

经营活动产生的现金流量分为经营活动产生的现金流入量、经营活动产生的现金流出量及经营活动产生的现金净流量。

企业应当采用直接法列示经营活动产生的现金流量。直接法是指通过现金收入和现金支出的主要类别列示经营活动的现金流量。

2. 投资活动产生的现金流量

投资活动是指企业长期资产的购建和不包括在现金等价物范围内的投资及其处置活动。这里的长期资产是指固定资产、在建工程、无形资产、其他资产等持有期限在一年或一个营业周期以上的资产。投资活动主要包括取得或收回投资，购建和处置固定资产、无形资产和其他长期资产等，不包括作为现金等价物的投资。

投资活动产生的现金流量分为投资活动产生的现金流入量、投资活动产生的现金流出量及投资活动产生的现金净流量。

3. 筹资活动产生的现金流量

筹资活动是指导致企业资本及债务规模和构成发生变化的活动，包括吸收投资、发行股票、分配利润等。这里的债务是指企业对外举债借入款项，如发行债券、向金融企业借入款项及偿还债务等。

筹资活动产生的现金流量分为筹资活动产生的现金流入量、筹资活动产生的现金流出量及筹资活动产生的现金净流量。

企业现金流量表结构如表 12-7 所示。

表 12-7 现金流量表　　　　　　　　　　　　　　　　　　　　会企 03 表

单位名称：　　　　　　　　　　　年　　　月　　　　　　　　　　　　单位：元

项　目	本期金额	上期金额
一、经营活动产生的现金流量：		
销售商品、提供劳务收到的现金		
收到的税费返还		
收到其他与经营活动有关的现金		
经营活动现金流入小计		
购买商品、接受劳务支付的现金		
支付给职工的现金		
支付的各项税费		
支付其他与经营活动有关的现金		
经营活动现金流出小计		
经营活动产生的现金流量净额		
二、投资活动产生的现金流量：		
收回投资收到的现金		
取得投资收益收到的现金		
处置固定资产、无形资产和其他长期资产收回的现金净额		
处置子公司及其他营业单位收到的现金净额		
收到其他与投资活动有关的现金		
投资活动现金流入小计		
购建固定资产、无形资产和其他长期资产支付的现金		
投资支付的现金		
取得子公司及其他营业单位支付的现金净额		

（续表）

项　目	本期金额	上期金额
支付其他与投资活动有关的现金		
投资活动现金流出小计		
投资活动产生的现金流量净额		
三、筹资活动产生的现金流量：		
吸收投资收到的现金		
取得借款收到的现金		
收到其他与筹资活动有关的现金		
筹资活动现金流入小计		
偿还债务支付的现金		
分配股利、利润或偿付利息支付的现金		
支付其他与筹资活动有关的现金		
筹资活动现金流出小计		
筹资活动产生的现金流量净额		
四、汇率变动对现金及现金等价物的影响		
五、现金及现金等价物净增加额		
加：期初现金及现金等价物余额		
六、期末现金及现金等价物余额		

二、现金流量表的编制

（一）现金流量表项目的填列方法

编制现金流量表时，填列经营活动现金流量的方法有直接法和间接法两种。

1. 直接法

直接法是指按现金收入和现金支出的主要类别直接反映企业经营活动产生的现金流量，如销售商品、提供劳务收到的现金；购买商品、接受劳务支付的现金等，就是按现金收入和支出的类别直接反映的。在直接法下，一般是以利润表中的营业收入为起算点，调节与经营活动有关项目的增减变动，然后计算出经营活动产生的现金流量。直接法具体可以分为工作底稿法、T形账户法和综合分析法三种方法。

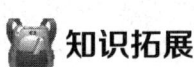 **知识拓展**

工作底稿法、T形账户法和综合分析法的具体步骤

2. 间接法

间接法是指以净利润为起算点，调整不涉及现金的收入、费用、营业外收支等有关项目，剔除投资活动、筹资活动对现金流量的影响，据此计算出经营活动产生的现金流量。

由于净利润是按照权责发生制原则确定的，且包括了与投资活动和筹资活动相关的收益和费用，将净利润调节为经营活动现金流量，实际上就是将按权责发生制原则确定的净利润调整为现金净流入，并剔除投资活动和筹资活动对现金流量的影响。

基本步骤如下：

第一步，将报告期利润表中的净利润调整为经营活动产生的现金流量；

第二步，分析调整不涉及现金收支的重大投资和筹资活动项目；

第三步，分析调整现金及现金等价物净变动情况；

第四步，编制正式的现金流量表补充资料，可采用工作底稿法或 T 型账户法，也可以根据有关会计科目记录分析填列。

采用直接法编制的现金流量表，便于分析企业经营活动产生的现金流量的来源和用途，预测企业现金流量的未来前景；而采用间接法不易做到这一点。

企业会计准则规定，企业应当采用直接法编报现金流量表，同时要求在附注中提供以净利润为基础调节的经营活动现金流量的信息，也就是用间接法来计算经营活动的现金流量。

在编制现金流量表时需要填列每个项目的"本期金额"栏和"上期金额"栏。其中"上期金额"栏内各项目的填列，应根据上年该期现金流量表的"本期金额"栏所列金额填列。"本期金额"栏的填列方法如表 12-8 所示。

表 12-8　现金流量表主要项目填列方法汇总

报表项目	内容	填列方法
一、经营活动产生的现金流量		
销售商品、提供劳务收到的现金	反映企业本期销售商品、提供劳务收到的现金，以及前期销售商品、提供劳务本期收到的现金（包括应向购买者收取的增值税销项税额）和本期预收的款项，减去本期销售本期退回商品和前期销售本期退回商品支付的现金。企业销售材料和代购代销业务收到的现金，也在本项目反映	销售商品、提供劳务收到的现金 = 本期销售商品、提供劳务本期收到的现金 + 前期销售商品、提供劳务本期收到的现金 + 本期预收账款-因商品退货造成的本期支付的现金 + 收回以前的坏账
收到的税费返还	反映企业收到返还的所得税、增值税、消费税、关税和教育费附加等各种税费返还款	根据"库存现金""银行存款""税金及附加""营业外收入"等科目记录分析填列
收到其他与经营活动有关的现金	所有属于经营活动范畴但不属于以上内容的现金流入均在此列示，如罚款收入、流动资产损失中由个人赔偿的现金收入、经营租赁收到的现金等	根据"库存现金""银行存款""管理费用""营业费用"等科目的记录分析填列
购买商品、接受劳务支付的现金	反映企业本期购买商品、接受劳务实际支付的现金（包括增值税进项税额），以及本期支付前期购买商品、接受劳务的未付款项和本期预付款项，减去本期发生的购货退回收到的现金。企业购买材料和代购代销业务支付的现金，也在本项目反映	"购买商品、接受劳务支付的现金" = 本期购入商品、接受劳务本期支付的现金 + 前期购入商品、接受劳务本期支付的现金 + 本期预付款项-本期发生的因购货退回收到的现金
支付给职工以及为职工支付的现金	反映企业实际支付给职工的工资、奖金、各种津贴和补贴等职工薪酬（包括代扣代缴的职工个人所得税）。不包括：①支付的离退休人员的各项费用(此内容应记入经营活动中的其他支出项)；②支付给在建工程人员的现金(此内容应记入投资活动中的购建固定资产项)。	根据"库存现金""银行存款""应付职工薪酬"等科目的记录分析填列

（续表）

报表项目	内容	填列方法
支付的各项税费	除记入固定资产价值的实际支付的耕地占用税不列入此项目外，其他兑现的税费均应列入此项目，反映企业发生并支付、前期发生本期支付及预交的各项税费，包括所得税、增值税、消费税、印花税、房产税、土地增值税、车船税、教育费附加等	根据"应交税费""库存现金""银行存款"等科目分析填列
支付其他与经营活动有关的现金	所有属于经营活动范畴但不属于上述内容的现金支付均在此列示，如罚款支出，支付的差旅费、业务招待费、保险费以及经营租赁支付的现金等	根据有关科目的记录分析填列
二、投资活动产生的现金流量		
收回投资收到的现金	反映企业出售、转让或到期收回除现金等价物以外的对其他企业长期股权投资等收到的现金，但处置子公司及其他营业单位收到的现金净额除外	收回投资收到的现金，反映企业通过出售转让或到期收回除现金等价物以外的交易性金融资产收到的现金 + 处置长期股权投资收到的现金 + 收回债权投资本金而收到的现金（不包括债权投资收回的利息）
取得投资收益收到的现金	反映企业因股权性投资及债权性投资而取得的现金股利、利息，以及从子公司、联营企业和合营企业分回利润而收到的现金	根据"应收股利""应收利息""投资收益""库存现金""银行存款"等科目的记录分析填列
处置固定资产、无形资产和其他长期资产收回的现金净额	反映企业处置固定资产、无形资产和其他长期资产所取得的现金（包括因资产毁损而收到的保险赔偿收入），扣除为处置这些资产而支付的有关费用后的净额	根据"固定资产""固定资产清理""无形资产""营业外收入""营业外支出"等科目记录分析填列
处置子公司及其他营业单位收到的现金净额	反映企业处置子公司及其他营业单位所取得的现金，减去相关处置费用，以及子公司及其他营业单位持有的现金和现金等价物后的净额	根据"长期股权投资""银行存款""库存现金"等科目的记录分析填列
收到其他与投资活动有关的现金	反映企业除上述各项目外，收到的其他与投资活动有关的现金	根据有关科目的记录分析填列
购建固定资产、无形资产和其他长期资产支付的现金	反映企业购建固定资产，取得无形资产和其他长期资产所支付的现金，不包括：①购建固定资产而发生的借款利息资本化的部分（应记入筹资活动中的利息支付项）；②融资租入固定资产支付的租赁费（应记入筹资活动中的其他支付项）。企业以分期付款方式购建的固定资产，其首次付款支付的现金列入此项，以后各期支付的现金列入筹资活动的其他支付项	根据"固定资产""在建工程""工程物资""无形资产""库存现金""银行存款"等科目的记录分析填列
投资支付的现金	反映企业进行权益性投资和债权投资支付的现金，包括企业取得除现金等价物外的短期股票投资、短期债券投资、长期股权投资、债权投资支付的现金，以及支付的佣金、手续费等附加费用。企业购买股票和债券时，实际支付的价款中包含的已宣告而尚未领取的现金股利或已到期尚未领取的债券利息，应列在投资活动中的"支付的其他与投资活动有关的现金"项目中。收回购买股票和债券支付的已宣告而尚未领取的现金股利或已到期尚未领取的债券利息，应列在投资活动中的"收到的其他与投资活动有关的现金"项目中	根据"以公允价值计量且其变动记入当期损益的金融资产""长期股权投资"等科目的记录分析填列

（续表）

报表项目	内容	填列方法
取得子公司及其他营业单位支付的现金净额	反映企业购买子公司及其他营业单位购买出价中以现金支付的部分，减去子公司及其他营业单位持有的现金和现金等价物后的净额	根据"长期股权投资""库存现金""银行存款"等科目的记录分析填列
支付其他与投资活动有关的现金	反映企业除上述各项目外，支付的其他与投资活动有关的现金	根据有关科目的记录分析填列
三、筹资活动产生的现金流量		
吸收投资收到的现金	反映企业收到的投资者投入的现金，包括以发行股票、债券方式筹集的资金实际收到款项净额（发行收入减去支付的佣金等发行费用后的净额）。由企业直接支付的审计咨询等费用，在"支付的其他与筹资活动有关的现金"项目中反映，不能从这里扣除	根据"实收资本（或股本）""资本公积""库存现金""银行存款"等科目的记录分析填列
取得借款收到的现金	反映企业举借各种短期、长期借款而收到的现金	根据"短期借款""长期借款""以公允价值计量且其变动记入当期损益的金融负债""应付债券""库存现金""银行存款"等科目的记录分析填列
收到的其他与筹资活动有关的现金	反映企业除上述各项目外，收到的其他与筹资活动有关的现金，如接受的现金捐赠	根据有关科目的记录分析填列
偿还债务支付的现金	反映企业偿还债务本金所支付的现金，包括偿还金融企业的借款本金、偿还债券本金等。企业支付的借款利息和债券利息在"分配股利、利润或偿付利息支付的现金"项目反映，不包括在本项目内	根据"短期借款""长期借款""以公允价值计量且其变动记入当期损益的金融负债""应付债券""库存现金""银行存款"等科目的记录分析填列
分配股利、利润或偿付利息支付的现金	反映企业实际支付的现金股利、支付给其他投资单位的利润或用现金支付的借款利息、债券利息。不同用途的借款，其利息的开支渠道不一样，如在建工程、制造费用、财务费用等，均在本项目中反映	根据"应付股利""应付利息""在建工程""制造费用""研发支出""财务费用"等科目的记录分析填列
支付其他与筹资活动有关的现金	反映企业除上述各项目外，支付的其他与筹资活动有关的现金	根据有关科目的记录分析填列
四、汇率变动对现金及现金等价物的影响	反映下列两个金额之间的差额： 企业外币现金流量折算为记账本位币时，采用现金流量发生日的即期汇率或按照系统合理的方法确定的、与现金流量发生日即期汇率近似的汇率折算的金额（编制合并现金流量表时折算境外子公司的现金流量，应当比照处理）。 企业外币现金及现金等价物净增加额按资产负债表日即期汇率折算的金额	根据有关科目的记录分析填列

 知识拓展

"现金流量表"的补充资料

（二）现金流量表编制应用

【业务 12-3】　卡纳公司 2024 年 11 月有关资料如下。

（1）本期产品销售收入 500 00 元；应收账款期初余额 20 000 元，期末余额 70 000 元；本期预收的货款 10 000 元。

（2）本期用银行存款支付购买原材料货款 180 000 元；用银行存款支付工程用物资货款 164 000 元；本期购买原材料预付货款 30 000 元。

（3）本期从银行提取现金 88 000 元，用于发放工资。

（4）本期实际支付工资 80 000 元，各种奖金 8 000 元。其中经营人员工资 56 000 元，奖金 6 000 元，在建工程人员工资 24 000 元，奖金 2 000 元。

（5）期初未交所得税为 4 000 元，本期发生的应交所得税 13 200 元，期末未交所得税为 1 200 元。

要求根据上述资料，计算卡纳公司现金流量表中下列项目的金额，计算过程如下：

① "销售商品、提供劳务收到的现金"项目 = 500 000 +（20 000 - 70 000）+ 10 000 = 460 000（元）

② "购买商品、接受劳务支付的现金"项目 = 180 000 + 30 000 = 210 000（元）

③ "支付给职工以及为职工支付的现金"项目 = 56 000 + 6 000 = 62 000（元）

④ "支付的各种税费"项目 = 4 000 + 13 200 - 1 200 = 16 000（元）

⑤ "购建固定资产、无形资产和其他长期资产所支付的现金"项目 = 24 000 + 2 000 + 164 000 = 190 000（元）

 知识拓展

所有者权益变动表的结构及应列示的信息

任务四　财务报表附注

 任务导读

财务报告附注包含会计政策、重要会计估计、重大交易及其他重要信息等内容，在增强企业财务信息的透明度、提高同类企业会计信息的可比性、缓解财务报表信息披露压力、增强财务报告体系的灵活性和保持原有报告模式的需要方面发挥着重要作用。

一、附注的概述

附注是对在资产负债表、利润表、现金流量表和所有者权益变动表等报表中列示项目的文字描述或明细资料，以及对未能在这些报表中列示项目的说明等。主要起到以下的作用：

第一，附注的编制和披露，是对资产负债表、利润表、现金流量表和所有者权益变动表列示项目含义的补充说明，以帮助财务报表使用者更准确地把握其含义。

第二，附注提供了对资产负债表、利润表、现金流量表和所有者权益变动表中未列示项目的详细或明细说明。

第三，通过附注与资产负债表、利润表、所有者权益变动表和现金流量表等报表中列示项目的相互参照关系，以及对未能在这些报表中列示项目的说明，可以使得财务报表使用者全面了解企业的财务状况、经营成果、现金流量及所有者权益的情况。

二、附注的主要内容

附注是财务报表的主要组成部分，附注一般按照下列顺序披露。

（一）企业的基本情况

企业的基本情况包括如下内容。

- 企业注册地、组织形式和总部地址。
- 企业的业务性质和主要经营活动。
- 母公司及集团最终母公司的名称。
- 财务报告的批准报出者和财务报告批准报出日，或者以签字人及其签字日期为准。
- 营业期限有限的企业，还应当披露有关其营业期限的信息。

（二）财务报表的编制基础

财务报表的编制基础是指财务报表是在持续经营基础上还是非持续经营基础上编制的。企业一般是在持续经营基础上编制财务报表，清算、破产属于非持续经营基础。

（三）遵循企业会计准则的声明

企业应当声明编制的财务报表符合企业会计准则的要求，真实、完整地反映企业的财务状况、经营成果和现金流量等有关信息，以此明确企业编制财务报表所依据的制度基础。

（四）重要会计政策和会计估计

企业应当披露采用的重要会计政策和会计估计，不重要的会计政策和会计估计可以不披露。在披露重要会计政策和会计估计时，应当披露重要会计政策的确定依据和财务报表项目的计量基础，以及会计估计中所采用的关键假设和不确定因素。

（五）会计政策和会计估计变更及差错更正的说明

企业应当按照会计政策、会计估计变更和差错更正的会计准则的规定，披露会计政策、会计估计变更和差错更正的有关情况。

（六）报表重要项目的说明

企业对报表重要项目的说明，应当按照资产负债表、利润表、现金流量表、所有者权益变动表及其项目列示的顺序，采用文字和数字描述相结合的方式进行披露。报表重要项目的明细金额合计，应当与报表项目金额相衔接，主要包括以下主要项目：应收款项、存货、长期股权投资、投资性房地产、固定资产、无形资产、职工薪酬、应交税费、短期借款和长期借款、应付债券、营业收入、公允价值变动收益、投资收益、资产减值损失，营业外收入、营业外支出、所得税费用、其他综合收益、政府补助、借款费用。

（七）或有和承诺事项、资产负债表日后非调整事项、关联方关系及其交易等需要说明的事项

（八）有助于财务报表使用者评价企业管理资本的目标、政策及程序的信息

 **素养天地**

会计人员职业道德规范

一、坚持诚信，守法奉公。牢固树立诚信理念，以诚立身、以信立业，严于律己、心存敬畏。学法知法守法，公私分明、克己奉公，树立良好职业形象，维护会计行业声誉。

二、坚持准则，守责敬业。严格执行准则制度，保证会计信息真实完整。勤勉尽责、爱岗敬业，忠于职守、敢于斗争，自觉抵制会计造假行为，维护国家财经纪律和经济秩序。

三、坚持学习，守正创新。始终秉持专业精神，勤于学习、锐意进取，持续提升会计专业能力。不断适应新形势新要求，与时俱进、开拓创新，努力推动会计事业高质量发展。

会计人员职业道德规范对于加强会计人员队伍建设、提升会计信息质量具有重要意义。

 知识拓展

案例讨论

知识测试

一、单选题

1. 企业应当按照收付实现制编制的财务报表是（　　）。

A. 资产负债表　　　　　　　　　　B. 利润表

C. 现金流量表　　　　　　　　　　D. 所有者权益变动表

2. 企业以下哪项活动不形成企业的现金流入（　　）。

A. 销售商品　　　　　　　　　　　B. 提供劳务

C. 出售固定资产　　　　　　　　　D. 从银行提取现金

3. 以下应在"取得投资收益收到的现金"项目下反映的是（　　）。

A. 发行股票　　　　　　　　　　　B. 发行债券

C. 长期借款　　　　　　　　　　　D. 取得现金股利

4. 下列各项中，会引起现金流量净额发生变动的是（　　）。

A. 从银行提取现金　　　　　　　　B. 生产领用原材料

C. 以银行存款偿还应付账款　　　　D. 以设备抵偿债务

5. 下列经济业务所产生的现金流量中，属于"经营活动产生的现金流量"的是（　　）。

A．变卖固定资产所产生的现金流量

B．偿还债务所产生的现金流量

C．支付经营租赁费所产生的现金流量

D．取得债券利息收入所产生的现金流量

二、多选题

1．下列各项中，属于筹资活动的有（　　　）。

A．发行股票　　　　　　　　　　　B．分配股利

C．取得长期借款　　　　　　　　　D．取得长期股权投资

2．货币资金是指企业生产经营过程中处于货币形态的资产，包括（　　　）。

A．库存现金

B．银行存款

C．其他货币资金

D．银行存款中不能随时支取的定期存款

3．以下属于现金的有（　　　）。

A．外埠存款　　　　　　　　　　　B．银行汇票存款

C．提前通知金融企业便可支取的定期存款　　D．银行本票存款

4．现金流量表的作用，具体可以体现在（　　　）。

A．现金流量表有助于评价企业的支付能力、偿债能力和资金周转能力

B．现金流量表有助于预测企业未来的现金流量

C．现金流量表有助于分析企业的收益质量

D．可以通过现金流量表对投资活动和筹资活动做出评价

5．下列各项，属于现金流量表中现金及现金等价物的有（　　　）。

A．库存现金　　　　　　　　　　　B．其他货币资金

C．3 个月内到期的债券投资　　　　D．可随时支付的银行存款

三、判断题

1．本期从银行提取现金 33 000 元，用于发放工资。该项活动会产生现金的流入。

（　　　）

2．用银行存款购买两个月内到期的国债投资不会使现金流量表中现金流量发生增减变动。

（　　　）

3．转让无形资产所有权收到的现金属于现金流量表中投资活动产生的现金流。

（　　　）

4．银行存款中不能随时支取的定期存款等，不应作为现金，而应列作投资。

（　　　）

5．企业用现金购买将于 3 个月内到期的国库券，该项活动不会形成现金流量。

（　　　）

项目训练

一、嘉兴公司 2024 年 12 月末总账科目余额如表 12-9 所示。

表 12-9　嘉兴公司总账科目余额表　　　　　　　　　　　　单位：元

科目名称	借方余额	贷方余额	科目名称	借方余额	贷方余额
库存现金	15 600		累计折旧		1 256 000
银行存款	215 000		固定资产减值准备		53 000
其他货币资金	30 500		无形资产	1 903 000	
应收账款	2 224 500		累计摊销		260 000
坏账准备		105 000	应付账款		1 698 000
预付账款	1 260 000		预收账款		862 000
在途物资	350 000		应付职工薪酬		52 000
原材料	680 000		应交税费	126 000	
周转材料	89 000		长期借款		2 500 000
库存商品	893 000		实收资本		5 580 000
存货跌价准备		130 000	资本公积		20 000
生产成本	268 000		盈余公积		1 400 000
长期股权投资	1 000 000		本年利润		2 398 600
固定资产	6 580 000		利润分配	680 000	

备注："应交税费"借方余额 126 000 元为其明细账科目"未交增值税"的期末余额。

月末部分明细账余额资料如下：

（1）"应收账款"明细账科目借方余额合计为 2 878 500 元。

（2）"应收账款"明细账科目贷方余额合计为 654 000 元。

（3）"预付账款"明细账科目借方余额合计为 1 710 000 元。

（4）"预付账款"明细账科目贷方余额合计为 450 000 元。

（5）"应付账款"明细账科目借方余额合计为 360 000 元。

（6）"应付账款"明细账科目贷方余额合计为 2 058 000 元。

（7）"预收账款"明细账科目借方余额合计为 260 000 元。

（8）"预收账款"明细账科目贷方余额合计为 1 122 000 元。

（9）"坏账准备"科目余额 105 000 元均为"应收账款"计提的坏账准备。

（10）"长期借款"科目余额中，有 1 000 000 元将于 1 年内到期。

要求：根据上述资料填列资产负债信息至表 12-10 中。

表 12-10　嘉兴公司资产负债信息简表　　　　　　　　　　单位：元

科目名称	余　额
货币资金	
应收账款	
预付账款	
存货	

（续表）

科目名称	余　额
其他流动资产	
长期股权投资	
固定资产	
无形资产	
应付账款	
预收账款	
长期借款	
未分配利润	

二、华凌公司 2024 年 12 月末总账科目余额如表 12-11 所示。

表 12-11　华凌公司总账科目余额表　　　　　　　　单位：元

科目名称	借方余额	贷方余额	科目名称	借方余额	贷方余额
库存现金	23 400		累计折旧		2 253 000
银行存款	328 000		固定资产减值准备		53 000
其他货币资金	15 980		无形资产	860 000	
应收账款	4 256 000		累计摊销		380 000
坏账准备		98 000	长期待摊费用	300 000	
预付账款	2 610 000				
在途物资	260 000		应付账款		2 986 000
原材料	860 000		预收账款		986 000
周转材料	98 000		应交税费	96 000	
库存商品	398 000		长期借款		2 000 000
存货跌价准备		120 000	实收资本		6 000 000
生产成本	138 000		资本公积		27 380
长期股权投资	1 500 000		盈余公积		1 500 000
固定资产	6 800 000		本年利润		1 260 000
			利润分配		880 000

月末部分明细账科目余额资料如下：

（1）"应收账款"明细账科目借方余额合计为 4 890 000 元。

（2）"应收账款"明细账科目贷方余额合计为 634 000 元。

（3）"预付账款"明细账科目借方余额合计为 3 200 000 元。

（4）"预付账款"明细账科目方余额合计为 590 000 元。

（5）"应付账款"明细账科目借方余额合计为 514 000 元。

（6）"应付账款"明细账科目贷方余额合计为 3 500 000 元。

（7）"预收账款"明细账科目借方余额合计为 664 000 元。

（8）"预收账款"明细账科目贷方余额合计为 1 650 000 元。

（9）"坏账准备"科目余额 98 000 元均为"应收账款"计提的坏账准备。

（10）"长期待摊费用"科目余额中，有 100 000 元将于 1 年内摊销完毕。

（11）"长期借款"科目余额中，有 800 000 元将于 1 年内到期。

要求：根据上述资料，编制资产负债表，填入表 12-12 中。

表 12-12　资产负债表　　　　　　　　　　会计 01 表

单位名称：　　　　　　　　　　　　年　　月　　　　　　　　　　　　　单位：元

资　　产	期末余额	年初余额（略）	负债和所有者权益（或股东权益）	期末余额	年初余额（略）
流动资产：			流动负债：		
货币资金			短期借款		
交易性金融资产			交易性金融负债		
衍生金融资产			衍生金融负债		
应收票据			应付票据		
应收账款			应付账款		
应收款项融资			预收款项		
预付款项			合同负债		
其他应收款			应付职工薪酬		
存货			应交税费		
合同资产			其他应付款		
有待售的资产			持有待售的负债		
一年内非到期的流动资产			一年内到期的非流动负债		
其他流动资产			其他流动负债		
流动资产合计			流动负债合计		
非流动资产：			非流动负债：		
债权投资			长期借款		
其他债权投资			应付债券		
长期应收款			其中：优先股		
长期股权投资			永续债		
其他权益工具投资			租赁负债		
其他非流动金融资产			长期应付款		
投资性房地产			预计负债		
固定资产			递延收益		
在建工程			递延所得税负债		
生产性生物资产			其他非流动负债		
汽油资产			非流动负债合计		
使用权资产			负债合计		
无形资产			所有者权益（或股东权益）：		

（续表）

资　产	期末余额	年初余额（略）	负债和所有者权益（或股东权益）	期末余额	年初余额（略）
开发支出			实收资本（或股本）		
商誉			其他权益工具		
长期待摊费用			其中：优先股		
递延所得税资产			永续债		
其他非流动资产			资本公积		
非流动资产合计			减：库存股		
			其他综合收益		
			专项储备		
			盈余公积		
			未分配利润		
			所有者权益（或股东权益）合计		
资产总计			负债和所有者权益（或股东权益）总计		

三、嘉兴公司 2024 年 12 月末有关损益类科目余额如表 12-13 所示。

表 12-13　嘉兴公司损益类科目余额表　　　　　　　　　　单位：元

科目名称	借方余额	贷方余额
主营业务收入		9 200 000
其他业务收入		500 000
公允价值变动损益		350 000
投资收益		1 000 000
营业外收入		90 000
主营业务成本	6 000 000	
其他业务成本	370 000	
税金及附加	90 000	
管理费用	570 000	
销售费用	300 000	
财务费用	310 000	
信用减值损失	190 000	
资产减值损失	100 000	
营业外支出	120 000	
所得税费用	708 600	

备注："财务费用"中，利息费用 180 000 元；"利息收入" 70 000 元。

要求：根据损益类科目余额表，编制简易利润表，填入表 12-14。

表 12-14　利润表（简易） 会计 02 表

编制单位： 年　月 单位：元

项　　目	本期累计金额
一、营业收入	
减：营业成本	
税金及附加	
销售费用	
管理费用	
财务费用	
其中：利息费用	
利息收入	
加：其他收益	
投资收益（损失以"－"号填列）	
其中：对联营企业和合营企业的投资收益	
以摊余成本计量的金融资产终止确认收益（损失以"－"号填列）	
净敞口套期收益（损失以"－"号填列）	
公允价值变动收益（损失以"－"填列）	
信用减值损失（损失以"－"填列）	
资产减值损失（损失以"－"填列）	
资产处置收益（损失以"－"号填列）	
二、营业利润（亏损以"－"号填列）	
加：营业外收入	
减：营业外支出	
三、利润总额（亏损以"－"号填列）	
减：所得税费用	
四、净利润（净亏损以"－"号填列）	
五、其他综合收益的税后净额	
六、综合收益总额	
七、每股收益	

项目十三
大数据在财务会计中的应用

知识目标

了解信息化环境下账务处理的基本要求；

熟悉信息化环境下账务处理的流程；

了解财务共享服务中心的功能和作用；

了解财务机器人和大数据在财务会计中的应用。

技能目标

学会信息化环境下账务处理的流程；懂得财务共享服务中心的功能和作用；懂得财务机器人和大数据在财务会计中的应用。

素养目标

培养大数据思维和创新思维。

 知识导图

大数据在财务会计中的应用 ┤ 云财务会计平台的介绍 ┤ 信息化环境下账务处理的基本要求
信息化环境下账务处理的流程

大数据在财务会计中的应用 ┤ 财务共享服务中心概述
财务机器人和大数据在财务会计中的应用

任务一　云财务会计平台的介绍

一、信息化环境下账务处理的基本要求

在信息化时代，企业的账务处理发生了根本性的变革。信息化环境为账务处理带来了高效、便捷和精准的优势，但同时也对账务处理提出了一系列新的要求。

1. 数据的准确性和完整性

在输入各类财务数据时，必须确保其来源可靠、真实无误。这包括业务交易数据、凭证信息、账户余额等。任何错误或不完整的数据都可能导致财务报表的偏差，影响决策的科学性。为了保证数据的准确性，需要建立严格的数据录入规范和审核机制。录入人员应

经过专业培训，熟悉业务流程和财务知识，能够准确判断和输入数据。审核人员则要对录入的数据进行仔细核查，及时发现并纠正错误。此外还要对数据进行完整性校验，防止数据缺失或遗漏。

2．数据的安全性

信息化账务处理涉及大量敏感的财务信息，如企业的资金流动、成本结构、盈利状况等。必须采取有效的安全措施来防止数据泄露、篡改或丢失。具体措施包括但不限于如下内容。

- 设置严格的用户权限管理，限制不同用户对账务数据的操作权限，只有经过授权的人员能够访问和操作相关数据。
- 采用加密技术对数据进行加密传输和存储，确保数据在网络中的安全性。
- 建立完善的备份和恢复机制，以应对可能出现的系统故障、自然灾害等突发情况，保障数据的可用性。
- 安装防火墙、杀毒软件等安全防护措施，抵御网络攻击。

3．良好的兼容性和集成性

企业通常会使用多个业务系统，如销售系统、采购系统、人力资源系统等。账务处理系统需要能够与这些系统进行无缝对接，实现数据的自动传输和共享。这样可以避免重复录入数据，减少人为错误，提高工作效率。同时，也便于从不同的业务角度对财务数据进行综合分析，为企业的管理决策提供更全面、准确的信息支持。

4．强大的实时处理能力

企业的经济活动是持续不断的，财务数据也在实时产生和变化。信息化系统应能够及时记录和处理这些数据，使企业管理层能够随时获取最新的财务信息，以便对企业的运营状况进行监控和决策。实时处理能力不仅要求系统的硬件和软件性能优越，还需要优化的数据处理算法和流程，以确保数据处理的高效性。

5．账务处理的合规性

企业必须遵守相关的财务法规、税收政策和会计准则，账务处理系统应能够根据这些规定进行设置和控制，账务处理的流程和结果必须符合相关的财务法规和会计准则。例如，系统应能够自动生成合规的财务报表，并对不符合规定的操作进行提示和限制。

6．文档记录和审计追踪功能

每一笔财务业务的处理过程都应被详细记录，包括操作时间、操作人员、操作内容等。这样便于日后的查询、审计和问题追溯。审计追踪功能可以帮助企业发现潜在的风险和错误，加强内部控制，保障企业的财务安全。

7．系统的维护和升级

随着企业业务的发展和法规政策的变化，账务处理系统需要不断进行优化和完善。定期的系统维护可以保证系统的稳定运行，及时解决可能出现的故障和漏洞。同时，及时的升级可以使系统适应新的业务需求和法规要求，保持其先进性和有效性。

8．人员素质的提升

财务人员不仅要具备扎实的财务专业知识，还需要熟悉信息化账务处理系统的操作和应用。企业应定期组织培训，提高财务人员的信息化素养和业务能力，使其能够充分利用信息化工具提高工作效率和质量。

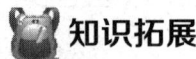 知识拓展

信息化环境概述

二、信息化环境下账务处理的流程

在当今信息化与数字化高速发展的时代，企业会计处理平台已迈入新型 ERP 系统阶段，这是基于 WEB 2.0 技术和云技术的新时代企业数字化管理服务平台，是企业面向未来的生态互联与协同体系，可以为企业提供便捷、易用的云服务，精细化地支持企业的财务管理、供应链管理、生产管理、供应链协同管理及人力资源管理等核心应用。

云 ERP 平台包含总账、固定资产、应收款管理、应付款管理、资金管理、出纳管理、费用报销、采购管理、销售管理、库存管理、存货核算、组织间结算、智能会计平台、报表和合并报表等模块，各模块系统的详细介绍如下。

1. 总账系统

总账系统以凭证处理为主线，提供凭证处理、自动转账、调汇、结转损益等会计核算功能，以及科目预算、科目计息、往来核算、现金流量表等财务管理功能，进行账簿报表的管理。通过智能会计平台与各个业务系统的无缝连接，实现数据共享。在此基础上，系统还提供了丰富的账簿和财务报表。该系统能够在集团内多法人情况下完成复杂的财务处理，提高财务工作效率。能够满足多会计准则及税务准则不同要求下的财务处理。既可以独立运行，又可以与报表、工资管理、现金管理、固定资产管理、应收款管理、应付款管理等模块共同使用，提供更完整、全面的财务管理解决方案。

总账系统的主要功能和业务流程如图 13-1 所示。

2. 固定资产

固定资产系统以资产卡片管理为中心，从资产购入企业开始到资产退出的整个生命周期的管理，能针对资产实物进行全程跟踪，能够记录、计量资产的价值变化，记录资产的使用情况和折旧费用的分配情况。实现资产管理工作的信息化、规范化与标准化管理，全面提升企业资产管理工作的工作效率与管理水平，使资产的管理变得轻松、准确、快捷和全面。

资产管理系统的主要功能和业务流程如图 13-2 所示。

3. 应收款管理

应收款管理系统通过应收款确认、到期收款、应收收款核销、应收开票核销、期末处理、报表分析达到对应收款的精细化管理。其中应收款确认分为对销售应收的确认和对其他应收的确认，而到期收款即为出纳管理系统的收款功能。该系统可以与总账系统、应付系统、报表系统、现金管理、费用管理等财务系统组成完整的财务解决方案，也可与采购管理系统、销售管理系统、仓库管理系统、存货核算管理系统一起组成完整的供应链解决方案。

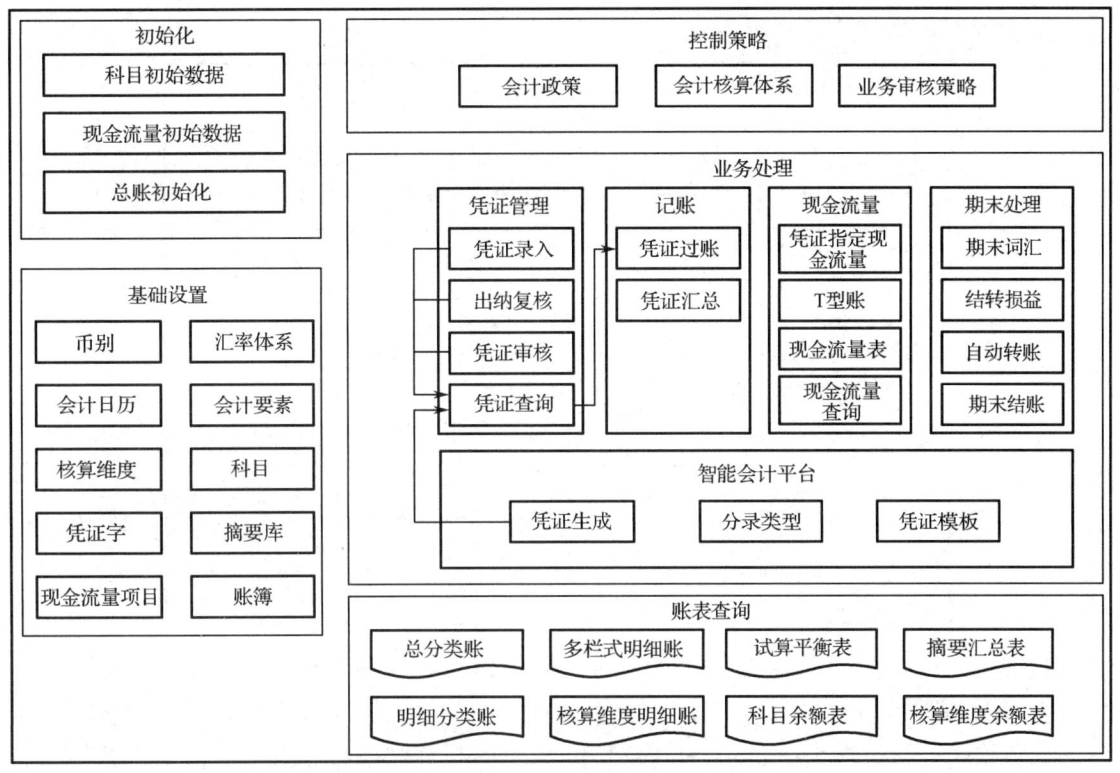

图 13-1　总账系统的主要功能和业务流程

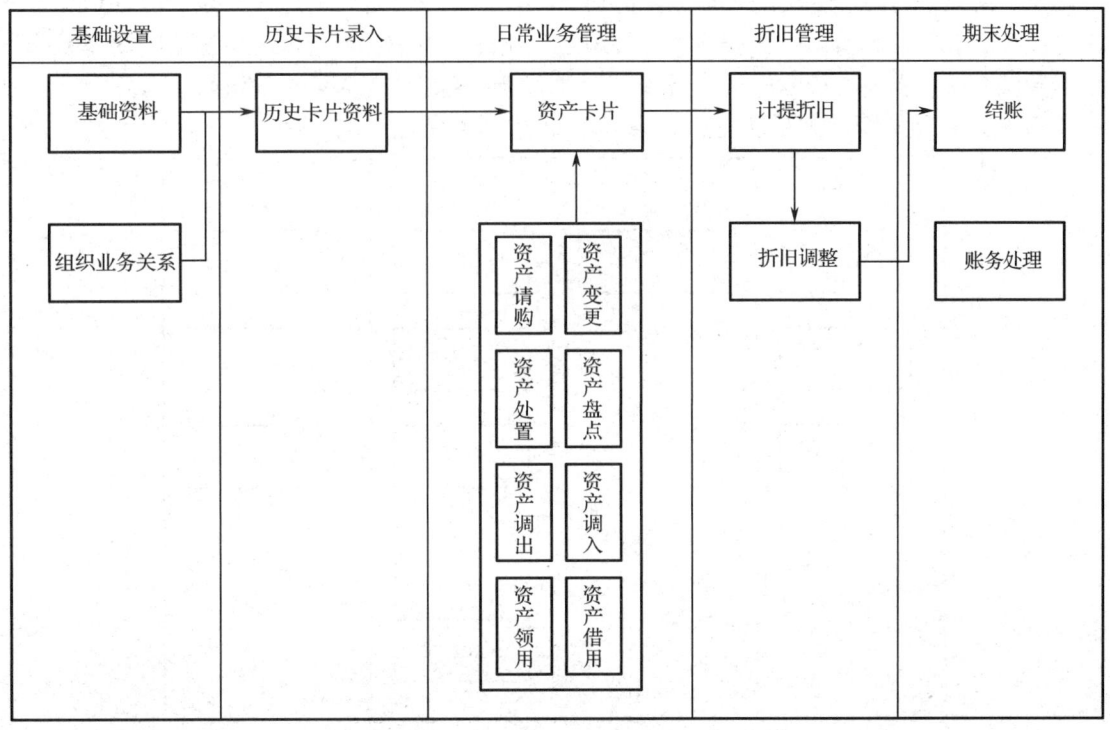

图 13-2　资产管理系统的主要功能和业务流程

应收款管理系统的主要业务流程如图 13-3 所示。

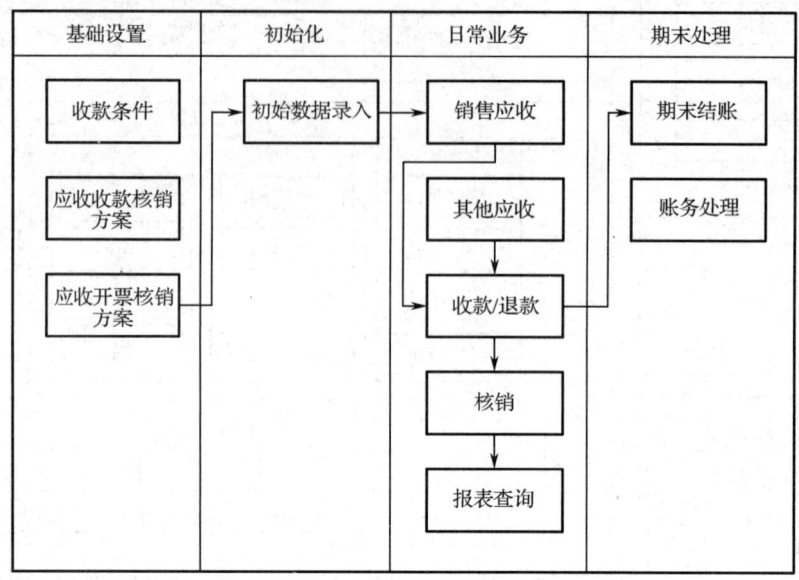

图 13-3　应收款管理系统的主要功能和业务流程

4. 应付款管理

应付款管理系统通过应付款确认、到期付款、应付付款核销、应付开票核销、期末处理、报表分析达到对应付款的精细化管理。其中应付款确认分为对采购应付的确认和对其他应付的确认，而到期付款即为出纳管理系统的付款功能。该系统可以与总账系统、应收系统、报表系统、现金管理、费用管理等财务系统组成完整的财务解决方案，也可与采购管理系统、销售管理系统、仓库管理系统、存货核算管理系统一起组成完整的供应链解决方案。

应付款管理系统的主要功能和业务流程如图 13-4 所示。

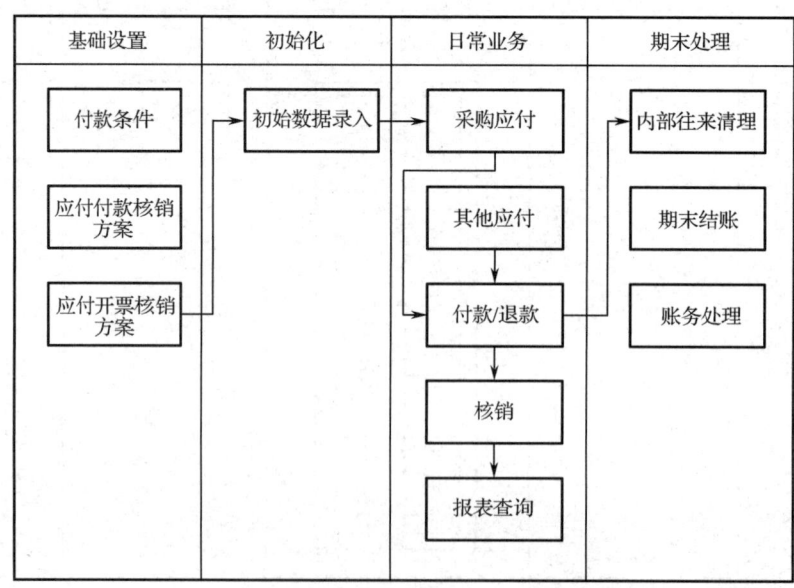

图 13-4　应付款管理系统的主要功能和业务流程

5. 资金管理

资金管理系统是企业建立资金集中管理和资金集中监控的平台，可以实现账户集中管控和实时监控，并实现收支两条线的资金管理。通过资金收支两条线管理，加强对下属公司资金的监控，盘活企业存量资金，提高资金使用效率和使用效果，并降低资金运作成本和风险，保证资金安全。

6. 出纳管理

出纳管理系统是出纳人员的工作平台，支持企业出纳人员在系统中完成所有相关的货币资金、票据，以及有价证券的收付、保管、核算等日常工作，并提供出纳管理报表查询。

出纳管理系统的主要功能和流程如图 13-5 所示。

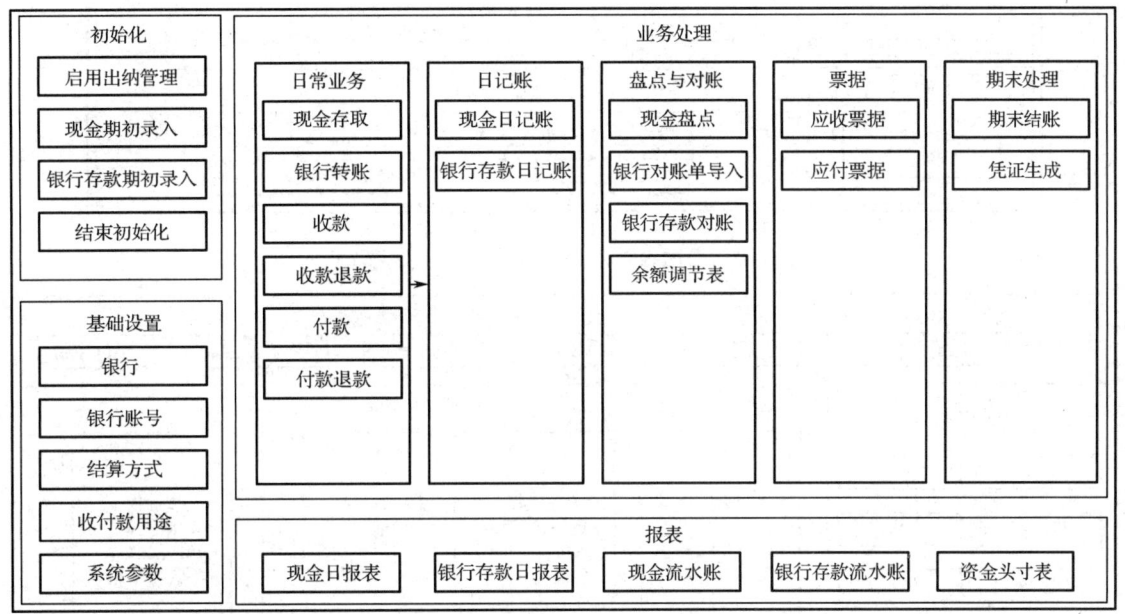

图 13-5　出纳管理系统的主要功能和业务流程

7. 费用报销

费用报销系统，面向企业全员及财务报销人员，提供完整的费用报销流程，支持从费用申请、借款到费用报销、退款，以及费用二次分配与移转业务。与出纳、应付系统无缝集成，精细化个人的往来管理，帮助企业费用合理统筹，防止浪费和不必要的支出。

费用报销系统的主要功能和流程如图 13-6 所示。

8. 采购管理

采购是指企业在一定的条件下从供应市场获取产品或服务作为企业资源，以保证企业生产及经营活动正常开展的一项企业经营活动。采购管理系统，是通过采购申请、采购订货、进料检验、仓库收料、采购退货、采购货源管理、订单管理等功能综合运用的管理系统，对采购商流和物流的全过程进行有效控制与跟踪，实现完善的企业物资供应管理。

采购管理系统的主要功能和业务流程如图 13-7 所示。

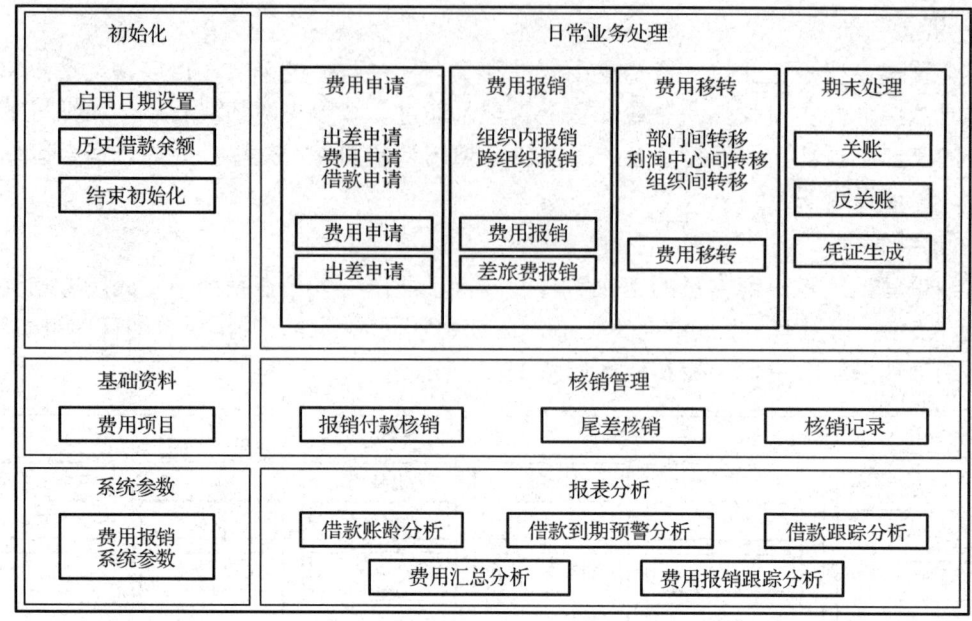

图 13-6　费用报销系统的主要功能和业务流程

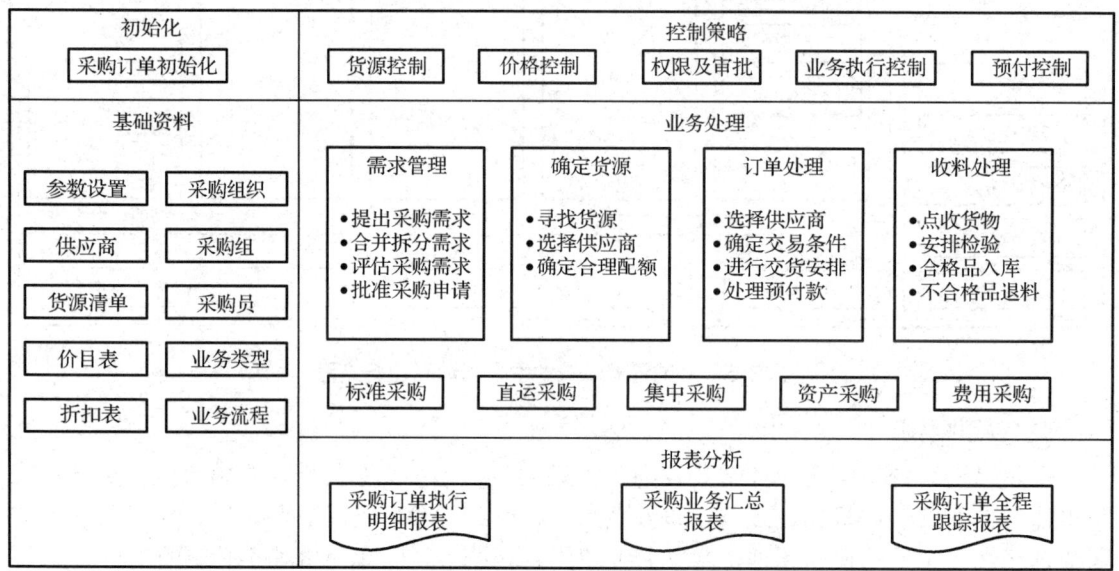

图 13-7　采购管理系统的主要功能和业务流程

9.　销售管理

销售活动是企业所有经营活动的起点，对企业的技术、生产、财务、人事等各项管理都有决定性的作用。销售管理系统，是对销售报价、销售订货、仓库发货、销售退货处理、客户管理、价格及折扣管理、订单管理、信用管理等功能综合运用的管理系统，通过对销售全过程进行有效控制和跟踪，实现缩短产品交货期、降低成本、提升企业经济效益的目标。

销售管理系统的主要功能和业务流程如图 13-8 所示。

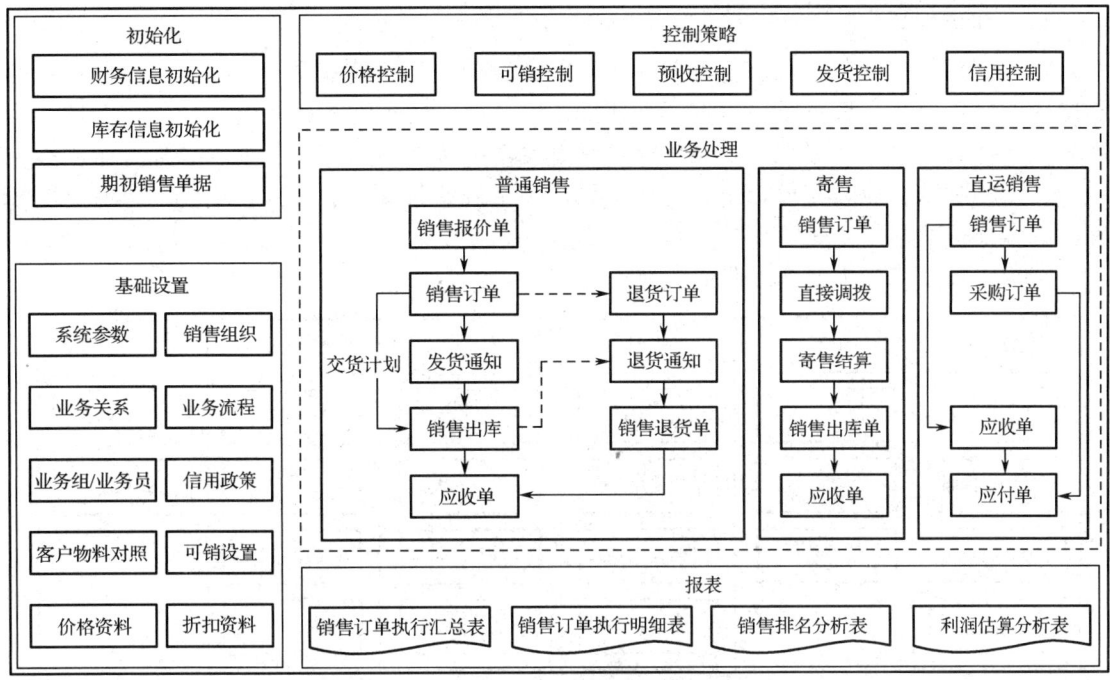

图 13-8 销售管理系统的主要功能和业务流程

10. 库存管理

库存管理是通过入库业务、出库业务、调拨、组装拆卸、库存调整等功能，结合批号保质期管理、库存盘点、即时库存管理等功能综合运用的管理系统，对仓存业务的物流和成本管理全过程进行有效控制和跟踪，实现完善的企业仓储信息管理。

库存管理系统的主要功能和业务流程如图 13-9 所示。

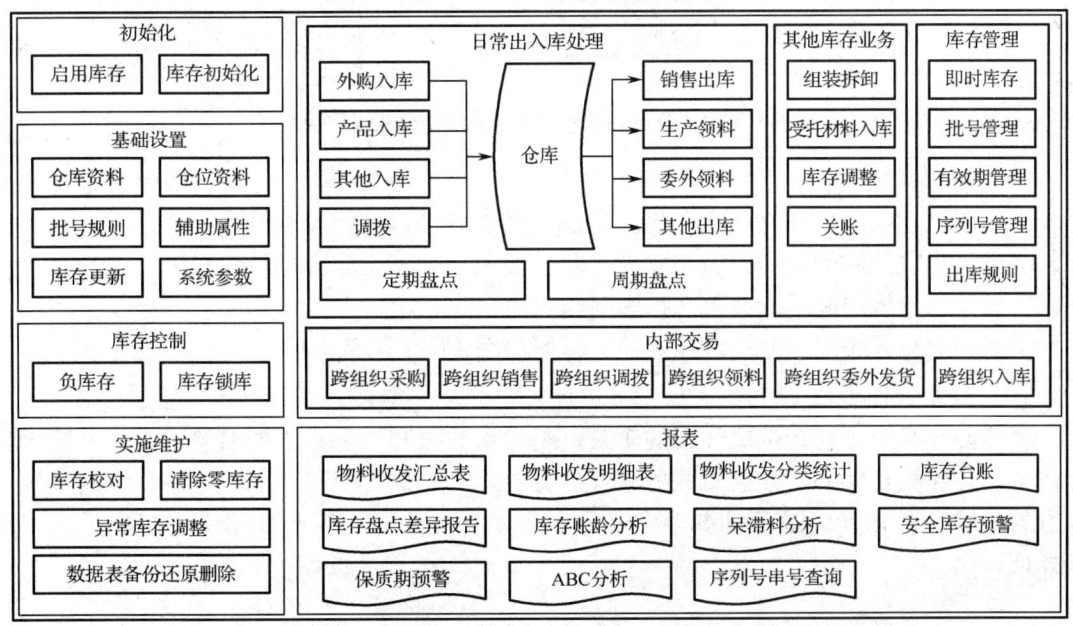

图 13-9 库存管理系统的主要功能和业务流程

11. 存货核算

存货核算是指企业存货价值（即成本）的计量，用于工商业企业存货出入库核算、存货出入库凭证处理、核算报表查询、期初期末库存余额处理及相关资料的维护。存货核算系统以支持多工厂、多组织、多会计核算制度灵活准确地核算存货成本为目标，通过与供应链、生产制造、应收应付、资产管理、总账等系统的无缝集成，为企业成本管理提供精确的成本分析数据。

存货核算系统的主要功能和业务流程如图 13-10 所示。

基础设置	初始化	存货核算	报表分析	账务处理	期末处理
组织机构（核算组织）	启用存货核算系统	入库应付自动勾稽	合法性检查报告	凭证生成	期末关联
会计核算体系	初始核算数据录入	采购费用分配	核算单据查询	凭证生成情况查询	期末结账
会计政策	存货核算初始化	采购入库核算	存货核算汇总报告	业务凭证查询	
参数设置		入库成本维护	存货核算明细报告	总账凭证查询	
核算范围		零成本批量维护	存货收发存汇总表		
物料计价方法		委外入库核算	存货收发存明细表		
物料计价方法变更		成本调整			
费用项目		出库成本核算			
		其他存货核算			

图 13-10 存货核算系统的主要功能和业务流程

12. 组织间结算

支持多组织之间内部交易和协作，组织间结算系统以跨组织交易的财务结算为系统目标，提供了集成的组织间结算业务支持，其主要内容包括组织间结算价目表、组织间结算关系、批量创建组织间结算清单和组织间结算清单。

组织间结算系统的主要功能和业务流程图如图 13-11 所示。

13. 智能会计平台

智能会计平台是自动生成凭证的工具，是业务数据与财务数据的对接平台，并通过会计政策、会计核算体系的架构对业务进行财务监控、分类、记账。智能记账平台的基本实现方式是对业务按会计政策的要求定义记账规则，对业务系统的单据生成业务凭证和总账凭证。

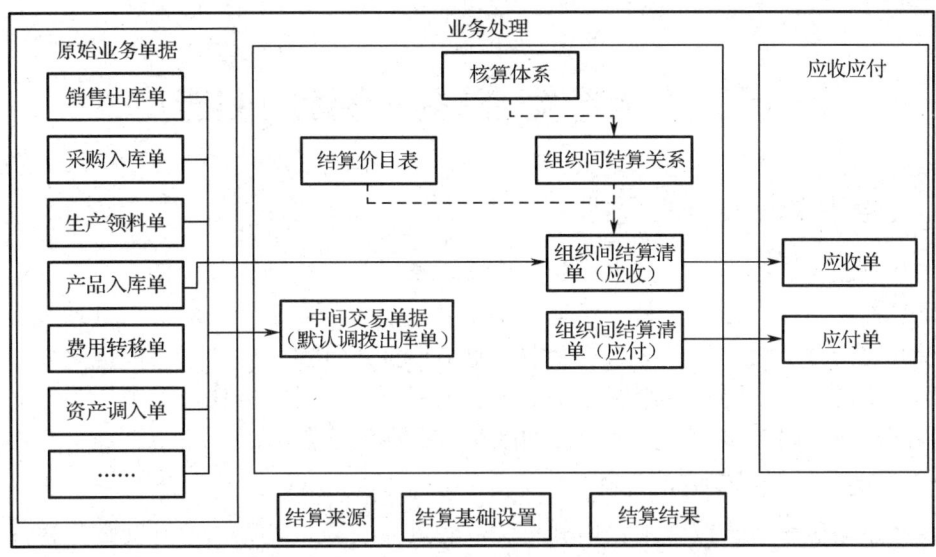

图 13-11　组织间结算系统的主要功能和业务流程

14. 报表

财务报表平台，基于类 Excel 报表编辑器，通过快速报表向导、灵活的取数公式，帮助用户快速、准确地编制企业对外会计报表及各类其他财务管理报表。

基于阿米巴经营模式的核心理念，报表系统包含阿米巴利润考核体系的构建，以及阿米巴利润报表的出具，支持从粗粒度核算组织（事业部）级到细粒度部门（成本中心）级的阿米巴利润表，满足企业逐步管理精细化的应用实际。

报表系统的主要功能和业务流程如图 13-12 所示。

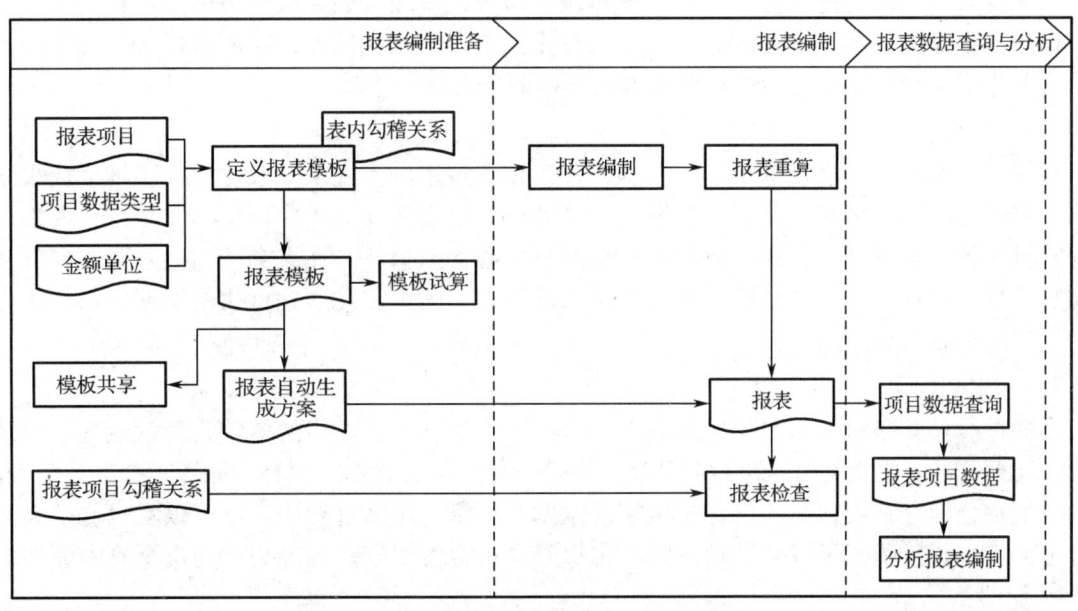

图 13-12　报表系统的主要功能和业务流程

任务二　大数据在财务会计中的应用

一、财务共享服务中心概述

财务共享服务中心是一种集中化管理模式，通过把不同地理位置的实体会计业务中共性的、重复性的、标准化的交易及管理控制活动，集中到内部专门的机构进行统一的、标准的、专业化的分工处理和营运，将企业的财务职能进行整合和共享，以提高效率、降低成本和优化资源配置。财务共享服务中心的主要目标是通过标准化、集中化和自动化的流程，提供高质量的财务服务，支持企业的战略目标和运营需求。

（一）财务共享服务中心的功能

财务共享服务中心可以实现费用共享、应收共享、应付共享、出纳共享、资产共享、总账共享和报销共享等功能。

1. 费用共享

财务共享服务中心通过集成影像系统完成影像系统与费用报销的接口，费用报账流程由影像单据传递代替现有纸质单据传递。分散在各地的业务财务部门将实物单据扫描后，影像系统自动识别条形码，并根据条形码对影像进行自动分组，系统根据预先设定的规则上传至服务器。财务共享中心审核时通过查看影像和报销单据，实现审核与核算的无纸化流程。

2. 应收共享

应收共享系统支持企业的应收审核岗通过财务共享服务的应收任务中心，在应收共享平台基于影像完成其负责的区域或组织应收相关单据的合规性审核，所有任务系统按预先设定的规则自动推送，灵活高效地处理各项应收任务。

3. 应付共享

应付共享基于光学字符识别（OCR）和工作流技术，实现从发票生成、多维度往来结算、记账、期末往来对账业务的跨组织批量处理。往来会计基于应付单和发票影像内容进行审批，各扫描点定期将纸质发票快递给共享中心往来会计，往来会计确认发票的完整性和正确性后进行归档。共享模式下的应付账款管理，缩短了发票到付款的周期，保障了应付账款的及时性和准确性。

4. 出纳共享

通过财务共享服务中心的出纳工作平台，集中处理多家公司的多笔收付款业务，批量审批，批量提交银企互联，跨组织处理多家公司的资金日记账、银行对账单、余额调节表，有效解决分散经营模式下的资金集中管理难题。在资金流动过程中，还可以实时监控大额资金的支出，既防范了资金管理风险，也提升了资金集中管控的能力，为资金集中管理搭建服务平台。

5. 资产共享

在财务共享服务中心，负责固定资产业务处理的共享财务人员，可以集中处理多家组织的固定资产业务，如按事先设置的对账方案，核对集团多家公司的固定资产实物账与财务账，期末批量计提固定资产折旧、批量对账等，这打破了组织界限，提高了固定资产业务处理效率。

6. 总账共享

总账共享系统帮助财务共享服务中心的财务人员实现高效准确的记账、对账和结账工作。系统提供记账、对账、结账、账簿报表现金流量、初始化等会计核算功能，以及预算控制、现金流量表等财务管理功能。这些功能都按财务共享的场景进行了功能重新设计，打破了组织的界限，提供多组织的批量处理。另外还提供了记账中心、对账中心、结账中心等财务共享专有功能，旨在提高共享人员的工作效率。

7. 报表共享

在财务共享模式下，一名财务人员每月负责集团多家公司报表的编制、审批、上报工作，通过财务共享服务中心的报表共享平台不需要频繁切换财务组织、报表周期，实现了多组织报表的集中批量处理，随时监控各家公司报表编制进度。对于固定模板的报表，还可以实现自动批量编报，大大提高了报表编制的及时性和准确性，可以实时监控各成员单位的财务状况和经营成果。

（二）财务共享服务中心的作用

财务共享中心为大型集团企业提供全面的财务管理解决方案，基于中台底座之上构筑全业务循环，实现业财税资的全面融合，并深度应用智能技术，实现人机协同与数据赋能，助力企业提升效率、降低成本、加强管控、控制风险、实现业务赋能和服务改善。

1. 提升效率

优化财务管理流程，加快处理发票认证抵扣、财务核算入账、财务数据报送、外部数据更新、资产盘点统计、报销审批支付、合并报表编制、经营分析撰写等环节整体效率。

2. 降低成本

简化报销支付流程，降低人工成本，并优化集团差旅出行和行政物资采购等环节的成本，实现精益化成本管理。

3. 强化管控

共享中心加强了集团对子公司的管控，特别是在收入、资金和预算管理方面。通过标准化和集中化的管理机制，确保信息的透明性和准确性。

4. 支持企业数字化转型

财务共享中心作为企业数据中心，推动企业的财务数字化转型。利用数据分析和智能化技术，提供决策支持和绩效分析，助力企业管理升级。

5. 促进业务赋能与创新

财务共享中心不仅支持财务管理，还通过整合资源和跨职能协作，到端流程的畅通，促进产业经营协同创新，推动业务赋能与创新，为企业创造更多的价值。

6. 服务改善

通过高效的服务流程和智能化技术，财务共享中心提高了客户服务质量和满意度，增强企业的市场竞争力。

二、财务机器人和大数据在财务会计中的应用

（一）财务机器人

1. RPA 介绍

RPA 是 Robotic Process Automation 的缩写，被译为机器人流程自动化，指用软件机器人实现业务处理的自动化，是以模拟"人"的方式进行业务操作，它可以帮助企业处理很多重复的、规则固定的、繁琐的流程作业。这是继工业机器人之后，近年来在办公领域开始备受关注的流程自动化机器人软件。采用 RPA 技术之后，对于企业的后台业务自动化、业务处理的正确性、工作效率的提高，以及业务的扩大化都很有裨益。

2. 财务机器人在财务会计中的应用

在数字化时代，财务机器人作为一种创新的技术应用，正在深刻地改变着财务会计领域的工作方式和效率。

财务机器人在数据录入和处理方面发挥着重要作用。以前大量的财务数据需要人工逐笔录入，不仅费时费力，还容易出现错误。而财务机器人能够以极高的速度和准确性自动抓取、录入和整理各类财务数据，如发票信息、交易记录等。其可以快速识别和提取数据中的关键信息，并将其准确无误地输入到财务系统中，大大提高了数据录入的效率和质量，降低了人为失误的风险。

在账务核算方面，财务机器人能够按照预设的规则和算法，自动进行账务的分类、记账和汇总。对于常见的业务交易，如采购、销售、资金收付等，机器人能够迅速完成相应的会计处理，生成准确的会计凭证。这不仅减轻了财务人员的日常工作负担，还确保了账务处理的一致性和规范性。

财务机器人在财务报表的编制上也表现出色。它可以从财务系统中提取相关数据，按照既定的格式和要求，自动生成资产负债表、利润表、现金流量表等各类财务报表。而且，机器人能够实时更新数据，确保报表的及时性和准确性。这使得管理层能够更快地获取最新的财务信息，为决策提供有力支持。

在费用报销管理中，财务机器人同样能够大显身手。它可以自动审核报销单据的合规性，检查费用的合理性、发票的真实性及是否符合公司的报销政策。对于符合要求的报销申请，机器人能够快速完成审批和支付流程，大大缩短报销周期，提高员工的满意度。

财务机器人还能够准确计算各种税款，如增值税、所得税等，并自动完成纳税申报和缴纳。它可以及时更新税收政策和法规，确保企业的税务处理合法合规，降低税务风险。

财务机器人还能够进行财务分析。通过对大量财务数据的挖掘和分析，它可以提供有关企业财务状况、经营成果和现金流的深入洞察。例如，分析成本结构的变化趋势、收入的增长情况、资金的使用效率等，为企业的战略规划、预算编制和绩效评估提供有价值的参考依据。

在应收账款和应付账款管理中，财务机器人可以实时监控账款的到期情况，自动发送催款通知和付款提醒，有效提高了资金的周转效率，减少了坏账的发生风险。

此外，财务机器人能够 24 小时不间断工作，不受时间和空间的限制，大大提高了财务处理的时效性。同时，它的应用还降低了企业对人工操作的依赖，节省了人力成本。

然而，财务机器人的应用也并非毫无挑战。例如，它需要与企业现有的财务系统进行无缝集成，这可能涉及系统的改造和升级；机器人的运行依赖于准确的规则设定和数据输入，如果规则不完善或数据有误，可能导致错误的结果；财务人员也需要适应新的工作模式和角色转变，从烦琐的日常操作转向更具战略性和分析性的工作。

　　尽管存在一些挑战，但财务机器人的应用无疑为财务会计领域带来了显著的优势。它提高了工作效率、准确性和合规性，为企业创造了更大的价值。随着技术的不断进步和完善，相信财务机器人在未来将发挥更加重要的作用，推动财务会计工作向智能化、自动化的方向不断发展。

（二）大数据

1. 大数据的含义和特征

　　大数据（BigData），指无法在一定时间范围内用常规软件工具进行捕捉、管理和处理的数据集合，是需要新处理模式才能具有更强的决策力、洞察发现力和流程优化能力的海量、高增长率和多样化的信息资产。

　　大数据源于互联网的发展。互联网运行产生了海量的信息数据，互联网的快速发展创造了大数据应用的规模化环境，互联网企业开发了处理软件，而大数据技术可以解决海量数据的收集、存储、计算、分析等相关问题，互联网企业的创新使大数据应用逐渐活跃。没有互联网便没有今天的大数据产业。

　　一般认为，大数据主要具有"4V"典型特征，即大量（Volume）、多样（Varity）、高速（Velocity）和价值（Value）。

　　（1）大量（Volume）：这是大数据最显著的特征。数据的规模极其庞大，通常以 PB（1024TB）、EB（1024PB）甚至 ZB（1024EB）为单位来衡量。

　　（2）多样（Variety）：大数据包含了各种不同类型的数据，如结构化数据（如关系型数据库中的表格数据）、半结构化数据（如 XML 格式的数据）和非结构化数据（如文本、图像、音频、视频等）。

　　（3）高度（Velocity）：数据生成和更新的速度快，要求能够在短时间内对大量数据进行快速的处理和分析，以获取有价值的信息。

　　（4）价值（Value）：在海量的数据中，有价值的信息可能只是一小部分，需要通过有效的分析手段才能提取出有价值的数据。

　　这些特征使得大数据的处理和分析面临诸多挑战，但同时也为企业和社会带来了巨大的机遇，可以挖掘隐藏在数据中的有价值的信息和知识，为决策提供有力支持，推动企业创新和发展。

2. 大数据在财务会计中的应用

　　在数字化、信息化的时代，大数据技术正以前所未有的速度和规模渗透到各个领域，财务会计行业也不例外。大数据为财务会计带来了深刻的变革和全新的发展机遇。大数据在财务会计中的应用，不仅拓展了数据处理和分析的能力，还提升了决策的精确性和效率。以下介绍大数据在财务会计中的应用及其重要性。

　　（1）数据收集与整合

　　在传统的财务会计中，数据收集主要依赖于企业内部的会计系统和财务报表。而随着大数据技术的应用，企业能够从更多的来源收集和整合数据，包括社交媒体、市场营销数据、供应链信息等。这些数据的多样性和高容量使得财务人员能够更全面地了解企业的经营环境和市场趋势，从而更好地指导财务决策和预算编制。

（2）实时数据分析与预测

大数据技术能够处理海量实时数据，并通过数据挖掘和机器学习算法进行分析，可以帮助财务人员预测市场走向、产品需求及成本变动等。例如，利用大数据分析销售数据和消费者行为模式，企业可以更准确地预测销售额和市场份额，有针对性地调整库存和生产计划，降低库存成本和经营风险。

（3）欺诈监测与风险管理

在财务会计中，欺诈和风险管理是重要的挑战。大数据分析可以通过监控和分析大量的交易数据和财务活动，识别异常模式和潜在的欺诈行为。通过建立预警系统和实时监控机制，企业能够及时发现并应对潜在的财务风险，保护企业的资产和声誉。

（4）成本管理与效率优化

大数据技术提供了更深入的成本分析和管理能力。企业的成本结构复杂多样，涉及原材料采购、生产流程、人力成本、营销费用等多个方面。通过收集和分析大量的成本相关数据，财务人员可以深入了解成本的构成和驱动因素。借助数据挖掘技术，可以发现成本节约的潜在机会，优化成本结构，提高成本效益。例如，通过分析采购数据，找到最优的供应商和采购时机，降低采购成本；分析生产流程数据，识别低效环节，进行改进以降低生产成本。

（5）智能财务报告与决策支持

传统的财务报告往往依赖于历史数据和静态指标，而大数据技术使得财务报告更加智能化和实时化。财务部门可以从多个系统和数据源中提取数据，并进行自动整合和核对，减少人工处理的错误。基于大数据分析结果生成的财务报告可以提供更全面和准确的财务信息，帮助管理层进行数据驱动的决策。这些报告不仅包括财务绩效指标，还可以结合市场趋势和竞争分析，为企业战略规划提供有力支持。

在财务决策支持方面，大数据提供了更全面、深入的信息。传统的财务分析往往基于有限的样本数据和固定的指标体系。而大数据能够整合结构化和非结构化数据，如社交媒体数据、客户评价、行业研究报告等，为财务决策提供更丰富的视角。财务人员可以利用这些数据进行更深入的市场分析、客户需求分析和竞争对手分析，从而为投资决策、融资决策、战略规划等提供更有力的支持。

（6）客户洞察与关系管理

在现代企业管理中，客户洞察和关系管理对企业的竞争优势至关重要。财务部门可以与销售和营销部门合作，通过大数据技术分析客户行为数据和市场反馈，帮助企业了解客户需求和偏好，优化产品定位和营销策略，制定更个性化的定价策略。财务会计部门还可以通过大数据分析客户的付款行为和信用评级，制定信用政策和收款策略，有效管理客户风险，提升客户关系管理的效率和效果，从而提高客户满意度和企业的盈利能力。

（7）财务运营效率提升

最后，大数据技术在财务会计中的应用还能显著提升财务运营效率。通过自动化处理和实时监控，大数据技术能够减少人工干预和错误率，加快财务数据的处理速度和报表生成周期，降低企业的运营成本和管理成本。

然而，大数据在财务会计中的应用也面临一些挑战。数据的质量和安全性是首要问题，不准确或不完整的数据可能导致错误的分析结果，而数据泄露则会给企业带来严重的损失。此外，大数据技术的应用需要财务人员具备新的技能和知识，包括数据分析、数据管理和数据可视化等。企业还需要投入相应的资源来建立和维护大数据基础设施。

尽管存在挑战，但随着大数据技术的不断发展和完善，大数据在财务会计中的应用将迎来更多挑战和机遇，它将继续推动财务会计向更加智能化、精细化和战略化的方向发展，为企业创造更大的价值。

参 考 文 献

[1] 财政部会计司编写组. 企业会计准则应用指南汇编 2024[M]. 北京：中国财政经济出版社，2024.

[2] 中华人民共和国财政部. 企业会计准则应用指南（2024 年版）[M]. 上海：立信会计出版社，2024.

[3] 财政部会计财务评价中心. 初级会计实务[M]. 北京：经济科学出版社，2024.

[4] 财政部会计财务评价中心. 中级会计实务[M]. 北京：经济科学出版社，2024.

[5] 李正华，沈亚香. 财务会计（第 6 版）[M]. 上海：立信会计出版社，2023.

[6] 高丽萍. 财务会计实务（第 4 版）[M]. 北京：高等教育出版社，2022.

[7] 徐佳. 财务会计（第 3 版）[M]. 北京：中国财政经济出版社，2024.

[8] 吴育湘，杜敏. 财务会计[M]. 镇江：江苏大学出版社，2023.

[9] 龙银州. 财务会计实务（微课版）[M]. 北京：人民邮电出版社，2023.

[10] 王海林，续慧泓. 财务管理信息化（第 3 版）[M]. 北京：电子工业出版社，2021.